EUROPAVERLAG

SASKIA NOORT

BONUSKIND

THRILLER

Aus dem Niederländischen von
Annette Wunschel

EUROPAVERLAG

Die Originalausgabe erschien 2020 unter dem Titel
Bonuskind bei House of Books, Niederlande.
Die deutsche Ausgabe wurde durch Vermittlung der Nordin Agency AG,
Schweden, ermöglicht.

FSC
www.fsc.org
MIX
Papier aus verantwortungsvollen Quellen
FSC® C014889

Umschlaggestaltung und -motiv:
Hauptmann & Kompanie Werbeagentur, Zürich
Lektorat: Silwen Randebrock, Berlin
Layout und Satz: Robert Gigler, München
Gesetztaus der Minion Pro
Druck und Bindung: Pustet, Regensburg
ISBN 978-3-95890-391-3

www.europa-verlag.com

ICH WACHE MIT dem Gefühl auf, dass Mam tot ist. Was habe ich geträumt? Ich erinnere mich nur an Fetzen. In unserem alten Haus fiel irgendwo eine Tür zu; Papa war noch bei uns; da war dasselbe zischende Flüstern wie in den letzten Monaten. Ein Auto, quietschende Reifen. Oder ist das etwa kein Traum?

Ich knipse die Lampe an meinem Bett an, greife nach dem Glas Wasser, das immer auf dem Nachttisch steht, und trinke es in einem Zug aus. Mir ist gleichzeitig kalt und heiß, vielleicht bin ich krank. Am liebsten würde ich jetzt zu ihr gehen, aber ich traue mich nicht. Ich nehme mein Handy und schaue auf WhatsApp nach. Keine Nachrichten. Ich habe vor vielen Dingen Angst. Dass Mama wirklich tot ist; dass ich wieder Blasenentzündung habe; dass Mees mich nicht mehr beachtet; dass wir ganz bei Papa wohnen müssen; dass Mama wirklich kein Geld mehr hat und wir auf der Straße landen. Keine Ahnung, wie ich auf den ganzen Quatsch komme. Dann ist es, als könnte ich nicht mehr atmen, als stimmte irgendwas mit der Luft im Haus nicht, vielleicht Kohlenmonoxid; Mama und Luuk und Wammes sind schon tot, und ich sollte jetzt aufstehen, um mein Fenster zu öffnen, sonst sterbe ich auch. Mir ist schwindlig und ich muss an Geschichten über Morde im Familienkreis denken und dass Mama mich und Luuk vielleicht betäubt hat; aber auch an das, was mein Niederländischlehrer gesagt hat: dass ich zu viel Fantasie habe und er sich manchmal um mich sorgt. »Deine Eltern müssen sich klarmachen, welchen Schaden sie bei ihren Kindern anrichten.«

Ich steige geräuschlos aus dem Bett und öffne das Fenster. Die kalte Nachtluft sorgt dafür, dass mein Kopf wieder klar wird. Es ist natürlich alles so, wie es sein soll. Auf der Straße herrscht Dunkelheit und Stille, Mamas Auto steht vor der Tür, Luuks Fahrrad liegt im Garten. Ich habe einfach Angst vor unserem neuen Leben in diesem zugigen Viertel ohne Gras und Bäume direkt an der Autobahn. Nachts kann ich mir Sachen eingestehen, auf die ich tagsüber gar nicht kommen würde, zum Beispiel, dass ich meinem Niederländischlehrer gern sagen würde, dass seine Meinung mir auch nicht weiterhilft. Ich weiß selbst, dass meine Eltern uns schaden, so wie ich auch weiß, dass sie das nicht mit Absicht tun. Aber was sollen wir machen? Wir sind zwischen ihnen gefangen. Hören zu, schweigen und warten. Jede Woche packen wir unsere Rucksäcke und geben acht, dass nichts fehlt, dann ist nämlich der Teufel los. Wir sind zu Eltern unserer Eltern geworden. Wir besänftigen ihre Gefühle, beschwichtigen ihren Zorn, bewegen uns immer am Rande ihres Hasses. Da fallen wir ihnen besser nicht auch noch lästig, denn der kleinste Hauch kann den nächsten Krieg auslösen.

JET

Ich steige neben ihm ins Auto ein. Als er sich vorbeugt, um mich zu küssen, zucke ich zurück. Er tut, als bemerkte er meine Kälte gar nicht. Aber aus der Art, wie er Gas gibt, entnehme ich, dass er gereizt ist.

»Erzähl«, sagt er, während er zu schnell durch die verkehrsberuhigten Straßen unseres noch im Bau befindlichen Viertels fährt. »Was ist so furchtbar dringend?«

»Fährst du bitte nicht so schnell? Wir müssen nirgends hin. Wir können auch kurz irgendwo parken und im Auto reden.«

»Das ist ein bisschen ungemütlich. Warum nicht bei dir oder mir?«

Ich habe Angst. Ich möchte es hinter mich bringen, und ich will ihn auf keinen Fall in der Nähe meiner Kinder haben oder mit ihm allein im Haus sein. Er biegt nach links auf die Bundesstraße ab und tritt noch stärker aufs Gas.

»Bitte, geht es auch langsamer?«

Ich weiß, dass ich das nicht sagen dürfte. Das Dümmste, was man bei ihm machen kann, ist, ihm zu zeigen, dass man Angst hat. Das kleinste Anzeichen ist zu viel. Er lacht lauthals und jagt den Motor auf hundertzehn Stundenkilometer hoch.

»Es könnten Kinder ohne Fahrradlicht unterwegs sein. Oder Leute, die ihren Hund ausführen.«

»Das wäre dann ziemlich dumm von ihnen, so mitten in der Nacht auf einer unbeleuchteten Straße.« Er legt die Hand auf mein Knie. »Hast du Angst?«

»Ja«, sage ich.

»Ach, Bohnenstängelchen, das brauchst du doch nicht.«

Plötzlich steigt er voll auf die Bremse und hält den Wagen am Straßenrand an.

»Also schön. Was genau möchtest du loswerden?«

Ich presse meine Hände an die Schläfen. Seinetwegen habe ich Tage, Wochen, vielleicht Monate nicht mehr richtig geschlafen. Inzwischen bin ich so müde, dass ich fast nicht mehr denken kann.

»Ich bin zutiefst verwirrt«, fange ich an.

»Wieso, etwa meinetwegen? Ist doch logisch! Wir beide, das ist der Wahnsinn. Echt Champions League.«

»Aber es tut mir nicht gut. Ich vernachlässige meine Kinder, meine Arbeit leidet darunter, meine Gesundheit. Deine dauernden Spielchen, dafür bin ich nicht gemacht!«

Erst jetzt sieht er mich richtig an. Seine Augen leuchten im Dunkeln wie zwei glühende Kohlen. Er faltet die Hände vor dem Gesicht und atmet tief ein. »Was genau willst du sagen?«

Wie immer, wenn wir uns treffen, scheint mein Gehirn auf die Größe einer Rosine zu schrumpfen. Mein Mund ist trocken, die Hände werden feucht, und am liebsten würde ich vor ihm niederknien und um Vergebung bitten. Vergebung wofür? Ich habe keine Ahnung. Er gibt mir das Gefühl, ständig alles falsch zu machen.

»Diese Beziehung tut mir nicht gut«, presse ich mit Mühe hervor.

»Beziehung?«

»Ich meine das, was zwischen uns ist.«

»Du nennst das eine Beziehung?«

Das ist der Moment, in dem er die Kontrolle über das Gespräch übernimmt. Er hat einen Aufhänger gefunden und richtet ihn gegen mich.

»Nenn es, wie du willst. Es muss aufhören«, bricht es aus mir hervor.

Gut gemacht, rede ich mir zu. Es ist egal, wie das Gespräch verläuft, solange das Ergebnis lautet, dass es zwischen uns aus ist.

Er grinst. »Ach, Bohnenstängelchen!«

Wie kann man einen Menschen, den man liebt, Bohnenstange nennen?

Er legt den Arm um mich, aber ich zucke zurück wie von einem elektrischen Schlag getroffen.

»Du meine Güte! Hast du etwa Angst vor mir?«

Meine Furcht grenzt jetzt an Panik. Gleichzeitig will ich, dass er die Führung übernimmt. Ich fürchte, mich sonst völlig zu verlieren.

»Hör zu«, beginne ich meinen seit Wochen eingeübten Wortschwall. »Ich mache Schluss. Diesmal wirklich. Es ist vorbei. Und wenn du irgendetwas für mich empfindest, dann hältst du dich daran. Also keine Anrufe mehr, keine WhatsApp-Nachrichten, und du tauchst auch bitte nicht mehr einfach vor meiner Tür auf. Ich brauche Ruhe. Und meine Kinder brauchen mich. Mir wird das alles viel zu viel, entschuldige.«

Er legt die Stirn aufs Steuer. Meine Hand ist an der Autotür. Ich versuche, sie zu öffnen, aber er hat sie verriegelt.

»Was hast du vor, Bohnenstange? Dachtest du, du könntest mich mal eben am Straßenrand zum Teufel schicken? Meine Güte!«

Er lässt den Wagen an und gibt Gas, bis der Motor aufheult. Das, was jetzt kommt, habe ich alles mir selbst zuzuschreiben, schießt es mir durch den Kopf. Ich sehe die Gesichter meiner Kinder vor mir, als Babys, tapsige Kleinkinder, Schulkinder und so, wie sie jetzt sind: heranwachsend beziehungsweise vorpubertär. Ich stelle mir ihre schlaksigen Körper vor und kann sie fast riechen, ihre Deos vermischt mit Schweiß.

»Lass es gut sein, Godfried, bitte. Bring mich zurück. Meine Kinder sind allein zu Hause. Ich muss zu meinen Kindern.«

»Du kotzt mich an mit deinen Kindern. Wieso versteckst du dich immer hinter ihnen? Wenn du mich nicht mehr willst, sag's doch einfach!«

»Wir haben doch schon tausend Mal darüber geredet. Du weißt, dass ich mit den Kindern eine Vereinbarung habe. Ich werde sie keinem neuen Mann vorstellen, ehe sie dazu bereit sind. Sie mussten schon genug wegstecken. Und das, was wir miteinander haben … du sagst ja selbst, es ist keine Beziehung. Es ist eine Art zutiefst krankes, giftiges … eine Art Virus. Oder eine psychotische Einbildung. Genau das denke ich manchmal: dass du gar nicht wirklich existierst.«

Ich rede schnell, als könnte ich ihn dadurch beschwören, seinen Fahrstil zu ändern. Als ob irgendetwas von dem, was ich sage, bei ihm ankäme. Wir fahren von der Hauptstraße auf eine Art Pfad und rumpeln über Bodenwellen und Schlaglöcher. Ich rede mir ein, dass er mich schon nicht umbringen wird. So ist er eben, ich kenne God: Er ist ein impulsiver, seltsamer Mensch, und ich muss von ihm loskommen, aber wir sind hier nicht in irgendeiner Netflixserie. Über kurz oder lang wird er anhalten und den Motor abstellen und dann streiten wir, und danach werde ich ihn irgendwie überzeugen können, dass er mich nach Hause bringen muss. Er ist letztlich kein schlechter Mensch.

1.

Jeden Morgen wache ich davon auf, dass meine Mutter das Radio einschaltet. Sie kann Stille nicht leiden. Aber heute bleibt alles ruhig, das ist seltsam. Ich schaue auf mein Handy. 71 Nachrichten. Von ihr keine einzige. Dafür eine von Pap.

»Schlaf gut, liebe Liesie. Ich vermisse euch.«

Es ist neun Uhr, und mein Magen knurrt.

Sie geht natürlich mit Wammes Gassi.

Ich stehe auf, angle mit den Zehen nach meinen Tigerpantoffeln und schlüpfe in den Morgenmantel, ebenfalls Tigerdruck. Er knistert beim Tragen. Synthetisch wie Hölle.

Das Zimmer meines Bruders ist leer. Ich gehe hinunter ins Erdgeschoss. Luuk sitzt im Pyjama auf dem Sofa, Kopfhörer auf den Ohren und in der Hand seinen Game Boy. Er riecht nach Kuchen.

Ich nehme ihm die Kopfhörer ab.

»Mann, Lies, blöde Kuh!«

»Du bist so erbärmlich. Ist Mam mit Wammes spazieren?«

»Woher soll ich das wissen. Selber erbärmlich!«

Die Gardinen sind noch zugezogen. Auf dem Tisch neben ihrem Laptop sehe ich ein Glas Rotwein und einen Aschenbecher mit einer halb gerauchten Zigarette. Mam raucht schon seit Jahren nicht mehr. Behauptet sie wenigstens. Vielleicht hatte sie Besuch von jemandem. Aber dann stünden hier zwei Gläser. Ich höre Wammes, er springt gegen die Spülküchentür und kratzt. Ich befreie ihn und werde mit begeisterten Freudensprüngen und Fiepsern belohnt.

»Ja! Wo ist denn die Mama, hm?«

Wammes und ich gehen querfeldein. Ich trage Mams Jogginganzug, er lag am Fußende ihres Betts. Ich habe an den Kissen und am Betttuch gerochen, ob sie dort geschlafen hat. Ich glaube schon. Ich weiß nicht, ob ich mich gerade besonders anstelle. Das sagt sie oft: Stell dich nicht so an! Und dass ich zu viel Fantasie hätte. Wenn ich nachher nach Hause komme, ist der Tisch gedeckt und sie hat Croissants geholt. Oder vielleicht hat sie gestern irgendwann gesagt, sie müsste ganz früh arbeiten gehen, und ich hab's vergessen. Aber ihr Auto steht vor dem Haus, und ihr Fahrrad lehnt am Zaun. Sehr weit weg kann sie nicht sein. Ich drücke ihre Nummer. Sie hebt nicht ab.

Es ist kalt, wolkenloser Himmel. Wammes springt und rennt und purzelt übers Gras. Er erledigt sein Geschäft zum Glück im Gebüsch, und ich schlendere mit der Hand in der Hosentasche und dem Telefon in der Hand weiter, obwohl mir das komisch vorkommt und ich mich frage, ob ich nicht Pap anrufen müsste. »Ich halte das für eine ganz schlechte Idee«, höre ich Mamas Stimme sagen. Sie und Pap hassen sich, auch wenn sie es nicht laut sagen. Laut sagen sie, dass sie einander nur Gutes wünschen, aber leider nicht in allen Dingen derselben Meinung sind; oder: dass sie den anderen nicht wirklich verstehen. Einmal hat Pap auch gesagt, meine Mutter zu heiraten sei der größte Irrtum seines Lebens gewesen. Später hat er es abgestritten.

»Sind Luuk und ich dann auch Irrtümer?«, hatte ich gefragt.

»Nein, natürlich nicht! Ihr beide seid das Beste, was mir je passiert ist.«

Das kam mir seltsam vor. Ich meine, wie kann man gleichzeitig ein Riesenirrtum und das Beste überhaupt sein. Das habe ich aber nicht laut ausgesprochen, denn von dieser Art von Gesprächen bekomme ich immer ein ungutes Gefühl. Deshalb rufe ich ihn auch nicht an: Ich will ihm keine Gelegenheit geben, über Mama herzuziehen.

Ich drücke noch mal ihre Nummer. Wahrscheinlich ist sie gerade mit irgendwas beschäftigt. Einer ihrer Patienten, die sie »Klienten« nennt, hat angerufen. Irgendein Notfall. Aber dann hätte sie einen Zettel hinterlassen oder uns eine Nachricht geschickt. Oder der Notfall war so groß, dass ihr dafür keine Zeit blieb. Ein Selbstmord, eine Psychose … Mamas Patienten sind verrückt. Sie selber ist auch verrückt. Ich höre die Stimme meines Vaters. Ich wünschte, das würde mal aufhören, dieses Gekeife in meinem Kopf.

Zu Hause ist sie nicht. Keine Croissants, kein Zettel. Ich stelle Wammes sein Futter hin und setze Teewasser auf. Frage Luuk, ob er einen Sandwichtoast möchte.

Ich schmiere Butter auf die alten Brotscheiben und belege sie mit Käse. War da nicht irgendein Geräusch heute Nacht? Der Fernseher, daran erinnere ich mich. In diesem Haus hört man jedes Geräusch. Wammes hatte kurz gebellt, und Mam rief von irgendwo, er solle die Klappe halten. Dass sie hoch kam, um mir einen Gutenachtkuss zu geben, kam mir seltsam vor. Ich bin kein Kind mehr. Sondern fünfzehn. Da wird man nicht mehr mit einem Gutenachtkuss schlafen gelegt. Mam sagte, dass ihr solche Regeln egal sind und dass ich es später nicht mehr seltsam finden, sondern sogar froh sein werde, diese Erinnerungen zu haben. Wieso sagt sie so was?

Luuk scheint völlig unbesorgt. Ich möchte, dass es so bleibt. Ich gebe ihm seinen Sandwichtoast und seinen Tee, dazu ein paar

Scheibchen Banane. »Ich mag keine Bananen«, sagt er. »Das weißt du doch.«

»Nein«, sage ich. »Das weiß ich nicht.« Ist es seltsam, wenn man solche Dinge nicht weiß? Luuk ist eine Art Schatten. Mam hat ihn untersuchen lassen, aber anscheinend fehlt ihm nichts. Luuk sei »anders«. Laut Pap ist das Unsinn. Er sagt, dass Mam ihn höchstens anders gemacht hat durch das ewige Psychologisieren. Pap findet einen Fußballverein genau das Richtige für Luuk, und Mam sagt, dass er vielleicht homosexuell ist. Es nervt mich, dass man immer irgendwas sein soll. Luuk ist einfach Luuk.

Ich koche mir Kaffee und schalte das Radio ein. Meistens nervt mich diese Angewohnheit von Mam, aber heute habe ich selber Angst vor der Stille. Jetzt, wo das Radio läuft, ist es fast, als wäre sie im Haus. Es ist zehn Uhr. Ich kuschle mich in ihren Sessel und scrolle durch mein Handy. Die Chats meiner Freunde sind mäßig spannend. In die WhatsApp-Gruppe, die aus Pap, Luuk und mir und seiner Freundin Laura besteht, hat er ein Foto von uns vieren geschickt, das ich gleich wieder lösche. Auf Facebook Messenger sehe ich, dass Mam zuletzt um halb elf online war. Laura hat das Foto von uns vieren auf Instagram gepostet und dazu getextet: »Eine glückliche moderne Familie!« Pap hat mit einem Herz geantwortet, die restlichen Kommentare stammen alle von Lauras Verwandtschaft. »Du hast es ja so verdient, Liebes.« Ich frage mich, ob Mam das auch gesehen hat; der Gedanke tut mir irgendwie im Herzen weh.

Ich drücke ihre Nummer. Aus der Diele höre ich Telefonläuten. Einen Moment lang glaube ich, dass sie zu Hause ist: Sie schließt die Tür, schlüpft aus dem Mantel, zupft vor dem Spiegel ihre dunklen Wuschellocken in Form, sucht hektisch alle Taschen nach ihrem Telefon ab. Ich gehe an die Tür. Ihre Handtasche hängt am Treppengeländer. Das Läuten kommt aus der Tasche.

Ab wann stimmt wirklich etwas nicht? Vielleicht ist sie bei jemandem aus unserer Straße zum Kaffee eingeladen? Das wäre ungewöhnlich, denn wir sind erst vor Kurzem hierher gezogen.

»Luuk! Leg das doch mal weg.«

Ich nehme die Fernbedienung und schalte den Fernseher aus. Eine Zombimiene starrt mich an.

»Hast du Mam irgendwo gesehen?«

»Nein. Liegt sie denn nicht noch im Bett?«

»Nein.«

»Sie ist sicher irgendwo.«

»Ja, klar.« Ich will ihm keine Angst machen.

»Ich hab sie heute Nacht gesehen, in meinem Zimmer. Sie hat mir einen Gutenachtkuss gegeben.«

»Mir auch. Und hat sie sonst noch irgendwas gesagt?«

»Nur schlaf gut.«

»War sie irgendwie seltsam?«

»Nein. Ich weiß nicht. Sie war wie immer.«

Ich möchte jemanden anrufen, aber dann würde es real werden. Oder stelle ich mich an? Wen würde ich überhaupt anrufen? Etwa meine Freundin Evi mit ihren perfekten Eltern, die dauernd um mich besorgt sind und sagen, dass das, was meine Eltern veranstalten, »nicht normal« ist? Die hetzen uns noch das Jugendamt auf den Hals. Laut Mam wäre das das Schlimmste, was passieren könnte.

Letzte Woche bekam Luuk beim Fußball einen Ball an den Kopf und musste ins Krankenhaus. Pap konnte Mam nicht erreichen, und ich und Laura saßen wartend im Gang. Sie hatte den Arm um mich gelegt und gackerte und gluckte, als ob ich drei Jahre alt wäre. Mir wurde schlecht von ihrem Geruch nach Parfüm gemischt mit Zigaretten und dem aufgesetzten Babystimmchen, und ich hasste sie, weil sie Suppe holen ging und Paps Wange streichelte, während er versucht hat zu telefonieren. Dann kam Mam angerannt, und Laura gab sich diplomatisch, während Pap und Mam sich darüber in die Haare bekamen, wer der unfähigere Elternteil sei.

Luuks Verletzung erwies sich dann als weniger schlimm als gedacht, er hatte eine Gehirnerschütterung und durfte nach Hause, woraufhin wieder neuer, großer Streit über die Frage entbrannte, mit wem Luuk nach Hause durfte. Mam war Siegerin. Im Auto sagte sie, ich hätte jetzt das Alter erreicht, in dem ich wählen darf, bei wem ich wohnen will, und ob mir das bewusst sei. »Bei euch beiden«, log ich, und sie darauf: »Natürlich, Schatz, das verstehe ich doch.« Aber sie versteht gar nichts.

Ich will mir diese Möglichkeit gar nicht vorstellen, aber tue es trotzdem: Könnte es sein, dass Mam sich absichtlich in Luft aufgelöst hat? Als eine Art Statement?

Luuk kommt in mein Zimmer und schlüpft zu mir ins Bett. Er legt den Kopf an meine Brust. »Ich will Mama!«, sagt er.

2.

Evi und ich führen Wammes aus. Ich weiß nicht, ob ich ihr von meiner Mutter erzählen soll. Denn dann erzählt sie es ihrer Mutter, und schlagartig geraten die Dinge außer Kontrolle. Dann kommen wir nachher zurück, und sie steht schon an der Tür.

Evi zieht eine kleine Flasche aus ihrem Beutel.

»Was ist das?«

»Cuarenta y Tres. Schmeckt geil.«

Wie nehmen beide einen Schluck. Das Zeug ist so süß, dass mir davon die Zähne wehtun.

»Hat deine Mutter einen neuen Freund oder so?«

»Nicht, dass ich wüsste. Wieso?«

»Mein Vater hat sie mit einem Mann gesehen.«

»Ja und? Sie ist in der Arbeit oft mit Männern zusammen.«

Vielleicht liegt sie im Krankenhaus. Sie könnte gestürzt oder angefahren worden sein, oder vielleicht hat ein Hund sie gebissen und jemand hat sie ins Krankenhaus gebracht?

Ich nehme Evi die Flasche aus der Hand und trinke sie aus. Wenn sie nun bewusstlos irgendwo liegt? Meine Hände sind plötzlich feucht.

Evi bekommt eine Chatnachricht und schaut auf ihr Handy.

»Ist es für dich okay, wenn Malou auch kommt?«

Für mich ist Malou einfach eine blöde Schlampe.

»Nein«, sage ich. »Ist es nicht.«

»Du bist vielleicht komisch drauf!«

»Wieso bin ich komisch drauf? Ich mag Malou nicht, das weißt du genau. Ich versteh gar nicht, wieso du das sagst: Ich bin komisch drauf!«

»Mann, entschuldige! Ich hab nur gesagt, was mein Vater gesagt hat, und du wirst gleich sauer. Das ist doch nur, weil Mees dich nicht mehr beachtet.«

Mees ist der Junge, mit dem ich mich neulich geküsst habe. Seitdem gehe ich ihm aus dem Weg. Nicht, weil ich ihn nicht mag, im Gegenteil.

»Quatsch. Ich beachte ihn nicht!«

»Ja, klar.«

Als wir zurückkommen, ist Luuk in Tränen aufgelöst.

»Wo warst du so lange? Ich hab dich x-mal angerufen.«

»Wir waren nur mit Wammes spazieren, jetzt bin ich wieder zu Hause.«

Ich will, dass Evi geht.

»Papa hat angerufen.«

»Was hast du gesagt?«

»Dass du weg bist und Mama auch.«

»Und jetzt?«

»Jetzt kommt er her.«

»Ich gehe«, sagt Evi.

Ich drücke auf Papas Nummer. Er braucht nicht zu kommen. Das würde alles nur noch schlimmer machen. Wir kommen schon klar, ich weiß, dass Mama bald wieder da ist. Ich kann es spüren. Das passiert mir ständig, dass ich schon vorher weiß, dass etwas wieder gut wird oder eben nicht gut wird, so wie ich es auch immer gleich weiß, wenn jemand lügt. Papa und Mama lügen andauernd.

»Lies, wo steckst du?«

»Zu Hause. Luuk hat sich bloß angestellt.«

»Wie? Na, vielleicht. Der Junge war eben ganz aus dem Häuschen.«

»Jetzt nicht mehr.«

»Na, wie auch immer. Ich sitze im Auto und hole euch ab. Bin gleich da.«

»Das ist nicht nötig.«

»Wo ist deine Mutter? Gib sie mir bitte mal.«

»Sie möchte nicht mit dir sprechen.«

Im Lügen bin ich unschlagbar.

»Wieso geht sie nicht an ihr Telefon?«

»Weil sie nicht mit dir sprechen möchte.«

»Herrgott, dass sie euch auch die ganze Nacht allein lässt! Aber ständig über mich meckern, was ich für ein schlechter Vater bin!«

»Jetzt tu bitte nicht so, Pap.«

»Hör zu. Sag ihr, dass ich jetzt nicht komme, aber dass meine Geduld am Ende ist. Noch so ein Schlamassel, und ihr wohnt bei mir! Sag ihr, es wird Zeit, dass sie sich wie ein normaler Mensch benimmt.«

Dass er wirklich glaubt, ich würde ihr das alles sagen.

»Ist gut, Pap, wir sehen dich nächste Woche wieder, okay?«

»Du rufst mich an, ja? Wenn etwas ist, egal wie spät, ruf mich an, ich komme sofort. Ich vermisse euch nämlich ganz schrecklich.«

Er zieht hörbar die Nase hoch.

»Ach, richtig«, sagt die Stimme meiner Mutter. »Das macht er, wenn er seinen Willen nicht kriegt. Dann versucht er es auf die sentimentale Art.«

Ich schalte Mamas Laptop an und gebe das Passwort ein. Sie verwendet für alles dasselbe: Wammes2017. Lauras Post ist tatsächlich der letzte, den sie gesehen hat. Ich schaue mir das Bild noch mal an. Wir sitzen bei Pap am Esstisch, Laura hat Luuk auf den Schoß genommen, während ich hinter ihr neben Pap stehe, der den Arm um mich legt. Sie hat einen völlig idiotischen Filter darübergelegt; Laura gehört nämlich zur Hasen- und Bärenselfie-Fraktion. Echt unfassbar, dass mein Vater mit so jemand zusammen ist.

Ich kann mir vorstellen, was Mama denkt: meine Familie. An meinem Tisch, mit meiner Teekanne darauf. Er hat mich ausradiert. Wäre Mam jetzt hier, würde ich sie in den Arm nehmen und fragen, ob sie denn lieber dort am Tisch säße.

»Nein«, würde sie antworten. »Nicht einen Tag länger.«

Aber das Bild hat sie trotzdem gesehen. Deshalb ist sie draußen eine Zigarette rauchen gegangen und weggelaufen.

Dabei waren wir gar nicht glücklich, als es aufgenommen wurde; jedenfalls nicht so glücklich, wie es aussieht. Und ich wollte auch gar nicht mit auf das Bild, nicht so! Ich wusste es. Mama sieht das Bild und kriegt einen Anfall. Wieso wir dann trotzdem so brav lächeln? Ich weiß es nicht. Das ging ganz automatisch. Um Pap eine Freude zu machen, was weiß ich.

Meine Mutter ist Psychologin. Ihre Bücherregale sind voll mit Büchern über Probleme. Bei anderen weiß sie immer Rat. »Treten Sie aus sich heraus. Äußern Sie den Schmerz und betrachten Sie ihn von oben.« Solche Sachen sagt sie zwar, aber sie selbst befolgt das nicht. Sie und Pap streiten über unser Schwimmzeug. Das dürfen wir nie zu Pap mitnehmen, weil bei ihm immer alles verloren geht. »Dann besorgt er euch eben selbst Schwimmsachen.« Luuk und ich haben jeweils zwei Fahrräder, eins bei Pap und eins bei ihr. Wir feiern auch unseren Geburtstag und Nikolaus doppelt und fahren doppelt in die Ferien. Mit ihr auf einen Campingplatz in Bakkum, mit ihm irgendwo weiter weg oder in einen teuren Skiort. Unsere Ferien sind dazu da, damit sie sich gegenseitig ausstechen. Sie führen einen Wettstreit darum, wer der bessere Elternteil ist. Zu ihren Freunden sagen beide: »Die Kinder kommen besser zurecht, wenn sie bei mir sind.« Luuk und ich sagen nichts; das ist das Beste. Aber am liebsten hätten wir noch unser altes Zimmer. Einfach ein Zimmer in *einem* Wohnviertel und *ein* Fahrrad.

Wir essen belegte Aufbackbrötchen und sagen uns ständig vor: Sie kommt bestimmt bald wieder. Wahrscheinlich stellen wir uns an. Sie würde uns nie im Stich lassen. Sie braucht uns. Das Ganze ist ein Missverständnis. Denken wir noch mal nach: War sie heute zu einem Kurs angemeldet, oder hat sich einen Wellness-Tag gegönnt, oder war sie vielleicht mit jemandem zum Spazieren verabredet? Sie musste noch zu Ikea, um die letzten Sachen fürs Haus zu kaufen; sie hat doch gesagt, dass sie das diese Woche erledigen wollte. Danach kommen wir erneut auf das Auto, die Handtasche, das Telefon zurück.

Wo ist ihr Pass? Ich suche in allen Schubladen, Kästen, Schachteln, Taschen, unter ihrer Matratze und zwischen ihrer Unterwäsche. Wenn ich mich auf ihr Bett lege, ist ihr Geruch so intensiv, dass ich einen Moment lang glaube, sie ist wieder da. Ich werde nicht weinen, ich muss einen klaren Kopf behalten. Jetzt bin ich die Mutter. Nicht so eine Mutter wie sie. Ich lasse mich nicht von Wut oder Selbstmitleid hinreißen. Ich denke nach und tue, was das Beste ist. Keine Panik, keine übereilten Schlussfolgerungen, kein Drama. Sie ist jetzt eine Weile weg, aber sie kommt wieder.

Sobald es draußen dunkel ist, tut es mir leid, dass ich nicht draußen nach ihr gesucht habe, solange es noch hell war. Ich möchte unsere Nachbarn anrufen, habe aber ihre Telefonnummer nicht.

Vielleicht hat Mama sie. Ich nehme ihr Telefon aus ihrer Handtasche. Der Akku ist fast leer. Ich hänge es an die Ladestation und gebe ihre PIN ein: 1972, ihr Geburtsjahr. Sie hat 72 WhatsApp-Nachrichten bekommen, eine davon in die Chatgruppe »De Zonnepad Nachbarschaftsschutz«.

Liebe Nachbarn, heute gegen halb ein Uhr nachts stand ein schwarzer VW-Golf längere Zeit mit laufendem Motor vor der Hausnummer 74. Ich konnte das Auto niemandem aus dieser Straße zuordnen.

Darunter ein vergrößertes Foto des Kennzeichens: 44-XB-UW, gefolgt von einer Nachricht eines gewissen Diets:

Immer schön wachsam! Manche Leute haben anscheinend nichts Besseres zu tun!!

Woraufhin Diets die Gruppe verlässt.

Ich weiß nicht, wer Diets ist, und von dem, der das Foto gepostet hat, steht nur eine Mobiltelefonnummer da.

Meine Mutter war um halb elf das letzte Mal online. Laura hat einen schwarzen Golf. Die letzte Nachricht meiner Mutter an meinen Vater ist vier Tage alt. Auf ihrem Handy heißt er Der Arsch. Heute Morgen wurde sie von einer unterdrückten Rufnummer angerufen.

Das ist wieder typisch, dass Lies' ganze frisch gekaufte Unterwäsche nicht zurückgekommen ist. Ihr Klassenlehrer will uns übrigens diesen Donnerstag um 15.40 Uhr sprechen. Sieh zu, dass du da bist.

Ich denke oft an die Zeit, als noch alles gut oder wenigstens normal war. Wir vier um den Esstisch sitzend oder sonntagmorgens im Bett oder alle in unseren Pyjamas vor dem Fernseher. Oder im Auto, auf dem Weg in die Ferien. Als wir noch zusammen Spiele spielten und ich sehen konnte, wie Papa seine Hand um ihre Taille legte. Als noch Gäste zu uns kamen und Mama kochte, während Papa im Wohnzimmer plauderte und lachte. An das Mal, als ich die beiden auf einer Hochzeit tanzen sah. Es war nicht schon immer schlecht, und wenn sie es noch so oft behaupten. Es war die meiste Zeit gut, bis Laura alles kaputt gemacht hat.

3.

Ich bin wütend auf Luuk, weil er Papa angerufen hat. Luuk hat überhaupt keine Ahnung, wie schlimm es zwischen den beiden steht: dass sein Anruf Mama das Sorgerecht kosten kann, weil Papa nur auf einen Fehler von ihr lauert, um zuzuschlagen. Irgendeinen Ausrutscher, der sie als schlechte Mutter entlarvt.

Jetzt hat er bekommen, was er wollte.

»Wie hat er geklungen?«

»Normal.«

»Was hat er gesagt?«

»Ich bin jetzt auf dem Weg zu euch. Sonst nichts.«

»Du hast alles verdorben.«

»Was denn? Mama ist weg, das ist doch schlimm?«

»Jetzt wird es noch schlimmer.«

Ich will sie warnen, aber weiß nicht, wie. Gleichzeitig möchte ich ihr sagen: Wie konntest du das tun? Bist du jetzt zufrieden? Papa ist schon auf dem Weg hierher, um uns zu sich zu holen und nie wieder herzugeben. Um mit uns und Laura Vater-Mutter-Kind zu spielen. Dann werden sie noch ein eigenes Baby machen, und alle werden sagen: »Du findest doch auch, dass dein Vater das verdient hat?« Und ich darf nicken und begeistert tun. Oder ich muss wählen, wo ich selber hinwill, und Luuk dort lassen. Ich möchte am liebsten bei Mama wohnen. Sie braucht uns am meisten. Mein Zimmer hier fühlt sich an wie das von jemand anderem, einem von Laura persönlich erfundenen Mädchen, das Rosa und Blümchen liebt, während ich gerade das nicht mag. Ich brauche keinen flauschigen Riesenbären oder Uggs mit Pailleten. Das ist was für nuttige Typen. Laura will die ganze Zeit mit mir shoppen gehen und zur Pediküre, zwei Dinge, die ich für Schwachsinn halte, ganz besonders mit ihr. Ich bin nicht die »Tochter«, die Mädchendinge unternehmen will. Ich bin Lies und mag Horrorfilme, Abhängen mit Jungs und die Farbe Dunkelblau, Sneakers und Hiphop. Und nein, ich bin nicht lesbisch, was ein paar Typen mir in der Schule nachrufen. Das ist der Grund, warum Mees mich geküsst hat. Um mich zu testen, meinte Evi.

Ich bekomme vor Nervosität nichts herunter. Wie an dem Abend, als Papa und Mama uns eröffneten, dass sie sich trennen. Ich wusste es schon vorher. Ich hatte es monatelang gespürt. Irgendwann hörte ich dann, wie sie sich in der alten Küche unterhielten.

»Wir sagen, dass wir uns gemeinsam so entschieden haben.«

Mama weinte. »Du willst also, dass ich lüge?«

»Du solltst nur kein Drama daraus machen.«

»Aber es ist ein Drama.«

»Es geht hier nicht um uns, es geht um die Kinder. Wir sagen, dass wir gemeinsam zu dem Schluss gekommen sind, dass es besser ist, wenn ich für einige Monate in eine andere Wohnung ziehe. Dass wir uns noch sehr lieb haben, aber eher als Freunde und nicht als Mann und Frau.«

»So ein Schwachsinn!«

»Wir sollten unsere Gefühle da heraushalten.«

»Schön. Aber eines Tages werden sie verstehen, was für ein Riesenarschloch du bist.«

»Und was glaubst du wohl, was sie von dir halten werden?«

Eine lange Stille trat ein, gefolgt von Schluchzen.

»Ganz genau, meine Liebe.«

Einer der beiden schlug die Küchentür mit lautem Krachen zu.

In der gleichen Nacht bekam ich meine erste Blasenentzündung. Das war vor etwa zwei Jahren. Damals wusste ich noch gar nicht, was das ist. Ich musste ständig pinkeln und hatte brennende Schmerzen, aber ich wollte nicht alles noch schlimmer für die beiden machen, also habe ich nichts gesagt, sondern die Symptome gegoogelt. Da stand, dass es hilft, viel Wasser zu trinken, also habe ich das getan, aber es hat nicht gewirkt. Am nächsten Tag, während Papa geredet hat und Mama nur weinte und stammelte, dass das alles nicht unsere Schuld sei, ging ich aufs Klo und pinkelte Blut. Es war eigentlich ganz praktisch, der Schmerz lenkte mich davon ab, was sich gerade zwischen meinen Eltern abspielte. Zwei Tage danach erwachte ich in einem Krankenhausbett mit Mama und Papa neben mir. Das war mein letzter glücklicher Moment.

Papa behält den Mantel an und geht ein paar Schritte ins Wohnzimmer hinein. Er ist noch nie bei uns im Haus gewesen. Er atmet heftig durch die Nase, während er sich umsieht.

»Kommt, Kinder, packt eure Sachen, ich nehme euch mit zu mir.«

»Und wenn wir gar nicht wegwollen?«, sage ich.

»Kannst du nicht auch hierbleiben?«, fragt Luuk.

»Ich glaube nicht, dass deine Mutter damit einverstanden wäre.«

»Aber sollten wir Mama nicht suchen gehen?«

»Das machen wir, mein Schatz. Doch ich denke, Mama braucht einfach ein bisschen Raum für sich.«

Das sagen meine Eltern oft. Erst hat Papa ein bisschen Raum für sich gebraucht, dann Mama, und jetzt haben beide Raum für sich, und es ist noch immer nicht genug.

»Pap«, sage ich. »Sollten wir nicht die Polizei rufen?«

»Die wird nichts tun. Deine Mutter ist eine erwachsene Frau, und Erwachsene suchen sie erst nach zwei Wochen. Es gibt keine Anzeichen, dass etwas Ernstes passiert ist.«

Papa ist Anwalt, er weiß das.

»Sie könnte einen Unfall gehabt haben.«

»Ja, oder sie wurde entführt«, sagt Luuk.

»Wir werden natürlich alle Krankenhäuser anrufen. Überlasst das Suchen einfach uns, wir kümmern uns.«

Wir. Laura und er.

»Los, Kinder, Laura wartet im Auto.«

»Warum?«

»Sie macht sich auch Sorgen.«

Was interessiert mich das? Das sage ich nicht, denn es scheint mir besser, jetzt keinen Streit anzufangen. Ich würde mir so wünschen, Laura wäre plötzlich wie vom Erdboden verschluckt. Paff! Weg. Ich würde sie nicht suchen und nicht die Polizei rufen und mir keine Sorgen machen. Mit Laura hat alles angefangen, und sie kann meinetwegen tot umfallen. Wenn ich nur an sie denke, wird mir schon kalt und mir tut der Nacken weh. Laura. Allein schon der Name. Haben wir sie uns ausgesucht? Hatten wir eine Wahl? Und trotzdem haben wir sie jetzt jede zweite Woche am Hals. Und ausgerechnet sie will uns bei der Suche helfen.

»Vielleicht solltest du zusätzlich Kim um Hilfe bitten.«

Kim ist Mams beste Freundin.

»Und Oma«, sagt Luuk.

»Ich glaube nicht, dass es nötig ist, Oma jetzt schon zu beunruhigen.«

»Wammes muss auch mitkommen«, sagt Luuk.

Paps Miene verfinstert sich. Er kann Haustiere nicht leiden. Schon allein deshalb hat Mam uns einen Welpen besorgt.

4.

Papa wohnt in einem modernen Apartment in der Nähe seiner Arbeit. »Eine solche Wohnung habe ich mir immer gewünscht«, sagte er, als er sie uns das erste Mal zeigte. Luuk und ich haben hier jeder ein großes Schlafzimmer mit einem Doppelbett und eigenem Fernseher. Eingerichtet hat die Zimmer Laura mithilfe von Pinterest. Der weiße PU-Gussboden geht über die ganze Fläche. Mein Bett steht auf einer Art Podest und ist mit großen weißen und rosa Kissen übersät. Auf den weißen steht in Stickschrift HAPPY, auf den rosafarbenen GIRL. Über dem Kopfende hängt, umrahmt von Weihnachtsbeleuchtung, ein Wandbild von zwei schlafenden Augen mit langen Wimpern. Den größten Teil dieser Einrichtung gibt es bei Ikea zu kaufen. Alle Zimmer haben hohe Glastüren, was zwar schön, aber megaunpraktisch in Bezug auf die Privatsphäre ist. Ich habe meine Tür mit Fotos meiner Lieblingskünstler vollgeklebt. Luuk hat vor seine eine Feijenoord-Fahne gehängt: Papa ist fanatischer Ajax-Anhänger.

Die Küche ist schwarz. Sitzen kann man an der Kücheninsel, auf hohen Edelstahl-Barhockern. Vor dem Gasheizofen steht ein gigantisches Loungesofa, und wenn man auf die Fernbedienung drückt, fährt der Fernseher aus dem Boden.

Papa lässt sich neben uns fallen.

»Steckt mal kurz die Handys weg, Kinder.«

»Ich schau nur, ob Mama vielleicht irgendwo online ist«, sagt Luuk.

»Sie hat ihr Handy doch nicht dabei«, sage ich.

»Wie ich eure Mutter kenne, hat sie bestimmt noch ein zweites«, sagt Papa.

Das iPhone, das in ihrer Handtasche geläutet hatte, habe ich eingesteckt. Es war fast so, als hätte Mam mich darum gebeten: »Der Idiot soll bloß die Finger von meinem Telefon lassen!«

»Wie war Mama, bevor sie verschwunden ist?«

Meine Schultern werden schwer. Ich kann es nicht ausstehen, wenn er diese Art von Fragen stellt. Normalerweise antworte ich: Frag sie doch selbst, aber genau das geht jetzt nicht.

»Normal«, sagt Luuk.

»Traurig«, sage ich. »Sie hat schlecht geschlafen und war oft sehr müde.«

Papas presst die Kiefer zusammen. Er nickt.

»Deine Mutter war manchmal ein bisschen depressiv. Das ist schlimm für sie, aber ihr könnt nichts dafür. Ich auch nicht. Es ist eine Krankheit. Es ist gut möglich, dass sie einfach irgendwo eine Atempause einlegt. Laura und ich werden alles in unseren Kräften Stehende tun, um sie zu finden. Kim haben wir übrigens ebenfalls informiert. Vertraut ihr uns? Macht euch keine Sorgen, es wird wirklich alles gut. Und wenn wir sie gefunden haben, kümmern wir uns gleich darum, dass sie die richtige Hilfe bekommt. Bei uns seid ihr jedenfalls sicher, und heute Abend dürft ihr bestimmen, wo wir essen wollen.«

Als ob mir jetzt nach Essen wäre!

»McDonald's«, sagt Luuk. Für Laura ist das vermutlich ein absolutes No-go.

»Ja, genau«, sage ich. »Wir wollen zu McDonald's!«

»Schön, dann ist heute McDonald's angesagt.«

Wir fahren durch die zugigen Straßen von Buitenveldert, und ich sehe sie in jeder Frau. Ich habe bisher niemandem von meinem Traum erzählt, aus dem ich mit dem Gefühl erwacht bin, Mama sei tot. Es ist wiedergekehrt, hier in diesem Auto, das nach Lauras schwerem Parfüm riecht: Mama ist tot. Sie liegt einsam und kalt irgendwo, und wir gehen zu McDonald's.

Ich wünschte, Luuk und ich könnten mit Papa normal über Mama reden und umgekehrt. Dass wir erzählen könnten, was wir gemacht und gegessen haben, was Pap beziehungsweise Mam gesagt hat und wieso wir so lachen mussten, und das alles, ohne dass danach eisiges Schweigen herrscht oder eine verletzende Bemerkung fällt. Ich wünschte, ich könnte sagen, dass ich Papa für ein Arschloch halte, und Mama würde antworten: »Aber nein, dein Vater ist so ein lieber Mensch.« Oder dass ich erzählen könnte, wie oft Mama weint und ganze Nächte vor ihrem Computer sitzt. Und dass sie manchmal eine ganze Flasche Wein trinkt und es oft nicht schafft, Geld vom Geldautomaten abzuheben, und dass Papa mir darauf antworten würde: »Das ist sehr traurig, ich rufe sie gleich an.« Aber stattdessen sagt er Sachen wie: »Es reicht mir jetzt mit diesem Theater; ich schalte die Behörden ein; ich lasse nicht zu, dass meine Kinder diesem hysterischen Getue weiter ausgesetzt sind.«

Einmal habe ich es versucht, als ich ihm sagte, dass Mama schon zwei Tage nicht aus dem Bett gekommen sei. »Du bist schon genau so eine hysterische Tussi wie deine Mutter«, war seine Antwort. Danach hat er ihr immerhin eine WhatsApp geschickt. Ich weiß nicht, was er ihr geschrieben hat, aber in der Woche darauf war plötzlich das Haus blitzblank. Sie wirbelte sogar in der Küche herum, um frische Lasagne zu machen.

Ich bekomme den Big Mac kaum runter, so schuldig fühle ich mich. Ich tauge nichts, bin ein wertloses Kind. Ich muss an positive Dinge denken. Daran, wie lieb Mama ist. Sie kitzelt mich jeden Abend am Rücken und lässt mich aufbleiben, um mit ihr *Gossip Girl* zu schauen. Solange es nicht um Papa geht, kann ich gut mit ihr reden. Sie spricht völlig ungeniert über Sachen wie Sex oder die Periode, kann gut kochen und tanzt mit uns auf Hip-Hop-Musik. Und ganz egal, wie traurig sie ist, ich darf immer zu ihr ins Bett, und dann sagt sie, dass Luuk und ich das Allerwichtigste für sie sind.

Papa ist auf eine andere Art nett. Nicht so verschmust, er geht aber immer mit Luuk zum Fußball und kann Dinge wie Chemie oder Politik, die ich nicht verstehe, sehr gut erklären. Er schenkt meistens Geld und stellt klare Regeln für uns auf. Genau wie Mama ist er uns nie lange böse.

Es geschieht automatisch, das Vergleichen, die Frage, was ich tun würde, wenn ich wirklich zwischen ihnen wählen müsste. Doch jetzt habe ich plötzlich gar keine Wahl mehr, und ich werde noch verrückt, weil wir nicht für Mama da waren.

Laura und Papa reden. Leise, in ihrem Schlafzimmer. Das kenne ich noch von früher, wenn meine Eltern nicht wollten, dass Luuk und ich sie hörten. Wir nannten es »wutflüstern«.

Papa sagt, dass Mama eine Borderlinerin ist und bestimmt wieder auftauchen wird; solche Scherze hätte sie sich schon öfter geleistet. Laura findet, dass wir die Polizei verständigen und einen Aufruf auf Facebook posten sollten.

»Das ist doch genau, was sie will«, sagt Papa.

Ich verstehe nicht, warum er so einen extremen Hass auf meine Mutter hat. Was hat sie ihm je getan? Er ist doch mit einer anderen durchgebrannt! Oder ist alles ganz anders? Wieso lügen Eltern immer?

»Du sprichst hier über die Mutter deiner Kinder, Peter. Also achte ein bisschen auf deinen Ton.«

Ich hasse Laura, aber manchmal tut sie mir auch leid. Mama ist anscheinend immer noch das große Thema in seinem Leben.

»Halt dich einfach raus, Schatz. Du hast keine Ahnung.«

»Nein, du hast keine Ahnung. Du bist so in deiner Abwehrhaltung befangen, dass du gar nicht merkst, was hier los ist. Verrückt oder nicht, sie wird vermisst, das dürfte ja inzwischen klar sein. Wir müssen alles tun, um sie zu finden. Sonst macht sie noch komische Sachen. Lass dich doch nicht immer so von Gefühlen leiten.«

»Ich? Haha, das wird ja immer besser! Sie, sie lässt sich von Gefühlen leiten!«

Laura seufzt hörbar. Ich verstehe nicht, wieso sie noch bei ihm ist.

»Der hat wohl einen Zauberschwanz oder so«, sagte Kim erst neulich zu Mama.

»Glaub mir, den hat er nicht!«

»Wie auch immer. Ich bringe jetzt die Kinder ins Bett, und du machst die Anrufe. Ruf alle an, mit denen ihr befreundet wart, jeden Einzelnen. Und die Verwandten. Wenn du es nicht tust, rufe ich die Polizei.«

Als ich noch klein war und meine Eltern noch zusammen waren, hatte ich manchmal Albträume, dass sie sich scheiden lassen wollten und ich plötzlich eine andere Mutter oder einen anderen Vater bekäme. Das war bei mehreren Kindern in meiner Schule wirklich so, und ich dachte, das müsste das Schrecklichste sein, was einem passieren konnte: ein völlig fremder Mensch, der tut, als wäre er deine Mutter oder dein Vater; ein Mensch, der scheinbar nett und freundlich ist. Dabei weißt du genau: Der legt auch keinen gesteigerten Wert auf dich, der nimmt dich nur in Kauf, weil du nun mal da bist, aber am liebsten wäre er oder sie mit deiner Mutter oder deinem Vater allein.

Und dann war plötzlich Laura da. Meine Eltern waren frisch getrennt und befanden sich noch in der Phase des »wie Freunde«

Miteinanderumgehens. So was kam damals öfter vor: Meiner Mutter fiel plötzlich ein, dass der Streit jetzt lang genug gedauert hatte, und dann gingen die beiden zusammen aus oder feierten gemeinsam einen Geburtstag. Am Anfang, als noch niemand etwas von Laura wusste, sind wir sogar noch zusammen in die Ferien gefahren. In ein All-inclusive-Resort in Spanien. Luuk und ich hatten die Hotelanlage wegen ihrer endlosen Buffets und Wasserrutschen schon länger im Auge, aber es brauchte eine Scheidung, damit wir unseren Willen bekamen. Meine Eltern hielten es für eine gute Idee: Wir Kinder wären ausreichend beschäftigt, mein Vater könnte Golf spielen, meine Mutter am Strand ein Buch lesen, und diese gemeinsamen Mahlzeiten, ach ja, die würden sie schon irgendwie überstehen.

Ich höre immer noch den gellenden Schrei meiner Mutter, nachts, auf dem Hotelbalkon. Mein Vater war zu dem Schluss gekommen, dass dies der beste Moment sei, um ihr von Laura zu erzählen.

Laura ist mehr als zehn Jahre jünger als Papa. Sie kennen sich von der Arbeit. Laura war bei Papa im Büro angestellt, aber jetzt nicht mehr, da sie dachten, das sei vielleicht nicht so klug. Es lief natürlich schon sehr lange etwas zwischen den beiden, und ihre monate-, vielleicht jahrelangen Lügen waren genau der letzte Anstoß, den Mama nötig hatte, um in ein tiefes Tal zu stürzen.

Ich glaube, ich würde mich genau andersrum verhalten, als sie es tat. Ich würde kämpfen, jeden Tag fantastisch aussehen, überall hingehen, um diesem Flittchen täglich unter die Nase zu reiben, dass es mich noch gibt. Mama nicht. Sie wurde eine Frau, vor der jeder Mann schreiend davonlaufen würde. Von Neid und Eifersucht zerfressen, in Verachtung und moralischer Überlegenheit schwelgend. Weil sie ihre ganze Energie in die Verzögerung der Scheidung steckte, blieb ihr zuletzt nur noch eine einzige Freundin. Würde mir das je passieren, ich würde meinem Ex-Typen den

Finger zeigen. Und ich würde lieber in einen Ziegenstall ziehen, als nur einen Euro von ihm anzunehmen. Aber so weit kommt es sowieso nie, weil ich mein Geld selber verdienen werde, auf welche Art auch immer. Wenn ich etwas aus der ewigen Scheidung meiner Eltern gelernt habe, dann dies: Du darfst nie von jemandem abhängig sein, weder finanziell noch emotional.

Aber jetzt fällt mir auf, dass es sich wiederholt: Laura hat ihren Job aufgegeben, nicht er. Sie ist bei ihm eingezogen und hat ihr Haus verkauft. Sie tönt ständig rum, dass sie keine eigenen Kinder will, dabei höre ich aus drei Kilometer Entfernung, wie ihre Eierstöcke nach Babys schreien. Sie kümmert sich um seine Kinder. Sie begnügt sich mit einer Rolle an der Seitenlinie des Hass-Wettstreits, der zwischen meinen Eltern tobt. Was wird aus ihr, wenn Pap sie satt hat? Denn dieser Moment wird kommen, am Tag, an dem meine Eltern nicht länger streiten. Denn worüber sollen Laura und er dann noch reden? Was bleibt ihnen dann noch? Ich glaube, Laura ist sein Ventil. Ihre Beziehung ist auf den Trümmern der letzten errichtet, das kann nicht lange gut gehen. Sie hat gesehen, wie er so was anpackt; eines Tages wird auch sie ausgetauscht.

Wie ich schon sagte: Ich hasse Laura. Alles an ihr. Ihre Geziertheit, ihre gekünstelten kleinen Bewegungen, ihre Nägel, die immer tipptopp gepflegt sind, ihre steinharten Stachelwimpern um die braunen Augen, ihre Augenbrauen, die sie sich hat eintätowieren lassen. »Kleiner Dickkopf« nennt mein Vater sie, und das macht ihr nichts aus! Und wie sie geht! Kerzengerade, sehr selbstbewusst, die Nase hoch. Das schmale Händchen streicht die riesige Mähne nach hinten. Sie ist eine Aperol Spritz trinkende Puppe, die viel zu große Sonnenbrillen trägt. Ihr Instagramprofil ist eine Aneinanderreihung von Selfies mit Cocktailglas, im Sportstudio, mit ihren Freundinnen, die alle genau wie sie aussehen, und ab und zu einem mit meinem Vater, auf dem er ziemlich unglücklich schaut.

»Ich bin eure Bonusmama«, das hat sie letztes Jahr an Weihnachten gesagt. Luuk rannte vom Tisch weg und schnauzte sie an, dass sie nie im Leben an meine Mutter heranreicht und dass wir sie nie, nie, nie so nennen werden. Später an dem Abend hat sie sich auf meiner Bettkante ausgeheult, soweit es ihre unterspritzten Bäckchen erlaubten. Sie sagte, sie hätte nie die Absicht gehabt, unsere Familie zu zerstören, und wie schuldig sie sich deshalb fühle und dass sie meine Mutter sehr gern habe. Und dass sie Mam immer als meine Mutter Nummer eins respektieren würde.

»So ist es aber nicht«, sagte ich. »Ich habe *eine* Mutter, nicht zwei. Und ich werde nie zwei haben, egal, wie du dich nennst.«

Ich verstehe nicht, dass Frauen wie Laura solche Dinge behaupten. Natürlich war es ihre Absicht, unsere Familie zu zerstören. Jahrelang war genau das ihr einziger Gedanke: meinen Vater von uns loszueisen, ihn zu umgarnen und mit dem Versprechen zu locken, dass mit ihr alles anders wäre. Mehr Sex, bessere Titten, tiefere Liebe, grenzenloses Verständnis und kein Gemecker. Nie.

Nur Männer glauben an diesen Quatsch.

5.

Mama ist jetzt vierundzwanzig Stunden verschwunden. Auf dem Handy google ich, ab wann ich eine Vermisstenanzeige aufgeben kann.

Eine Person hat ihr gewohntes Lebensumfeld verlassen. Der Aufenthaltsort dieser Person ist unbekannt. Bei fast 80 Prozent der vermisst gemeldeten Personen kann der Aufenthaltsort innerhalb von 24 bis 48 Stunden festgestellt werden. Manchmal ist jemand einfach vorübergehend nicht erreichbar, oder eine Verabredung wurde vergessen. Manchmal ist etwas Schlimmes geschehen.

Was kann die Polizei tun? Ergeben sich Hinweise, dass wahrscheinlich keine ernsthafte Gefahr für die Person besteht, wird die Polizei einige Zeit warten (gewöhnlich 24 Stunden), bevor sie eine Vermissten-Fahndung einleitet.

Drei Viertel aller vermissten Personen werden innerhalb von 24 Stunden gefunden. Wenn die Polizei annimmt, dass die vermisste Person sich in ernsthafter Gefahr befindet, leitet sie umgehend Suchmaßnahmen ein.

Schlafen ist unmöglich. Ich schleiche aus meinem Zimmer und setze mich oben auf den Treppenabsatz. Unten höre ich Papa reden und telefonieren. Die meisten Leute gehen wahrscheinlich gar nicht ans Telefon, denn sie hassen ihn. Aber Oma hebt ab. Die ist immer bereit für ein bisschen Drama.

Papa räuspert sich.

»Hallo, Tineke, entschuldige bitte die späte Störung, ich habe mich nur gefragt, ob du heute etwas von Jet gehört …«

Arme Oma. Ich sehe vor mir, wie sie sofort in ihren Mantel schlüpft.

»Nein, nein, beruhige dich, wir haben hier alles im Griff, du brauchst nicht zu kommen.«

(…)

»Ja, ich weiß, das sagten auch schon die Kinder. Nicht länger als einen Tag, glaube ich. Laura und ich gehen der Sache gründlich nach.«

(…)

»Das machen wir morgen, ja, obwohl ich fürchte, dass die Polizei keine große Hilfe sein wird.«

(…)

»Dieser Mann? Nein, weiß ich nicht. Möchtest du mir seinen Namen sagen?«

(…)

»Merkwürdig. Es wird wohl nicht so wichtig sein.«

(…)

»Oh! Ich weiß nicht, wie ich das überprüfen soll, das ist vermutlich zugriffsgeschützt. Aber ich weiß, dass die Polizei die Mittel hat, um sich das genau anzuschauen.«

(…)

»Danke, Tineke, und nochmals, es tut mir leid, dass ich dich so spät und mit so einer unangenehmen Nachricht gestört habe.

(…)

»Das verstehe ich, ja.«

(…)

»Nein wirklich, den Kindern geht es gut, und ich halte dich auf dem Laufenden. Ja, du auch.«

Es bleibt lange still. Dann höre ich Lauras Absätze. Gläser werden auf die Granitanrichte gestellt. Sie schenkt Wein ein. Ich stelle mir vor, dass sie meinem Vater durch die Haare streicht.

»Das war sicher nicht leicht.«

»Nein.« Mein Vater seufzt. »Die sitzt jetzt aufrecht im Bett und steht morgen garantiert um sieben vor der Tür.«

»Was hat sie gesagt?«

»Sie erwähnte irgendeinen Typen. Sie wusste den Namen nicht, nur, dass Jet verliebt sei. In jemanden, den sie über Tinder gefunden hat.«

»Ach je …«

»Das kannst du laut sagen. Traurig ist das.«

»Na ja, heutzutage ist es ziemlich normal.«

Alte Hexe.

»Die Mutter meiner Kinder auf so einer Seite? Ich kann nicht behaupten, dass ich das ›normal‹ finde!«

»Ich wäre froh. Dass sie ihr Leben wieder in die Hand nimmt. Es ist doch wunderbar, dass sie jemanden hat, vielleicht hört sie dann auch auf, mit dir zu streiten.«

»Erst mal ist sie vermisst, Laura, so wunderbar ist das nicht.«

»Ich darf doch hoffen, du bist nicht eifersüchtig?«

»Nein, aber wütend. Wer weiß, welchen Irren sie in ihr Leben gelassen hat. War sie nachts womöglich öfter außer Haus?«

»Haben die Kinder ihn mal erwähnt?«

»Nein. So wie ich das sehe, wissen sie nichts davon.«

»Und wenn sie etwas wüssten, würden sie es dir nicht sagen.«

Ich habe ein nervöses Gefühl in der Blase. Es gibt also einen Mann. Davon wusste ich nichts. Mama lag oft lange im Bett, war die letzte Zeit ständig müde und abwesend und viel mit ihrem Handy beschäftigt. Depressiv, sagte Papa. Sie selbst nannte es Stress. Sie aß wenig und ging ziemlich oft mit Wammes spazieren. Ich dachte eigentlich, sie und Papa würden sich die ganze Zeit die Köpfe einschlagen.

Ich gehe zurück in mein Zimmer, nehme ihr iPhone aus der Tasche und krieche wieder ins Bett. Keine Spur von Tinder zwischen allen Apps. Klar, sie hat natürlich damit aufgehört, sobald es ernster wurde mit ihrem Neuen. Ich öffne ihr WhatsApp und scrolle durch Nachrichten von Pap, mir selbst, Kim, Oma und ihren Klienten, bis ich auf jemanden stoße, der als »God« gespeichert ist. Der Chat enthält nur zwei Nachrichten.

Ich muss dich sprechen, schreibt sie. Er antwortet mit einem Daumen-hoch-Emoji und darunter: *Ich hol dich ab.*

Ich presse die Hand auf meinen Unterleib.

Mit der anderen Hand wähle ich seine Nummer und bekomme zu hören, dass die Nummer, die ich gewählt habe, zurzeit nicht verfügbar ist.

Das muss er sein, obwohl ich nicht verstehe, wieso sie ihn nicht mit Klarnamen speichert. Wahrscheinlich ist »God« irgendein Witz. Ich hör sie schon sagen: »Haha, ich habe eben eine Direktleitung nach ganz oben.« Ich suche God in ihren Kontakten. Es gibt ihn, ohne E-Mail oder Adresse, nur den Namen und diese Handynummer. Auch in ihrer Bildergalerie finde ich nichts Auffälliges. Keine Screenshots, keine sexy Selfies. Ich brauche ihr MacBook, aber das ist noch unten in der Spülküche, in meinem Rucksack.

Papa ist immer noch am Telefonieren. Ich höre Laura im Badezimmer. Also könnte ich jetzt einfach runtergehen und sagen, dass ich die Nummer von Mamas Tinderdate gefunden habe, oder nicht? Und dass sie ihn God nennt und wir ihren Laptop nach einer Adresse durchsuchen müssen. Aber mir wird schon bei dem

Gedanken schlecht. Papa wird sofort anfangen zu seufzen und zu schimpfen und mich fragen, was sie sich eigentlich denkt. Ich bekomme jedes Mal Bauchweh, wenn er das tut. Vielleicht kann ich Mama ja erreichen und sie überreden, nach Hause zu kommen, ohne dass er daran beteiligt sein muss.

Ich gehe leise die Treppe hinunter.

»Ja, ich weiß«, sagt Papa.

»Verstehst du mich jetzt?«

(…)

»Zu mir auch.«

(…)

»Stimmt, sie hat sich abgekapselt.«

(…)

»Das ist auch einsam, aber was soll man machen? Das hat mich fertiggemacht, ich musste eingreifen.«

(…)

»Auch für die Kinder, das ist richtig. Traurig.«

(…)

»Sehr schwierig, danke. Ja, wenn du etwas hörst.«

(…)

»Na klar. Gute Nacht.«

Er fährt vor Schreck zusammen, als er mich in der Küche stehen sieht. Sein Gesicht ist gerötet und leicht aufgedunsen. Neben seinem Computer steht ein Glas, dahinter eine leere Rotweinflasche.

»Sag mal, Mäuschen, müsstest du nicht längst im Bett sein?«

Papa spricht mit mir immer wie mit einer Achtjährigen.

»Du glaubst doch nicht, dass ich jetzt schlafen kann?«

Ich sehe an seinem Blick, dass er nach einer Antwort sucht.

»Wieso erzählst du jedem, Mama wäre eine depressive Irre? Du sprichst nie mit ihr, du siehst sie praktisch nie. Du weißt überhaupt nichts, oder?«

»Ich war sehr lange mit deiner Mutter verheiratet, Maus. Mag sein, dass wir im Augenblick öfter streiten, aber ich kenne sie recht gut.«

»Glaub ich nicht. Sie ist deinetwegen manchmal traurig oder wütend, aber sie ist auch ganz lieb und oft fröhlich. Du tust jetzt so, als wär sie weg, weil sie durchgedreht ist. Oder Selbstmord begehen will.«

Das Wort Selbstmord lässt ihn zusammenzucken.

»So wie ich sie kenne, steht sie morgen plötzlich vor der Tür«, sagt er und lächelt gewollt.

Ich gehe zu ihm und schlinge die Arme um seinen Hals. Sein Körper zittert. Er berührt meinen Scheitel und vergräbt die Nase in meinem Haar. Ich rieche Wein, Dior Homme und etwas Schweiß. Ich wüsste gerne, ob er sich wirklich Sorgen macht oder nur uns zuliebe so tut, als ob.

»Ich weiß, dass Mama auch oft lieb ist«, flüstert er.

»Im ersten Jahr nach eurer Scheidung durfte ich jede Nacht zu ihr ins Bett. Danach nicht mehr.« Die Worte kommen ganz von selbst aus meinem Mund, ich kann nichts dagegen tun. Ich würde gern öfter so mit ihm reden, irgendwelche Geschichten mit ihm teilen, und dass sie ihm wirklich gefallen oder er sie versteht.

»Du bist auch zu groß dafür, oder?«

»Musst du nicht den Hund ausführen?«, sage ich.

6.

Alles schläft. Ich sitze mit Mamas Laptop auf dem Schoß auf dem Klo und suche ihren Tinderaccount. Es könnte natürlich genauso eine andere Dating-Seite sein, Oma nennt wahrscheinlich alles Tinder. Ich suche auf Lexa, Happn, Inner Circle. Bei E-Matching werde ich fündig. Lauter Mails, die Mama daran erinnern, dass sie auch zu einem bezahlten Account wechseln kann, um noch mehr Likes, Chatmöglichkeiten und Matches zu erzielen. Ich klicke den Link an. Zum Glück hat sie ihren Account nie geschlossen.

Auf dem Profilbild lächelt nur ihr Mund, nicht ihre Augen. Sie hat einen Filter darüber gelegt, durch den das Bild noch unechter wirkt und etwas richtig Trauriges bekommt. Dieses Gestellte in ihrem Schlafzimmer, der Schatten des iPhones halb auf ihrem Gesicht, die etwas zu weit aufgeknöpfte hellblaue Bluse, die dicken Locken, die sie hochgesteckt hat. Roter Lippenstift, durch den alles viel zu viel wird. Meine Mutter, die sich zur Schau stellt, die sich auf irgendeine scharfe Braut reduziert, während sie so viel mehr ist. Lieb, unsicher, ziemlich witzig, manchmal niedergeschlagen und verletzt. Einsam, glaube ich. Aber das steht nicht da. Da steht:

Ich habe einen Traumjob! 2 Kinder, die jede zweite Woche bei mir sind. Bin kreativ, spontan, lieb, manchmal explosiv, sinnlich und schön, stark und weich, liebe Tanzen und lange Spaziergänge. Gesucht wird nicht unbedingt eine Beziehung, sondern Wärme, Freundschaft, Intimität, und wer weiß, wohin das führt …

Ich hätte ihr helfen können, hätte ihr gleich sagen können, dass dieses Bild auf die Sorte Mann, die sie sucht, nicht anziehend wirkt. Obwohl, ich weiß ja nicht, was sie sucht. Ich wusste ja noch nicht mal, *dass* sie sucht. Nein, das mache sie nicht, hat sie immer wieder geschworen, sie sei fertig mit der Männerwelt, selbst wenn sie wollte, sie könnte es nicht, ihr Herz sei durch den Kummer mit Papa verschlossen, außerdem könnte sie uns das nicht auch noch antun, nach dem ganzen Scheidungselend und der neuen Stiefmutter, nein, sie sei rundum zufrieden mit uns und unserem neuen Haus. Und in der Woche, die wir bei Papa seien, amüsiere sie sich bestens. Hat sie gesagt.

Für meine Eltern ist Lügen so leicht wie Kacken.

Ihre Mailbox enthält einundzwanzig Nachrichten. Zwanzigmal superpeinliche erste Worte, die alle auf »Hey, lass uns mal was zusammen trinken« hinauslaufen. Mama hat nicht darauf reagiert. Eine Nachricht sticht hervor. Thomas heißt der Verfasser, siebenundvierzig Jahre alt, und auf seinem Profilbild trägt er einen Zylinder. Er ist Unternehmer, aber das sind sie alle.

Gentleman mit besonderen Bedürfnissen, Kenner von gutem Essen und Wein, Vollblutgenussmensch. Zwei Kinder, die leider nur alle zwei Wochen bei mir sind.

»Hallo, schönes Wesen, dein Foto berührt mich. Da ist etwas in deinem Blick … Wurdest du enttäuscht? Du bist … verletzlich, und das macht dich schön und authentisch. Komisch, ich bin neu hier und du bist die Erste, die ich sehe. Weitersuchen ist wohl nicht nötig. Ich möchte gern mal mit dir spazieren gehen und reden. Schick mir deine Nummer, wenn du dich irgendwann mit mir treffen möchtest.

Meine Mutter antwortet, dass sie für ihr Leben gern spazieren geht, aber zögere, weil sein Profil doch ziemlich vage sei. Und ihre Nummer gebe sie nicht einfach heraus. Danach herrscht eine Woche Schweigen.

Entschuldige! Ich hatte sehr viel um die Ohren. Stimmt, das Profil ist vage. Ich bin erst seit Kurzem hier und will auch schon wieder weg. Zu viele seltsame Leute hier, ist nichts für mich. Na ja, außer dir. Wann gehen wir spazieren? Ich geb dir einfach meine Nummer, und du schickst mir eine WhatsApp, wenn du gerade Lust hast. Werde meinen E-Matching-Account demnächst löschen, aber schick dir über WhatsApp mehr Fotos😊*. Hier kommt die Nummer: 06-34195203.*

Das ist nicht die Nummer von God.

Mein Hintern ist vom Sitzen taub geworden. Ich betätige die Spülung und verschwinde wieder in mein Bett. Es ist achtzehn nach drei. Ich kann jetzt unmöglich aufhören. Es muss noch mehr geben, und ich will alles aufdecken, bevor wir zur Polizei gehen, damit sie gleich mit der Suche anfangen kann. Ich gebe »Tom« im Suchfeld ein. Kein Ergebnis. Dann versuche ich es mit »God«. Jetzt wird ein Wortdokument mit diesem Titel angezeigt, das ich sicherheitshalber gleich auf meine eigene Mail weiterleite. Es erscheint auch ein Ordner, der nur mit einem Passwort geöffnet werden kann. Ich versuche es mit Mamas Geburtsjahr, aber das funktioniert nicht. Dann probiere ich unsere Postleitzahl, danach mein Geburtsjahr, und jetzt erhalte ich eine Benachrichtigung, dass ich dreimal das falsche Passwort eingegeben habe und dass die Datei vierundzwanzig Stunden gesperrt wird. Es gelingt mir auch nicht mehr, die Datei an mich selbst zu mailen. In der Schublade neben meinem Bett befindet sich noch ein USB-Stick aus der

Schule, auf den ich den Ordner hochlade. Währenddessen gehe ich Mamas Browserverlauf durch und sehe, dass sie »toxische Liebe«, »Soziopathie« und »in einen Narzissten verliebt« gesucht hat. Plötzlich wird der Bildschirm grau. *Enter your system lock PIN code to unlock this Mac*, lese ich. Ich schalte ihr iPhone ein, in der Hoffnung, dass es irgendwo eine Aktivierungssperre gibt, aber es ist ebenfalls grau geworden. *Dieses Gerät wurde gesperrt. Wenden Sie sich an den Apple Support.*

Auf meinem eigenen Handy google ich, was diese Ansagen zu bedeuten haben. Anscheinend hat jemand das iPhone und den Laptop meiner Mutter per Fernzugriff gehackt. Oder jemand hat Find My iPhone benutzt, um alles zu löschen. Das geht aber nicht ohne die Apple ID und das Benutzer-Kennwort. Warum sollte jemand das tun? Warum sollte Mama das tun?

Weil sie nicht gefunden werden will.

Oder weil jemand anderes nicht will, dass man sie findet.

JET

Weiße Fliesen. Eine Toilette. Ich versuche mich zu bewegen, doch wie im Traum ist mein Körper taub und gelähmt. Ich kann die Augen nur einen Spaltbreit öffnen, und meine Zunge ist so geschwollen, dass ich kaum atmen kann. Steh auf! Verdammt, steh auf! Mein Kopf scheint nicht mit meinen Gliedern verbunden zu sein, die sich schwer anfühlen.

Ich bin in einem Badezimmer. Nicht meinem eigenen.

Wirklich Angst habe ich nicht. Ab und zu durchzuckt mich ein Anflug von Panik, doch sie verschwindet wieder, zusammen mit der Kampflust und Energie, die sie mit sich bringt.

Ich bin so schwach, ich löse mich auf. Ich fürchte, dass ich meine Kinder nie wiedersehe.

Die Autofahrt über die Straße mit den Schlaglöchern. God, der plötzlich den Kopf in meinen Schoß legt, weinend.

Seine Hände auf meinen Hüften.

Erinnerungssplitter.

Er sitzt auf dem Bett. Es gibt Wein. Er sagt, dass ich ernste Probleme habe. Dass ich bindungsunfähig sei. Seine Stimme, seine Meinung. Seine Vehemenz. »Es ist zu deinem Besten. Ich kann dich glücklich machen, du musst es nur verdammt noch mal zulassen.«

Wir haben Pornosex. Wo sind wir? Er sagt, es sei der beste Sex, den er je hatte. Ich beobachte uns aus einem Abstand. Sein Penis in meinem Mund, seine Hand, die währenddessen auf meinem Kopf liegt. Er zieht mich an den Haaren. Ich fühle keinen Schmerz, keinen Ekel, keine Lust. Nichts. Er hat die Finger in mir. Ich bin eine Maschine. Darauf programmiert, im richtigen Moment zu stöhnen. »Das gefällt dir, oder?« Ein Finger in meinem Arsch. Es ist egal, ich bin schon weg.

Er liegt auf mir und versucht, seinen Schwanz von hinten in mich hineinzustecken. »Ich will dich ganz.«

Ich muss nach Hause.

»Was wäre nötig, damit das aufhört?« Ich formuliere behutsam. Wir sitzen im Auto. Ich muss ihn irgendwie dazu bringen, uns in die bewohnte Welt zurückzufahren.

»Könntest du mich bitte nach Hause bringen?«

Er lässt den Wagen an. Ich atme auf. Er wiehert vor Lachen.

»Lass uns wie Erwachsene darüber reden. Ich liebe dich, Jet, und ich weiß, dass ich völlig falsch an die Sache herangegangen bin. Gib mir bitte eine Chance, es dir zu erklären.«

»Ich möchte gerne nach Hause. Meine Kinder sind alleine.«

»Alle anderen Male hattest du kein Problem damit, sie eine Weile allein zu lassen. Deine Tochter ist fünfzehn, sie kann wunderbar auf ihren Bruder aufpassen.«

»Ich habe mein iPhone vergessen. Sie kann mich nicht erreichen.«

»Sie hat doch ihren Vater? Jetzt sei mal still, ich bring dich später nach Hause. Die anderen Male hattest du nie ein Problem.«

So viele andere Male hat es nicht gegeben. Ich habe ihn bisher ein einziges Mal besucht, während Lies und Luuk schlafend im Bett lagen. Und ich hatte ein ganz schlechtes Gefühl dabei.

»Ich weiß, dass heute unser letztes Mal ist. In sehe es an deinem Blick, du liebst mich nicht mehr. Nicht so, wie ich dich liebe. Aber ich

will hundert Prozent, ich will alles. So bin ich eben. Du nicht. Du hast Angst.«

Wir fahren zu der Ferienwohnung. »Nur auf einen Drink, komm schon. Gönn mir wenigstens einen anständigen Abschied. Es ist hier ganz in der Nähe.«

Ich wollte nur, dass mich jemand berührt. Jemand, dem ich etwas bedeute, aber auf andere Art als meinen Kindern, meinen Freundinnen, meiner Mutter. So einsam, diese Nächte, das Aufwachen, das Essen vor dem Fernseher. Ich wollte so nicht enden. Aber hier liege ich, nackt auf einem Fliesenboden, und das Einzige, was noch zu funktionieren scheint, ist mein Verstand.

Ich sauge in kurzen Zügen Luft ein, spare meine Kräfte.

Er hilft mir in die Wanne. Mit einem Waschlappen fährt er zärtlich und aufmerksam über meinen Körper, von oben bis unten. Er wäscht mein Haar, bürstet meine Nägel. Ich bin nicht mal sicher, ob ich das wirklich erlebe oder träume. Ich habe jede Kontrolle über mich aufgegeben. So sieht er mich gerne. Gebrochen. Doch es spielt keine Rolle. Ich verdiene nichts anderes. Ich habe es gesucht, bin Risiken eingegangen. Ich hätte das alles wissen können.

Plötzlich hängt sein Gesicht über mir. Ein mitleidiger Blick, kein Zorn mehr.

Ich liege in einem Bett. Offenbar habe ich geschlafen, ich weiß nicht, wie lange. Meine Glieder lassen sich wieder bewegen.

»Hey, meine Schöne.«

Er tut, als sei nichts geschehen.

Mein Schädel pocht. Auf meiner linken Schläfe taste ich eine schmerzhafte Beule.

»Dir ging's nicht so gut, was?« Er grinst und setzt sich zu mir. Er riecht nach Duschgel und Deo. Seine Hand streicht sanft durch mein Haar. Er gibt mir ein Glas Cola.

»Trink langsam, das hilft gegen Brechreiz.«

»Scheiße, was ist passiert?«

»Dir war übel. Vom Wein, nehm ich an.«

»Ich kann mich an nichts erinnern. Doch, an Bruchstücke. Ich dachte, du wolltest mich umbringen.«

»Tja, Lust hatte ich schon.«

Er lächelt wieder, seine Zähne strahlen. Der schöne God ist zurück.

Ich setze mich auf, während ich mich an irgendwelche Reste des gestrigen Abends zu erinnern versuche. Ich weiß, dass wir redeten und Wein tranken. Ich weiß, dass ich unsere Beziehung beenden wollte. Ich versuche, an eine Information zu kommen, die irgendwo in meinem Gedächtnis gespeichert sein muss, aber es gelingt mir nicht. Ich habe von hässlichem Sex geträumt.

»Wie komme ich zu der?« Ich streiche mit dem Finger über die Schwellung an meiner Schläfe und ertaste Schorf.

»Du bist gestürzt. Im Bad. Du warst blau wie ein Veilchen, ich durfte nicht mal in deine Nähe kommen. Hast alles vollgekotzt. Ich hab die halbe Nacht gewischt und das Bett zweimal neu bezogen. Tut's weh?«

Ich nicke.

»Willst du ein Paracetamol?«

»Ich will nach Hause.«

Er nimmt eine Packung aus der Schublade neben seinem Bett und gibt mir zwei.

»Tausend Milligramm, das wirkt am besten.«

Ich nehme sie mit Wasser ein.

»Warum hast du mich nicht nach Hause gefahren? Meine Kinder sind ganz allein. Ich will sie wenigstens sprechen. Kann ich mit deinem Handy telefonieren?«

»Bist du jetzt still?«

Sein Blick wird dunkel. Er lügt. Diese zwei Tabletten, das war kein Paracetamol. Mein Traum war kein Traum.

»Bitte. Bring mich nach Hause. Oder ruf mir ein Taxi. Ich werde niemandem davon erzählen.«

Er setzt sich zu mir und streicht mir über die Wange. »Von was?«

»Dass du mich entführt hast.«

Er überschlägt sich fast vor Lachen.

»Ach, du, wir fahren doch gleich. Vertrau mir einfach.«

»Nein, wir fahren jetzt. Sonst geh ich raus und schreie.«

»Hahaha. Viel Erfolg dabei. Renn raus, schrei, so laut du willst. Na los, beweg dich!« Er stupst mich an.

Ich komme schwankend, wie betrunken, auf die Beine. Es bleibt keine Zeit, nach Kleidern zu suchen, jede Sekunde zählt. Ich stolpere, die Diele beginnt sich zu drehen, aber jetzt ist nicht der Moment, um ohnmächtig zu werden. Weiter, noch ein Schritt! Die Haustür ist abgesperrt. Ich drehe mich um. In der Tür zum Schlafzimmer steht Godfried und lacht mich aus.

»Oops! Du solltest dich sehen!«

Die Schiebetür. Ich greife nach dem Beistelltisch und schwinge ihn über meinem Kopf. Kurz drehe mich noch weiter, dann werfe ich den Tisch mit dem letzten Rest Kraft durch die Glasscheibe, die in tausend Splitter zerspringt.

7.

Meine Blase sticht. Die Faust auf den Unterleib gepresst, haste ich zur Toilette. Das Licht im Erdgeschoss brennt, und die Toilettentür ist verriegelt. »Kleinen Moment!«, ruft Laura. Ich renne nach unten. Luuk sitzt auf dem Sofa vor dem Fernseher und hat seine Kopfhörer auf den Ohren. Auf der Gästetoilette kann ich es endlich laufen lassen. Etwas Blut kommt auch.

Mam, denke ich, während ich auf den Geburtstagskalender starre, der an der Tür hängt. Wo bist du?

Das Toilettenpapier ist aus. Ich wische mich mit dem Gästehandtuch ab und werfe es anschließend in den Korb im Waschraum. Papa kommt von draußen herein und schimpft Wammes aus, der sich auf dem weißen Gußboden ausschüttelt. »Macht nichts«, höre ich Laura mit ihrer hohen Stimme rufen. Ich will nach Hause, in unser altes Haus. Ich will, dass Laura plötzlich verschwunden ist und sich keiner dafür interessiert! Ich will in die Küche kommen und Papa und Mama wieder wie früher lachen sehen. Sie haben es vergessen, aber früher haben sie ziemlich oft gelacht. Und sie hatten Sex, das habe ich einmal nachts beobachtet, mitten im Wohnzimmer, beide waren ganz nackt und meine Mutter saß auf meinem Vater. Ich denke gern an solche Dinge, weil ich dann weiß, dass sie sich mal geliebt haben. Aber wenn ich sie daran erinnere, sind beide ganz entsetzt.

»Wann gehen wir zur Polizei?«, frage ich.

Papa macht Kaffee. Laura sitzt in ihrem geblümten Morgenmantel an der Kochinsel, Luuk isst widerstrebend einen Toast mit Erdnussbutter.

»Bald«, sagt Pap.

»Hast du gestern noch etwas herausgefunden?«, fragt Laura. Papa schüttelt den Kopf. Dann erschrecken wir alle, weil es an der Hintertür poltert. Wammes läuft bellend in die Spülküche.

»Du lieber Himmel«, sagt Laura und legt die Hand auf ihre Brust.

»Nicht aufregen, es ist Oma.« Luuk rennt zur Tür, reißt sie auf und stürzt sich auf sie, als hätte er sie seit Jahren nicht gesehen.

»Ach, Kinder«, sagt Oma. Ihr Kinn zittert. Ich muss fast heulen, aber beiße mir von innen auf die Lippe.

Papa streckt ihr die Hand hin. »Guten Tag, Tineke.«

»Lass doch den Unsinn, Peter«, sagt Oma und küsst ihn auf die Wange. »Und du bist also Laura.«

Laura muss sich mit einem förmlichen Handschlag begnügen, und ich sehe, dass Omas kurz die Nase rümpft, als würde sie etwas Schlechtes riechen.

»Ich bin die ganze Nacht wach gelegen. Gibt es schon etwas Neues, Peter? Hast du die Polizei verständigt?«

»Nein, entschuldige. Wir wollten das eigentlich nach dem Frühstück tun.«

Ich muss wieder pinkeln, aber bewege mich nicht vom Fleck. Es tut so gut, dass Oma hier ist, wenigstens etwas von Mama, jemand, der sie genauso liebt wie Luuk und ich. Jemand, der etwas unternehmen wird, denn Oma mischt sich in alles ein. Darum kann Papa sie auch nicht ausstehen.

»Eines ist sicher, eure Mutter würde euch nie ohne Grund so lange allein lassen. Es muss etwas passiert sein, es kann gar nicht anders sein ...«

»Wenn du gekommen bist, um Streit zu schüren …«

Oma hebt die Hand und fällt Papa ins Wort. »Ich bin hier, um meine Tochter zu suchen. Die Mutter deiner Kinder. Nicht um zu streiten.«

»Es scheint mir wirklich nicht der richtige Augenblick, um voreilige Schlüsse zu ziehen, schon gar nicht in Anwesenheit der Kinder.«

»Deine Kinder sind verängstigt, Peter. Wenn wir sie nicht in die Suche einbeziehen, bekommen sie noch mehr Angst. Und sie kennen ihre Mutter von uns allen am besten, nicht wahr?«

Luuk und ich nicken. Jetzt, wo Oma hier ist, finde ich auch den Mut, es ihnen zu sagen.

»Ich habe ihr iPhone und ihr MacBook, aber jemand hat sie heute Nacht per Fernzugriff gelöscht.« Die beiden Dateien, die ich retten konnte, lasse ich unerwähnt.

Eine Weile bleibt es still. Oma betrachtet mich ernst.

»Möchte noch jemand Kaffee?«, fragt Laura.

»Gerne. Was heißt das, Peter? Entschuldigt, ich bin nicht so up to date …«

»Um deine Geräte zu sperren oder zu löschen, brauchst du auch das Passwort und die Apple ID. Das heißt … vielleicht hat sie sie selbst gelöscht?«

»Oder sie wurde gehackt«, sagt Laura.

»Gehackt?«

»Das ist, wenn in deine iCloud oder in deinen Rechner eingebrochen wird.«

»Wozu das denn?«

»Um Spuren zu löschen«, sage ich.

»Wieso soll Mama Spuren löschen wollen?«, fragt Luuk.

»Oder jemand anderes …«, sage ich.

»Um ihr Geld wird es nicht gehen«, murmelt Papa.

»Nein«, sagt Oma. »Dafür hast du ja gesorgt.«

Luuk fragt, ob er noch ein bisschen gamen darf, bevor wir zur Polizei gehen.

»Du musst nicht mitkommen, du kannst auch hier bei Laura bleiben«, sagt Papa. Luuk schüttelt heftig den Kopf: alles lieber als bei Laura bleiben. Ich gehe pinkeln und nehme ein Glas mit auf die Toilette im ersten Stock, um mein Pipi darin aufzufangen. Als ich fertig bin, halte ich das Glas gegen das Licht: Die Flüssigkeit ist trübe. Ich muss zum Hausarzt. Ich leere das Glas ins Klo, spüle es aus und benutze das nächste Gästehandtuch als Geschirrtuch. Danach trinke ich drei Gläser Wasser. In der Lade unter dem Waschbecken gehe ich auf die Suche nach Schmerztabletten. Laura benutzt *Lactacyd Erfrischende Intimreinigungstücher*. Ob das gegen Blasenentzündung hilft? Ich stecke die Packung in meine Bademanteltasche und nehme zwei Paracetamol. Den Rest der Packung stecke ich ebenfalls ein.

»Sieh mal an, eine ganze Familie«, sagt der Beamte. Er sieht ziemlich gut aus und scheint nicht viel älter zu sein als ich. Er hat rotes Haar, wie Prinz Harry. »Ich heiße Jochem.« Wir stellen uns auch alle vor und folgen Jochem in einen fensterlosen Raum, in dem es nach kaltem Rauch und Chlorreiniger riecht.

»Meine Tochter ist heute Nacht nicht nach Hause gekommen«, beginnt Oma, und ich ergänze, dass es um meine Mutter geht. »Und meine Ex-Frau«, sagt Pap. Luuk bleibt stumm. Er greift nach meiner Hand und vergräbt seine Nase in meinem Ärmel.

»Wie furchtbar für Sie alle. Ich hole uns noch zwei Stühle dazu. Möchten Sie Kaffee?«

Jochem betrachtet mich lange. Ich winde mich von Luuk los. Er betrachtet mich natürlich als Kind. Ich hätte etwas anderes anziehen sollen. Aber du kannst schlecht deine besten Kleider anziehen, wenn deine Mutter gerade vermisst ist.

»Gerne.«

Beim Betreten der Wache sind mir an der Wand Plakate aufgefallen. Gesichter von Leuten, die polizeilich gesucht werden. Die meisten sahen ziemlich unheimlich aus, Kriminelle, nehme ich an. Aber es waren auch Kinder darunter. Ob sie meine Mutter auch da hinhängen?

Wir geben Jochem einen möglichst detaillierten Bericht von Mamas Verschwinden, und dabei stellen wir fest, wie wenig Einzelheiten wir wissen. Sie hat langes dunkelblondes, lockiges Haar, eine richtige Mähne, die sie meistens hochsteckt. Blaue Augen, schlank, keine Tattoos, und gekleidet ist sie normalerweise in Jeans und Pullover. Luuk und ich wissen nicht, was sie zuletzt getragen hat, und ich fühle mich deshalb auch gleich schuldig. Komisch, wie unaufmerksam man in Wirklichkeit im normalen Alltag ist. Mama ist einfach da, und ob sie froh ist oder nicht, was sie anhat, sogar was sie so erzählt, ist nichts, was einen wirklich beschäftigt.

»Sie hat uns ins Bett gebracht, wie immer«, sagt Luuk. »Dann reden wir immer auch noch ein bisschen, meistens über die Schule. Und dass ich mein Zimmer aufräumen soll.«

»Danach hat sie sich ein Bad eingelassen«, sage ich. Plötzlich erinnere ich mich. »Und ich hörte sie reden.«

»Weißt du, mit wem sie gesprochen hat?«

»Nein.«

»Vielleicht mit ihrem Tinderdate«, sagt Oma.

»Es ist kein Tinderdate. Sie ist bei E-Matching.«

Papa rutscht unbehaglich auf seinem Stuhl hin und her.

»Kennen Sie den Herrn?«

Herrn. Als ob wir kleine Kinder wären.

»Nein. Ich habe das herausgefunden, indem ich auf ihrem MacBook nachgeschaut habe. Aber es wurde heute Nacht per Fernsteuerung von jemandem gelöscht, ich schätze mit Mein iPhone suchen.«

»Sie könnte es auch selbst getan haben«, sagt Jochem.

»Warum sollte sie?«

»Wir werden versuchen, es herauszufinden. Habt ihr ein aktuelles Foto von ihr?«

»Darf es auch eins von meinem Handy sein?«

»Natürlich. Vielleicht könntest du es uns gleich mailen?«

»Möchten Sie auch ihr MacBook und ihr iPhone?«, frage ich und nehme die Geräte aus meiner Tasche.

»Gibt es einen Grund anzunehmen, dass Jet, eure Mutter, sich in unmittelbarer Gefahr befindet?«

»Unsere Mam würde uns nie, aber auch nie einfach allein lassen, ohne jede Ankündigung«, sage ich.

»Wenn sie den Hund rauslässt schon«, fügt Luuk hinzu.

»Ja, zehn Minuten. Sie geht auch mal mit einer Freundin essen, aber dann passe ich auf uns auf. Wir sind keine Babys mehr.«

»Macht es euch etwas aus, wenn ich mich kurz mit eurer Großmutter und eurem Vater allein unterhalte?«

»Nein, gar nicht«, sagt Luuk.

»Ich weiß am meisten über sie«, sage ich. »Mama hat mir alles erzählt. Vielleicht sollten Sie sich also auch mit mir allein unterhalten.«

»Gute Idee. Das machen wir nachher, einverstanden?«

Luuk und ich werden bei einer Frau geparkt, die übertrieben laut und in Kindersprache mit uns spricht. Sie nennt mich »junge Dame« und Luuk »Maestro«. Ich bin fünfzehn. Ich hab schon mit Zunge geküsst. Ich weiß genau, was hier abgeht. Wir müssen draußen warten, damit Papa und Oma frei über Mamas Geisteszustand reden können. Er wird sagen, dass sie hin und wieder depressiv sei und viel schlafe, und Oma, dass das alles nur wegen Papa und seiner Kinderbraut sei, und darauf Papa wieder, dass sie doch ihre eigene Rolle nicht unterschlagen solle. Woraus Jochem schließen wird, dass Mama weg ist, weil sie eine Art Burn-out hat, und schon von selbst wieder auftauchen wird. Und von Papas Scheidungsanwalt wird die ganze Geschichte dann wiederverwertet, um uns Mama wegzunehmen.

Ich frage, ob es irgendwo eine Toilette gibt. Es ist, als wäre meine Blase mit Salzsäure gefüllt. Ich brauche Antibiotika, aber bevor die Ärztin mir die verschreibt, macht sie erst einen Abstrich und fragt, ob ich mich auch von vorn nach hinten abwische, genug Cranberrysaft trinke und so. Aber weil der Schmerz immer da ist, sagt sie, dass die Ursache vielleicht in der Scheidung liegt. Als ob mir das weiterhilft. Eine Klassenkameradin von mir war beim Urologen, bei ihr wurde die Harnröhre gestreckt. Seit ich das gehört habe, traue ich mich gar nicht mehr, zum Arzt zu gehen.

»Alles in Ordnung bei dir?«, fragt Oma durch die Toilettentür.

»Alles gut«, sage ich. Das Klo riecht nach Pisse. Da haben nervöse Leute bestimmt literweise reingepinkelt. Jemand hat *Fickt die Bullen* in die Tür geritzt.

»Du bist schon ziemlich lange auf der Toilette … Der Beamte möchte noch mit dir reden, Liesie.«

»Ich komme.«

»Macht dir deine Blase wieder zu schaffen?«

»Ein bisschen.«

»Ach, wie unangenehm.«

Ich liebe Oma, auch wenn sie schrecklich nerven kann. Eigentlich ist sie die Einzige, die wirklich auf uns achtgibt und manchmal Sachen erkennt, die meine Eltern nicht mal bemerken. Dass Luuk eine Art Spielsüchtiger ist, zum Beispiel. Und wenn ich Schmerzen habe, dann weiß sie das. Du kannst sie nicht anlügen, sie merkt es sofort.

Ich finde Jochem wirklich sehr hübsch. Darum traue ich mich kaum, ihn anzuschauen. Manchmal denke ich, dass ich auf ältere

Männer stehe, aber ich will nicht so enden wie Laura, mit einem Mann, der schon alles erlebt hat und sich andauernd über seine Ex-Frau beschwert.

»Du hast vorhin einen Mann bei E-Matching und den Rechner und das iPhone deiner Mutter erwähnt. Hast du vielleicht auch die Daten von diesem Mann herausgefunden?«

Jochem sitzt mir gegenüber hinter seinem Laptop.

»Nein, tut mir leid. Aber er hieß Tom und trug auf seinem Profilbild einen Zylinder. Er hat zwei Kinder und ist Unternehmer.«

»Hast du Screenshots gemacht?«

»Nein.« Idiotisch, dass ich daran gar nicht gedacht habe.

»Und warum glaubst du, dass dieser Mann etwas mit dem Verschwinden deiner Mutter zu tun hat?«

Ich zucke die Achseln.

»Es ist das einzig Auffällige, was ich gefunden habe. Ach ja, und eine Nachricht in der Chatgruppe des Nachbarschaftsschutzes, wo sie etwas von einem schwarzen Golf sagen. Und einen Screenshot vom Nummernschild haben sie auch geteilt. Das Auto stand anscheinend ziemlich lange mitten auf der Staße.«

»Kennst du dieses Auto?«

»Nope.«

»Hast du die Autonummer für mich?«

»44-XB-UW.«

»Danke. Wie gehen der Sache nach. Hast du den Laptop und das iPhone deiner Mutter bei dir?«

Ich greife in meine Tasche und lege die Geräte auf den Tisch. »Aber wie gesagt, sie wurden gelöscht. Von jemandem, der ihr Passwort hat.«

Jochem tippt eifrig mit.

»Und machen Sie sich jetzt auf die Suche nach ihr? Oder wie funktioniert das hier?«

»Ich schreibe alles auf und gebe es an meine Kollegen von der

Kripo weiter, die damit arbeiten werden. Aber ich empfehle euch, auch selber weiter zu suchen. Hört euch auf Facebook und Twitter um, auch in der Nachbarschaft. Dein Vater meinte, sie würde öfter ein paar Tage verschwinden …«

Na klar. Mein Vater ist so ein Idiot.

»Und wann soll das bitte gewesen sein?«

»Etwa vor einem Jahr. Der Auslöser sei ein Streit über seine neue Freundin gewesen.«

Ich grabe in meinem Gedächtnis. Die beiden streiten praktisch jede Woche über Laura, wonach Mama unweigerlich wütend wegläuft. Aber sie kommt immer wieder zurück.

»Sie sei danach ein paar Tage in ein Hotel gezogen?«, sagt Jochem.

»Ja, schon, aber das war auch, weil unser Haus renoviert wurde. Irgendwas in der Küche. Das war nötig, um das Haus verkaufen zu können.«

»Das heißt, du glaubst nicht, dass wieder so etwas ist? Dass sie sich irgendwo eine Auszeit nimmt, weil sie furchtbar wütend auf deinen Vater war und es vielleicht auf diese Weise verarbeitet?«

Ich schiebe die Hände tiefer in die Hosentaschen und kneife mich fest in die Bauchhaut.

»Das behauptet Papa immer. Aber er kennt sie gar nicht. Nicht so gut wie ich. Mama sagt das auch: Wir kennen uns gar nicht mehr, wir sind uns fremd geworden. Sie würde uns nie im Leben so lange allein lassen, ohne dass wir wissen, wo sie ist. Und wenn, dann könnten Luuk und ich sie erreichen. Sie hätte uns eine Nachricht hinterlassen. Papa könnte es vielleicht nicht, aber wir. Und depressiv ist sie auch nicht. Manchmal ist sie traurig oder wütend und manchmal einfach sehr müde. Aber das ist normal, sie ist schließlich frisch umgezogen und muss arbeiten und für uns sorgen!«

Jochem betrachtet mich wieder mit diesem ernsten Blick. Er hat natürlich Mitleid. *Diese armen Kinder!* Ich sehe, wie er das denkt, genau wie meine Lehrerinnen. Das arme Mädchen mit seinen schrecklichen Eltern! Ich will aber nicht, dass jeder meine Eltern schrecklich findet. Also sage ich nichts mehr.

»Du weißt, dass die meisten Vermissten innerhalb von vierundzwanzig bis achtundvierzig Stunden unversehrt wieder auftauchen?«

»Ich kann googeln, danke.«

»Gibt es noch etwas, was wir wissen sollten?«

»Sie würde uns nie verlassen. Jemand hat sie in seiner Gewalt.«

Jochem presst die Lippen aufeinander.

»Hat dein Vater je Gewalt angewendet?«

Ich traue mich nicht, Jochem anzusehen.

»Nein. Sie haben nur sehr viel gestritten. Vielleicht hat er sie auch mal geschubst, aber nicht, was Sie denken.«

»Was denke ich denn?«

»Dass er ihr etwas Schlimmes antun könnte.«

»Manchmal passiert auch ein Unfall.«

Sie waren schon auseinander, und Luuk und ich waren froh, weil sie sich in der Küche so angeregt unterhielten, als hätten sie immer noch Gefühle füreinander. Es war fast wie früher, wir saßen vor dem Fernseher und bekamen eine volle Schüssel Chips; es war klar, dass Mama nicht wollte, dass Luuk und ich sie und Papa störten. Sie sah verliebt aus mit ihren geröteten Wangen und spielte die ganze Zeit mit ihren Locken. Sie tranken Wein, und im Ofen schmorte etwas besonders Gutes. Es war noch in unserem alten Haus. Heute glaube ich, dass sie ihn zurücklocken wollte, mit dem Duft von Knoblauch und Huhn und mit ihren frisch gebadeten Kindern, die brav auf dem Sofa saßen. Und mit sich. Sie trug das Kleid, das sie normalerweise nur zu Festen anzieht. Plötzlich hörten wir einen Stuhl umstürzen, Mama schrie gellend auf. »Reiß dich zusammen, Jet, bitte«, sagte Papa. Wir waren aufgesprungen und in die Küche gelaufen. Mam schlug heulend auf ihn ein.

»Die Kinder«, sagte Papa.

»Die wissen doch längst, was du für ein Arschloch bist!«, schrie sie.

»Geht bitte nach oben, Lies, Luuk«, sagte Papa.

Luuk klammerte sich an mir fest und begann zu weinen.

»Raus aus meinem Haus!« Mama kreischte jetzt.

»Es ist immer noch auch mein Haus«, sagte Papa.

»Du hast dieses Haus verlassen, dir gehört hier überhaupt nichts, verstanden!«

»Ach so, haha, gerade hast du noch gesagt: ›Dies ist auch dein Haus, Peter.‹« Er äffte ihre Stimme nach.

Mama liefen Rotz und Wasser übers Gesicht. Sie ging wieder auf ihn los, aber diesmal war Papa schneller. Er packte sie an den Handgelenken und drückte sie an die Wand. »Hörst du auf? Hörst du auf jetzt?«

Mama biss ihn in den Arm.

»Bitte geh jetzt, Pap!« Ich versuchte meine Stimme so ruhig wie möglich klingen zu lassen und griff gleichzeitig nach seiner Hand. »Lass Mama los.«

Er hatte Tränen in den Augen. Er ließ sie los, wedelte aber gleich darauf mit dem Finger vor ihrem Gesicht.

»Diese Art Szenen, Jet, das ist inakzeptabel. Du siehst mich hier nie wieder. Die Scheidungspapiere liegen noch diese Woche in deinem Briefkasten.«

Er küsste uns und nahm uns flüchtig in den Arm, bevor er zornig hinauslief. Luuk weinte aus vollem Hals. Mama sank zu Boden, und wir schmiegten uns an sie.

»Warum hast du das gemacht, Mam? Warum warst du so böse zu ihm? Jetzt ist er für immer weg«, schluchzte Luuk.

8.

»Das Mädchen hat eine Blasenentzündung. Wir brauchen nur ein Rezept«, wendet sich Oma an die Rezeptionistin der Gemeinschaftspraxis.

»Trotzdem müssen Sie einen Augenblick auf die Frau Doktor warten.«

Die Frau stellt einen Plastikbecher auf den Tresen, klebt einen Aufkleber mit meinem Namen darauf und bittet mich, eine Urinprobe abzugeben.

»Wenn Sie uns einen Streifen mitgeben, führen wir den Test selber durch. Und alle sparen Zeit«, sagt Oma.

Ich sehe am Blick der Rezeptionistin, dass sie Oma für eine arrogante Nervensäge hält.

»Frau Doktor macht den Test. Nehmen Sie bitte im Wartezimmer Platz, Sie werden bald aufgerufen.«

»Das ist doch albern. Wir wissen, was sie hat, sie hat ziemlich oft Blasenentzündung. Geben Sie uns so einen Streifen …«

»Lass doch, Oma, es hat keinen Sinn zu streiten.« Ich verstehe nicht, warum Erwachsene immer glauben, man könnte Leute umstimmen, indem man sich aufregt. Immer ist das Gegenteil der Fall. Je mehr du dich ärgerst, desto weniger laufen die Dinge, wie du es gern hättest. Papa und Mama sind der beste Beweis dafür.

Wir nehmen im brechend vollen Wartezimmer Platz. Oma fühlt an meiner Wange. »Hast du Fieber?« Ihre Hände zittern.

»Ich glaub nicht.«

»Die Polizei wird sie ganz bestimmt finden, Lies. Sie sind heute so gut in solchen Sachen. Wirklich ein netter Junge, dieser Jochem.«

Sie hört nicht auf zu reden.

»Dieser Mann, mit dem sie sich getroffen hat, hat sie dir von ihm erzählt?«

»Nein«, sage ich.

»Mir auch nicht viel. Ich hatte den Eindruck, dass nichts daraus geworden war. Aber deine Mutter ist wie eine Auster, weißt du, so verschlossen. Wie du, mein kleiner Schatz. Woher kommt das nur?«

Ich lehne meinen Kopf an ihre weiche Schulter. Die anderen Wartenden starren alle auf ihre Handys.

»Du brauchst dich für nichts zu schämen, Lies.«

Es gibt genug, wofür ich mich schämen muss. Allein schon, dass wir hier rumsitzen, statt zu suchen. Jede Minute kann lebenswichtig sein.

»Sie taucht bestimmt plötzlich wieder auf, du wirst sehen. Das spüre ich. Ich glaube, dass man es spürt, wenn etwas Ernstes ist, glaubst du nicht? Als Mutter bist du durch tausend unsichtbare Fäden mit deiner Tochter verbunden. Ich mit ihr und sie mit dir. Warte nur. Sie ist ja schließlich erwachsen, nicht wahr …« Je mehr Oma redet, umso weniger bin ich überzeugt, dass sie wirklich glaubt, dass alles gut wird.

Ich gehe abermals zur Toilette, um zu pinkeln. Der Schmerz nimmt zu, als würde er höher steigen. Erst war er hinter meinem Schambein, jetzt schießt er heftig in meinen Rücken, ein Feuerball, der in meinen Eingeweiden pocht. Ich nehme mein Handy, öffne Facebook und tippe eine Nachricht.

Meine Mutter Jet Verschoor, 45, verließ gestern Abend nach elf unser Haus und ist seitdem verschwunden. Wahrscheinlich trug sie eine Jeans, einen beigen Pullover und gelbe Lacklederstiefel. Wir vermissen sie schrecklich und machen uns große Sorgen. Weiß jemand etwas, oder hat sie jemand irgendwo gesehen? Wenn ja, ruft bitte die Polizei oder mich an. Ihr könnt auch einfach eine Nachricht über FB schicken. Bitte verbreitet diese Nachricht in allen sozialen Netzwerken.

Ich füge meine Handynummer, die Nummer der Polizei und ein gutes, aktuelles Bild von Mama hinzu. Danach mache ich einen Screenshot und teile die Nachricht auf Instagram. Ich versuche, das Foto nicht zu lange anzuschauen.

»Stimmt, wir haben es hier mit einer klassischen Infektion des Urinaltrakts zu tun. Der Urin weist eine stark erhöhte Anzahl an Leukozyten oder weißen Blutkörperchen auf. Ich stelle dir ein Rezept aus. Trinkst du auch Cranberrysaft?«

Ich trinke alles. Bärentraubentee, Cranberrysaft, Goldrutenblättertee.

»Nichts hilft«, sagt Oma.

»Du solltest vielleicht doch mal zum Urologen gehen«, sagt die Ärztin, während sie eine Verschreibung in den Computer tippt. Ich spüre, wie dumme Tränen hinter meinen Lidern brennen, und beiße mir von innen auf die Lippe.

»Lies' Mutter hatte das auch immer.«

»Hat«, sage ich.

»Ach, immer noch? Siehst du, das weiß ich nun wieder nicht.«

Ich denke an Mama, die bei allem sagt: »Aber sag es bitte nicht Oma, die gibt sonst gleich wieder ihren Senf dazu.«

Im Auto sehe ich meine Nachrichten durch. Unter den besorgten Antworten ist zwar kein einziger Hinweis, aber Dutzende Leute haben die Nachricht geteilt. Ich öffne Mamas Facebook-Account und poste sie auch an ihre Pinnwand. Papa ruft an.

»Ich muss schon sagen, Lies, du verschwendest keine Zeit. Mein Telefon klingelt in einem fort. Hättest du dich nicht vorher mit mir absprechen können?« Seine Stimme klingt heiser, als hätte er geweint. »Es ist plötzlich so real.«

»Der Polizeibeamte hat gesagt, dass ich das machen soll. Du solltest das auch teilen.«

Er bleibt lange still.

»Das habe ich. Und Laura ebenfalls. Kommst du jetzt nach Hause?«

Ich will nicht zu ihm nach Hause zurück, ich will in mein altes Leben zurückkehren.

»Bist du traurig, Papa?«

»Aber nein, wieso denn?«

»Weshalb nicht? Du hast Mama doch geliebt?«

»Wie? O ja, natürlich, Schatz. Aber es wird wieder gut. Wir finden sie.«

»Hört ihr dann auch auf zu streiten?«

»Ich werde mein Möglichstes tun.«

»Nimmst du uns ihr dann auch nicht weg?«

Er zieht die Nase hoch. »Ach, Liebes …«

Oma legt die Hand auf meinen Oberschenkel. Sie weint.

»Komm doch nach Hause. Luuk fragt die ganze Zeit, wo ihr bleibt.«

»Ach ja, übrigens, ich habe eine Blasenentzündung.«

»Ich koche dir Tee, und Laura macht dir eine Wärmflasche. Ich liebe dich, Lies.«

»Hab dich lieb, Pap.«

9.

Es ist wieder dunkel geworden. Ich liege mit einer Wärmflasche auf dem Bauch im Bett. Die Übelkeit nimmt zu, also fängt das Antibiotikum an zu wirken. Der Regen klatscht ans Fenster. Ich hoffe, Mama ist irgendwo drinnen und nicht allein. Das hält sie nicht gut aus, daran denke ich jedes Mal, wenn ich in diesem Zimmer, diesem Bett bin. Mama allein zu Hause auf dem Sofa sitzend. Sie kocht nicht, isst eine Tüte Chips vor dem Fernseher, verbunkert sich, bis wir zurück sind. Papa findet es störend, wenn ich oft mit ihr chatte. Also zähle ich die Tage, bis ich wieder zu ihr darf. Noch sechs Nächte, noch fünf, noch vier.

Unten höre ich Laura und meinen Vater lachen. Wie können sie jetzt lachen, wo Mama verschwunden ist? In diesem fremden, hässlichen, ungemütlichen Haus scheint die Vergangenheit wie ausgelöscht. Es ist nur eine Frage der Zeit, bis Laura ein Baby bekommt, sagt Mama. Wart's ab. Dann geht das alte Lied von vorn los, und wir werden endgültig ersetzt.

Ich habe die Telefonnummern von Tom, dem E-Matching-Mann, und God in mein Handy aufgenommen. Sie heben beide nicht ab. Ich schicke ihnen eine WhatsApp:

Hallo, ich habe Ihre Nummer auf dem iPhone meiner Mutter gefunden. Rufen Sie mich bitte zurück? Es geht um meine Mutter. Gruß, LIES

Ich starre lange auf die Nachricht. Soll ich noch etwas über ihr Verschwinden schreiben? Nein, je weniger Information, umso besser. Obwohl sie natürlich schon Bescheid wissen, wenn sie Facebook-Freunde sind. Mein Handy läutet, eine unbekannte Nummer. Ich hebe ab.

»Tom am Apparat.«

Ich höre ihn schnaufen. Er ist bestimmt so ein Mann, der laut durch die Nase atmet. Ich hasse das. Ich berichte Tom, dass Mama jetzt zwei Tage und Nächte vermisst wird. Ob er irgendwas von ihr gehört oder gesehen hat.

»Ich hatte nur ein einziges Date mit deiner Mutter.«

»Aha, okay.« Ich versuche mir rasend schnell Fragen zu überlegen. »Ähm, wann war das?«

»Ach herrje, das ist Monate her. Wir sind am Strand spazieren gegangen. Danach haben wir einen Happen gegessen. Es war nett, aber dabei ist es geblieben.«

»Also war gar nichts zwischen Ihnen?«

»Wir haben noch ab und zu gechattet, aber ich bekam das Gefühl, dass sie nicht wirklich an mir interessiert war. Meines Erachtens gab es da noch jemand anderen.«

»Wissen Sie vielleicht, wer dieser andere war?«

»Nein. Sie hat auch nicht wirklich gesagt, dass da noch jemand sei, wollte aber jedenfalls kein zweites Treffen mit mir. Ich hatte auch nicht den Eindruck, dass sie ernsthaft auf der Suche nach einer neuen Liebe war. Sie suchte, weil jeder in ihrer Umgebung der Meinung war, dass das Leben weitergehen müsse. Das sagte sie zumindest.«

»Wieso denken Sie dann, dass es noch jemanden gab?«

»Sie hat ihr Profilbild auf WhatsApp geändert. Das machen Frauen, wenn ihnen jemand gefällt. Erst hatte sie ein Bild mit ihrem Hund, später plötzlich eine Art sexy Selfie. Ich habe ihr noch gemailt, um ihr ein Kompliment für das schöne Foto zu machen, aber darauf kam von ihr keine Antwort mehr.«

Ich frage mich, ob ich ihm glauben soll. Als ob so einer je sagen würde: »Wo du gerade fragst, richtig, ich stalke deine Mutter seit Monaten, und vorgestern Nacht habe ich sie in einen Keller gesperrt.« Aber zumindest hat er ihr Profilbild eine Zeit lang aufmerksam beobachtet und sich einen eigenen Reim darauf gemacht.

»Welches Auto fahren Sie?«

»Einen kirschroten Kia Niro.«

»Gentleman mit besonderen Bedürfnissen …«

Tom stößt ein verlegenes Lachen aus.

»Schrecklich, ich weiß. Ich war aber höchstens zwei Wochen auf diesem E-Matching und habe nur deine Mutter getroffen.«

Ich glaube ihm nicht. Sein Profil war viel zu glatt für jemanden, dem so etwas unangenehm ist.

»Ich wüsste gern, was das für besondere Bedürfnisse sind.«

»Wie alt bist du?«

»Fünfzehn.«

»Du bist ganz schön frech für so ein kleines Mädchen.«

Ich mag ihn nicht. Meine Mutter auch nicht, nehme ich an. Aber wieso hat sie sich dann mit ihm getroffen?

»Deine Mutter sprach sehr stolz von euch.«

Ich weiß nicht mehr, was ich sagen soll. Am liebsten würde ich mich unter meiner Decke begraben und nie mehr wach werden. Meine Mutter, die mit so einem Widerling einen Strandspaziergang macht und über uns redet, ich könnte echt kotzen. Alles ist schiefgelaufen, seit meine Eltern Fremde in unsere Familie gelassen haben.

Laura hat gekocht. Wir bekommen keinen Bissen herunter, erst recht kein vegetarisches Cordon bleu. »Es schmeckt einfach wie

Fleisch«, sagt sie steif, als Luuk Würgegeräusche macht. Ich nehme mir nur etwas Brokkoli. Lauras Wangen zittern vor Anspannung. Sie bittet Papa, sein Telefon jetzt endlich mal fünf Minuten wegzulegen. Einer von beiden hatte sich überlegt, dass es gemütlich sein müsste, wenn wir uns um die Kücheninsel setzen, aber Fehlanzeige. Die Hocker sind zu hoch, die Lichter zu grell und die schwarze Steinplatte zu steril.

»Niemand hat etwas gehört oder gesehen«, sagt Papa, und kurz meine ich, aufrichtige Besorgnis in seiner Stimme zu hören. Das macht mich froh. Er empfindet doch noch etwas für Mama. Lauras Kiefer mahlt vor Zorn. Sie bewegt sich, als wäre in ihrem Innern irgendwas blockiert, und wenn sie dich küsst, knallt sie mit den Wangenknochen gegen deine. Ich kann mir nicht vorstellen, dass sie gut im Bett ist, sagte Evi neulich. Wieso ist sie nicht weg?

»Es sieht so aus, als hätte Mama ihr Verschwinden gut vorbereitet«, sagt Papa. Er hätte uns ebenso gut mitten ins Gesicht schlagen können.

»Was soll das?«, sage ich, und Luuk spuckt den ganzen Brokkoli zurück auf seinen Teller.

»Mein Gott, Peter, du kannst so ein Idiot sein«, zischt Laura.

»Nun beruhigt euch, ich meinte, es gibt kaum Hinweise. Niemand weiß etwas, niemand hat etwas an ihr bemerkt, niemand hat sie gesehen, und die Spuren, die es gab, hat sie gelöscht.«

»Wieso hat ›sie‹ sie gelöscht? Du tust, als hätte sie verschwinden wollen. Das stimmt nicht, das weiß ich genau. Jemand hat sie in seiner Gewalt.«

»Aber wer, Lies? Ich habe mit ihren ganzen Kontakten gesprochen, sogar mit einigen ihrer Patienten.«

»Klienten«, korrigiere ich ihn. »Sie kann doch Geheimnisse haben? Hast du mal daran gedacht, dass sie die nicht mit dir teilen möchte?«

»Im Lichte ihres Verschwindens scheint mir ihr Recht auf Privatsphäre allerdings eher nebensächlich.«

»Tu nicht so anwaltlich, Peter«, sagt Laura, die die Gelegenheit nutzt, um sich bei Luuk und mir beliebter zu machen.

»Hört mal zu, ihr Lieben, ich war zwanzig Jahre mit Mama zusammen. Ich kenne sie. Ich weiß, wie zugeknöpft sie ist, aber auch, wie sensibel. Die eine Woche himmelhoch jauchzend, die andere depressiv. Dann brütet sie heimlich irgendwelche Dinge aus. Ich glaube wirklich, dass sie im Moment völlige Ruhe möchte. Und dass sie plötzlich mit irgendeiner Erklärung zurückkommt. Sie hat früher manchmal gesagt, sie hätte Lust, einfach in einen Zug nach Süden zu steigen. Etwas in dieser Art hat sie getan.«

»Ohne Geld, ohne Handy, ohne ihre Kinder«, sage ich.

»Sie weiß, dass ihr bei uns in guten Händen seid. Und für Geld und ein Telefon hat sie gesorgt. Kinder, ich weiß doch, wie weh das tut. Aber es ist die plausibelste Erklärung. Denn warum sollte jemand Mama entführen?«

»Ein Verrückter? Mit denen arbeitet sie doch?« Laura leert ihr Weinglas in einem Zug.

»Aber nicht mit psychisch kranken Straftätern, Lau. Sie arbeitet mit überspannten Hausfrauen und Männern in der Midlife-Krise.«

»Na, die können auch ziemlich verrückt werden.«

»Sie war verliebt«, bluffe ich. Luuk rutscht von seinem Hocker und stürmt nach oben.

»Lass mich das machen«, sagt Laura und läuft ihm nach.

»Warum sagst du das jetzt erst?«, fragt Papa.

Ich zucke die Schultern. Ich habe ins Schwarze getroffen, das sehe ich an seinen zu Schlitzen verengten Augen.

»In wen?«

»Was weiß ich. Einen gewissen Tom. Ich habe seine Nummer.« Ich will ihn eifersüchtig machen.

»Herrgott, Lies, du bist schon genau wie sie. Du musst die Nummer der Polizei geben.«

»Das hab ich natürlich gemacht.«

Sie glauben, dass ich ins Bett gegangen bin, aber ich sitze mit meinem Glas Wasser und meinem Handy auf der Toilette. Das schmerzhafte Pinkeln ist vorbei und hat dem Antibiotika-Durchfall Platz gemacht. Mama sagt immer, wenn es einen Gott gibt, hasst er Frauen, weil er uns so viele Plagen mitgegeben hat, dass wir gegenüber den Männern ewig im Rückstand sein werden.

Papa und Laura putzen sich in ihrem Bad die Zähne. Plötzlich schreit sie los. »Halt bitte ein Mal den Mund über sie! Du hast dich vor zwei Jahren von ihr getrennt und tust verdammt noch mal, als wäre es gestern gewesen! Sie hat sich mit jemanden getroffen, na und? Was dachtest du denn, dass sie dir bis an ihr Lebensende nachweint? Seid ihr Kerle völlig übergeschnappt?«

Wenn Mama Pap und Laura durch ihr Verschwinden auseinanderbringen wollte, hat sie ihr Ziel fast erreicht. Du kannst wiederkommen, Mam. Das schaffen sie nie.

»Was weißt du denn? Im Ernst, Laura, du weißt gar nichts! Hast du eine Ahnung, wie elend schuldig ich mich fühle? Was ich für dich aufgegeben habe?«

»Für mich? Für *mich?*«

»Für dich, genau.«

»Also gibst du mir jetzt an allem die Schuld?«

Papa murmelt noch etwas, und ich höre, wie er einfach wegläuft, so wie er es auch bei Mama gemacht hat, als es zu kompliziert wurde und er sich in die Arme einer anderen stürzte, die ihn angeblich verstand. Ich höre Laura weinen, so wie ich Mama weinen hörte, und obwohl ich Laura hasse, tut sie mir auch leid. Mädchen, du weißt hoffentlich, worauf du dich einlässt, hat Mama irgendwann zu ihr gesagt, nachdem beide eingesehen hatten, dass sie sich in unserem Interesse wieder aussöhnen mussten. Ich glaube, Laura weiß es inzwischen.

Sobald im Haus alles ruhig ist, lege ich mich wieder aufs Bett und klappe meinen Laptop auf. Ich bin höllisch nervös, aber fühle mich auch schlecht wegen meiner Geheimnistuerei und weil ich kurz davor bin, in Mamas geheime Welt einzudringen. Wammes liegt neben mir auf dem Bett, was Papa eigentlich auch nicht erlaubt. Ich klicke den Ordner rechts oben auf meinem Bildschirm an. Er entpuppt sich als passwortgeschütztes Word-Dokument. Ich versuche es mit ihrer Standard-PIN Wammes2017. Nichts. Vielleicht enthält das Dokument die Fallakten ihrer Klienten. Ich gebe das Akronym ein, das sie selbst für ihre Therapie verwendet. WAAL. Wahrnehmen, Anerkennen, Annehmen, Loslassen. WAAL2017. Falsch. Andere Jahreszahlen funktionieren ebenfalls nicht. Ich tippe meinen Namen, Luuks, unsere alte Adresse, die neue, Geburtsorte, Papas Nachnamen, ihren eigenen, den Namen unserer toten Katze. Bis ich plötzlich ganz sicher bin: GOD. GOD1234. Bingo.

Es war am zweiten Weihnachtsfeiertag, ich hatte meine Kinder bei Peters neuem Haus abgesetzt. Da wir uns nicht begegnen wollten, ließ ich sie unten am Eingang zurück, beide mit Rucksack. Es stürmte und regnete, die Straßen waren leergefegt, wir standen allein auf dem Gehsteig und die Kinder flehten mich an, doch mit nach oben zu kommen. Ich kämpfte selber mit den Tränen. »Ihr werdet bei Papa eine wunderbare Zeit haben.«

Ich konnte sie nicht begleiten, konnte diesen glänzenden Eingangsbereich mit seinen gravierten Messing-Namensschildern, tropischen Gewächsen und hohen Fenstern in schwarzen Stahlrahmen nicht betreten. Die Wut drückte auf mein Zwerchfell und würde zweifellos ausbrechen, sobald ich ihn oder sie in ihrem Luxusapartment sah. Mein gestohlenes Leben. Meine Kinder, eine volle Woche bei der anderen Frau. Ihr Weihnachtsbaum, ihre Familie. Wer hat um diese Situation gebeten? Ich nicht, die Kinder nicht: sie bei einer Fremden, ich allein in diesem verfallenen Haus, das zum Verkauf steht. Ich habe anderen Menschen geholfen, die das Gleiche durchmachen mussten, aber erst jetzt weiß ich wirklich, was es heißt, wenn man sich vollkommen überflüssig und allein fühlt.

Zu Hause zerlegte ich zuallererst den Weihnachtsbaum. Ich schleifte das Teil mit Geschrei durchs Zimmer, zerschmiss die Kugeln und trampelte auf der Krone herum. Danach nahm ich mir den Sessel vor, den, auf dem er so gern am offenen Kamin saß, aber den er nicht ins neue Apartment mitnehmen wollte, weil er nicht zu »ihrem Stil« passe. Ich stach so lange mit dem Küchenmesser auf ihn ein, bis ich erschöpft und die Wut erloschen war.

Ich lege meine kalten Hände an meine heißen Wangen. Möchte ich das wirklich alles über Mama wissen? Warum hat sie es aufgeschrieben? Wahrscheinlich, weil es sie sonst genauso zerrissen hätte wie mich jetzt. Ich denke an diese Weihnachten zurück, die schrecklichsten meines Lebens. Wir hatten uns ein bisschen daran gewöhnt, dass Mama und Papa getrennt waren, Papa wohnte schon fast ein Jahr in einer Wohnung in der Rivierenbuurt, die Mama die »typische Absteige für geschiedene Männer« nannte. Es gab ein Sofa, ein Bett, einen lächerlich großen Fernseher und eine Erstausstattung von Ikea. Papa konnte uns dort nicht so oft bei sich aufnehmen. Also gingen wir drei manchmal zum Essen oder ins Kino. In unserem alten Haus verschmolzen wir mit Mama, wir schliefen und aßen zu dritt, lachten und weinten, kochten, gingen spazieren und kabbelten uns, fast wie ein altes Ehepaar. Mama war zwar traurig, aber auch entschlossen, mit uns das Beste daraus zu machen. Als ihre Ehe offiziell geschieden war und Papa sein Apartment gekauft und renoviert hatte – »Endlich kann ich mich ganz nach meinem Geschmack einrichten!« –, trat der Elternschaftsplan in Kraft, der eine Co-Elternschaft vorsah. »Als wäre Peter jemals während unserer Ehe ein Co-Elternteil gewesen«, hörte ich Mama zu Kim sagen. Aber es war vor Gericht so vereinbart worden, also pendelten wir mit unseren Rucksäcken hin und her.

Ich rief niemanden an. Ich hatte mir vorgenommen, mitten durch den Schmerz hindurchzugehen. Kim schickte mir WhatsApps, Mama sprach auf den Anrufbeantworter. Ich ließ alles unbeantwortet.

Sie hörten nicht auf, Nachrichten zu schicken und anzurufen, bis ich ihnen sagte, dass alles gut sei bei mir, ich aber eine Zeit lang allein sein wolle. Ich war unfähig, meine Trauer mit jemandem zu teilen; ich schämte mich für mein völliges Versagen. Dafür, dass ich meine Kinder vor einer fremden Haustür hatte im Regen stehen lassen. Gut, Peter ist ihr Vater, aber er ist längst ein Fremder im eigenen Haus, und daran bin auch ich schuld. Weil ich vor meinen Kindern schlecht über ihn spreche, ihn vor ihren Augen angreife. Weil die Wut mich beherrscht. Ich schäme mich für meine Einsamkeit und weil mir jede Energie fehlt, um noch etwas aus dieser Situation zu machen. Es wird schon wieder, höre ich Mama sagen. Mein Vater hat sich aufgehängt, sie weiß also, wie es sich anfühlt, wenn man im Stich gelassen wird. Endlich verstand ich ihn. Wie es ist, wenn man keine Zukunft mehr sieht, sich vollkommen überflüssig und wertlos fühlt, irgendwo tief am Boden eines schwarzen Abgrunds, in den nicht der kleinste Lichtstrahl dringt. Man möchte so tun, als gäbe es einen Ausweg, aber man ist zu müde. Ich lebe nur noch aus dem einen Grund, weil ich den Kindern meinen Tod nicht antun könnte. So dachte ich an diesem Nachmittag, diesem Abend.

Und doch räumte ich alles wieder auf. Ich entsorgte den Sessel und den Weihnachtsbaum im Hinterhof und ging, begleitet von den

Top 2000 auf Radio NPO, mit dem Staubsauger durch die Wohnung. Danach zu Albert Heijn einkaufen in Lies' grauem Jogginganzug, der mich in ihren Geruch hüllte. Ein Einkaufskorb voll Casadi-Mama-Pizzen, Weißwein und Gewürzplätzchen. Der Plan: mich vor Netflix zu besaufen und anschließend noch sechs Nächte bis zu ihrer Rückkehr.

Luuk und ich aßen an Heiligabend bei Papa und Laura zu Hause. Im Loft, so nennen sie die Wohnung, als wären wir in New York. Mit Opa und Oma und Lauras Eltern, die einfache Leute sind und vor lauter Ehrfurcht gar nicht wussten, was sie sagen sollten. Vom bescheidenen Roermond ins Amsterdamer Nobelviertel Zuidas: Ihre kleine Laura hat einen tollen Aufstieg hingelegt. Man hört ihr schon lange nicht mehr an, dass sie aus Limburg kommt, aber der Akzent ihrer Eltern war nicht zu verstehen. Später, als Luuk und ich auf dem Sofa vor dem Riesenfernseher lagen, um *Stranger Things* zu schauen, und Laura schon ein paar Gläser zu viel getrunken hatte, hörte ich sie mit ihrer penetranten Stimme rumfaseln, dass sie selbst vielleicht noch keine Kinder geboren hätte, aber ihre Eltern wenigstens schon so etwas wie Großeltern wären. Das Gemurmel ihres Vaters ging dann im Gepolter unseres schwer eingebildeten echten Großvaters unter. »Ich meine wirklich, dieser Ehrentitel ist den Blutsverwandten vorbehalten!« Laura besitzt ein großes Talent, sich in kürzester Zeit unbeliebt zu machen.

Es ist, als würde Mama mit mir im Bett liegen und reden, nur dass ich jetzt nicht ihr Kind bin, sondern eine Freundin, eine Erwachsene, jemand, den sie wirklich ernst nimmt. Wir lachen zusammen über meine Weihnachtsgeschichte *Immer diese Laura.* Ich erkenne auch Mamas Zerstörungslust wieder: die Wut, die in meinem Körper tobt und sich als Last auf meinen Schultern festgesetzt hat.

Deshalb schreibe ich dies auf. Besser, es aufzuschreiben, als die Einrichtung zu zertrümmern. Oder meine Kinder kaputt zu machen mit meinem Gejammer. Ich muss aufstehen, weitergehen. Das sage ich meinen Klienten jeden Tag: wahrnehmen, anerkennen, annehmen und loslassen. Nutze dafür die Wochen ohne sie. Ich spreche mit mir selbst, als wäre ich meine eigene Therapeutin. Wir schaffen uns einen Hund an, der uns aktiv hält und den wir umsorgen und mit dem wir kuscheln können, ein warmes Wesen im Haus. Ja, auch um die Kinder noch stärker an mich zu binden. Peter wird mich hassen, denn um einen Hund betteln sie seit Jahren!

Irgendwann diese Woche habe ich ein Tinderprofil erstellt. Kim besteht schon seit Langem darauf. Mach das, Jet, triff dich mit Männern, und wenn es nur ist, um dich mal wieder als Frau zu fühlen und eine Weile nicht an Peter und diese Hure zu denken. So nannten wir sie, obwohl es natürlich keinen vernünftigen Grund gibt, sie für alles verantwortlich zu machen. Aber es tat gut, es zu sagen, den ganzen Hass in ein einziges Wort zu packen. Hure. Eigentlich sollten wir sie bemitleiden. Was hat das arme Mädchen nur geritten, so in eine Familie einzubrechen, mit Kindern, die sie bis ans Ende aller Zeiten hassen werden, und einem Mann, der sie irgendwann betrügen wird. Das Lügen liegt in Peters Genen, das wird sich nie ändern. Frauen werden bei ihm weiter kommen und gehen, so süchtig nach Bestätigung und Abenteuern und dem Ausloten von Grenzen, wie er ist. Ich war nie die einzige Frau an seiner Seite, und auch Laura sollte es nie sein. Er hat ihr natürlich geschworen, dass er sich verändert habe, dass sie alles sei, was er brauche, dass seine Untreue mit der unglücklichen Ehe zu tun habe, der er zu entkommen versuche. Die Wahrheit, dass er auch schon fremdging, als wir noch wahnsinnig verliebt waren, weil das eine Art Zwangsstörung ist wie Koksen oder das Zählen von Pflastersteinen, die wollte sie nicht hören. Ich habe sie gewarnt. Kurz darauf hat sie mich blockiert.

Ich hatte aufgehört, mir wegen seiner kleinen Abenteuer Sorgen zu machen. Solange er sie von mir fernhielt und wir gemeinsam so tun konnten, als existierte diese Seite von ihm nicht, war alles bestens. Wir hatten eine Art Deal. »Vögeln okay, Hand in Hand am Strand spazieren nicht okay.« Aber Peter konnte es natürlich nicht lassen, diese Übereinkunft zu brechen. Es macht schließlich wenig Spaß, mit jemandes Erlaubnis zu vögeln, der wahre Nervenkitzel liegt in der Heimlichkeit. Also fing er an, Affären zu haben, und zwar vorzugsweise in unserem Postleitzahlengebiet und am liebsten mit Frauen, mit denen ich gut bekannt war. Dann das alte Spiel, Romeo und Julia, verbotene Liebe, die Romantik der Heimlichkeit. So hat er Laura eingewickelt, die Dentalhygienikerin, mit der ich mir einen Büroraum teilte. Vor ihr hatte er etwas mit der Nachbarin über uns, einer Lehrerin an der Schule, seiner Sekretärin, der Mutter von Lies' bester Freundin, der Frau seines besten Freundes, und wenn es an ihm gelegen hätte, hätte Kim auch in diese Reihe gehört. Warum er mich dann wegen Laura schließlich doch verlassen hat? Weil sie ihn bis zum Schwachsinn bewunderte. »Ich brauche jemanden, der tausendprozentig in mich verliebt ist«, sagte er. Es war das einzige Mal, dass er die Wahrheit sagte.

War ich denn nicht tausendprozentig in ihn verliebt? In den ersten Jahren natürlich schon. Durch meine Liebe zu ihm drohte ich sogar selbst zu verschwinden. Er war der erfolgreiche junge Anwalt, der sich in dieses chaotische Mädchen mit der praktischen Berufsausbildung verliebt hatte. Mehr noch: Er überschüttete mich mit Aufmerksamkeit. Meine Freundinnen fanden es manchmal fast ein bisschen übertrieben. Er sagte Sachen wie: »Wir sind keine Seelenverwandten, wir haben dieselbe Seele.« Selbst seine tränenreichen Beichten hatten etwas Romantisches an sich, denn er sprach so reuevoll und angeekelt von seinen Fehltritten, als wäre er von den Frauen missbraucht worden und hätte sie aus reiner Herzensgüte sexuell befriedigt. Danach tröstete ich ihn. »Armer Schatz. Ich lass dich nicht mehr allein.« Er hatte eben einen starken Sexualtrieb, da wies man ihn besser nicht zurück. Ich musste ihm helfen, ihn vor sich selbst schützen. Im Tausch dafür sollte er mich glücklicher machen denn je. Das verdiente ich. Aber er, durch was verdiente er ein so nettes, starkes Mädchen wie mich? Und das sagte ich ihm dann. Immer wieder, bis ich keine Lust mehr darauf hatte. Du kannst deine Selbstbestätigung nicht immer aus mir ziehen, sagte ich. Dafür ist kein Raum mehr. Inzwischen waren zwei Kinder da, und ich hatte mich selbstständig gemacht.

Es ist zwei Uhr dreißig und noch immer kein Wort über God. Meine Augen brennen vor Müdigkeit, aber mein Gehirn rattert mit voller Kraft. Papa, der mit Evis Mutter fremdgeht, o mein Gott! Und welche Lehrerin? Mama fehlt mir so sehr, dass es wehtut. Scheiße, wo bist du? Jetzt, wo ich das gelesen habe, verstehe ich dich. Wie hast du das gemacht, die ganzen Jahre, mit diesen ganzen Geheimnissen: immer wieder Essen auf den Tisch bringen, einkaufen, mit Evis Mutter nett plaudern, uns nichts merken lassen? Ich weine für dich, Mam. Und ein bisschen für Laura, die ist schließlich jetzt an der Reihe. Aber ich weine auch um Papa, weil ich ihn liebe und dieses Gefühl nicht damit zusammenbringen kann, was ich jetzt alles weiß. Ich kann wütend auf ihn sein, aber ich kann ihn nicht hassen. Eigentlich würde ich mich am liebsten an seinen großen, starken Paparücken kuscheln, so wie früher. Aber wie es aussieht, war dieser Platz nie richtig frei. Wie viele Frauen haben neben ihm gelegen? Was dachten sie? Dass sie seine Auserwählte wären oder wenigstens etwas Besonderes? Mach ich so was später auch? Wird mir ein Mann irgendwann so wichtig sein, dass nichts anderes mehr wichtig ist, als ihn mir zu schnappen?

Ich erschrecke fast zu Tode, als sich meine Schlafzimmertür geräuschlos öffnet.

»Mann, Luuk, was soll das?«

Er weint. Ich springe aus dem Bett und nehme ihn in den Arm.

»Ich hab ins Bett gepinkelt«, schluchzt er. Es zerreißt mir das Herz. Das hat er seit Monaten nicht mehr gemacht.

»Ich will nicht, dass Papa aufwacht.«

»Das tut er nicht, Luukie, komm, wir beziehen dein Bett zusammen neu.«

»Warum hast du nicht geschlafen?«

»Ich kann nicht.«

Wir schleichen aus meinem Zimmer auf den Flur, Luuk nur im Pyjamahemd. »Geh du unter die Dusche, dann mach ich inzwischen dein Bett neu.«

»Aber wenn sie das weckt?«

»Das macht nichts.«

»Doch! Die sollen das nicht wissen.«

»Sie finden es aber bestimmt nicht schlimm. Ist doch normal, bei allem, was los ist, oder?«

Ich nehme ihn mit ins Bad und drehe die Dusche auf. Das Licht tut uns in den Augen weh. Luuks Körper ist groß und stark, aber innen drin steckt ein Kind, das ständig übersehen wird. Ich gebe ihm einen Kuss und sage das, was Erwachsene sagen. »Alles wird gut, Luukie.«

»Nein, das glaub ich nicht! Ich will zu Mama. Sie fehlt mir so, dass es wehtut. Und ich muss immer daran denken, wo sie sein könnte, gerade weil es jetzt dunkel ist und regnet. Und wenn sie nun tot ist und ganz allein irgendwo liegt?« Er fängt wieder an zu weinen.

»Sie ist nicht tot. Wirklich nicht.«

»Aber sie wär doch längst wieder da?«

Jemand klopft an die Tür.

»Alles im Griff hier!«, rufe ich. Ein dicker Kloß steigt in meinen Hals. Ich habe Lust, mich wie Luuk einfach gehen zu lassen.

»Gut«, ruft Laura zurück.

»Ich will morgen nicht in die Schule«, sagt Luuk.

»Ich auch nicht.«

Ich ziehe mein Nachthemd aus und steige in die Dusche. Dann klammern Luuk und ich uns aneinander wie Affenbabys. Wir weinen und lachen durcheinander. »Ich bin so froh, dass ich dich habe«, sagt Luuk. »Du bist irgendwie das einzig Normale. Oder das Einzige, was noch von früher übrig ist. Hasst du Laura auch?«

»Ja. Aber sie kann nichts dafür.« Und ich wünschte, ich wüsste nicht, wer eben schon etwas dafür kann.

Als wir frisch geduscht Luuks Zimmer betreten, zieht Laura gerade sein frisch bezogenes Bett zurecht. »Die Waschmaschine läuft schon.« Sie wirft uns einen nervösen Blick zu, in der Hoffnung auf ein freundliches Wort. Luuk lässt sich ins Bett fallen, ohne sie eines Blicks zu würdigen. Ich weiß, dass er sie aus Scham nicht ansieht, aber Laura wird es als Undankbarkeit auffassen.

»Cool, danke«, sage ich.

»Ich hab das früher auch gemacht, weißt du«, sagt Laura. »Es ist nichts, wofür du dich schämen musst.«

Dann hören wir unten Wammes bellen.

»O Gott.« Laura wirft mir einen erschrockenen Blick zu. »Kommt, Kinder, es ist wirklich spät. Gute Nacht, Luuk. Ab ins Bett, Lies.«

Wammes macht jetzt wirklich Krach.

»Sollten wir nicht nachsehen?«, frage ich.

»Es ist dein Vater«, sagt Laura. »Er war unterwegs.«

Du wachst auf und denkst sofort: Etwas stimmt nicht. Mama ist weg. Wie kannst du ruhig schlafen, während deine Mutter vermisst wird? Um deinen Hals ein Mühlstein aus Schuld. Mama.

Ich greife nach meinem Laptop. Ich muss herausfinden, wo God in ihrer Geschichte auftaucht.

Unten läutet es. Ist sie es? Oder jemand, der weiß, wo sie ist? Mein Herz zieht sich zusammen, als wäre ich einen halben Marathon gelaufen. Ich springe in meinen Bademantel und meine Pantoffeln und renne nach unten, wo mich der völlig überdrehte Wammes anspringt. Aus dem Wohnzimmer dringen Stimmen. Laura steht unten an der Treppe. Sie ist leichenblass. Ohne Make-up ist ihr Gesicht nur eine Art Ei; den ganzen Ausdruck muss sie offenbar erst draufpinseln.

»Hol deinen Vater«, sagt sie. Es klingt atemlos. Ich bekomme wieder dieses Gefühl, neben mir zu stehen. So wie damals, als Mama und Papa uns sagten, dass sie sich scheiden ließen. Ich sehe mir dabei zu, wie ich Papa aus dem Bett hole. Das Schlafzimmer von Alkoholgeruch erfüllt; Papa, der stöhnt und erst nicht aufstehen möchte. Ich höre mich selber sagen: »Ich glaube, es ist etwas Schlimmes.« Weiß ich es denn schon? Nein, aber ich habe es an Lauras Stimme gehört. Ich sehe mir zu, wie ich Luuks Zimmer betrete. »Komm, du musst kommen, jetzt gleich. Da sind Leute.«

»Ist das Mama?« Nein. Oder vielleicht doch? Eine der Stimmen klang wie eine Frau. Aber wenn es Mama war, hätte sie dann nicht unten an der Treppe gestanden? Sie ist es nicht. Vielleicht Leute, die uns zu ihr bringen. »Ja, genau, vom Krankenhaus«, sagt Luuk. Es ist möglich. Aber Papa hat schon alle Krankenhäuser in der Umgebung angerufen. Ein weiter entferntes Krankenhaus? Wer weiß. Beeil dich, sie warten.

Sie sind im Wohnzimmer, der Polizeibeamte Jochem und seine Kollegin. Sie halten ihre Kappen in der Hand. Ihre Blicke wirken einstudiert, aber ich sehe, dass Jochems Kiefermuskel zittert.

»Wir haben leider schlechte Nachrichten für Sie«, sagt er. Papa setzt sich. Er sieht lächerlich aus in seinem braunen Frotteebademantel, die Augen blutunterlaufen und geschwollen. Luuk steht hinter mir und hält sich an mir fest. Ich beobachte uns alle und versuche mit aller Gewalt, die aufkommende Panik zu unterdrücken.

»Sie wurde gefunden.«

10.

Es ist, als hätte man einen Korken aus mir herausgezogen. In meinen Ohren ein hoher Pfeifton. Niemand bewegt sich, nur ich fliege, denn ich sehe von oben auf uns herunter: Papa, das Gesicht in den Händen vergraben; Laura wie angenagelt vor der Anrichte; wir in der Mitte des Raums und uns gegenüber die Beamten, die auf den Boden starren. Das ist natürlich nicht real. In unserem Leben passieren solche Dinge nicht. Ich will jemanden treten. Am liebsten Papa, ins Gesicht, dass ihm die Zähne herausfliegen. Wie er da sitzt mit seinem Kater!

»Wie denn? Wo?« Laura ist die Erste, die spricht. Luuk läuft schnell zu Papa und klettert auf seinen Schoß. Niemand weint. Ich stoße kleine Seufzer aus, mehr gelingt mir nicht.

»Eine Reinigungskraft hat sie in einem Freizeitbungalow in Sparrenburg gefunden.«

»Wir müssen Oma anrufen«, sage ich.

»Wenn Sie möchten …«, setzt die Beamtin an, deren Namen ich schon wieder vergessen habe.

»Und Kim.«

»Peter, fällt dir noch jemand ein? Freunde? Vielleicht dein Geschäftspartner?«

Papa steht auf und läuft auf die Toilette, wo er sich laut übergibt.

»Ach Gott, Kinder, wie schrecklich. Ich bin ganz ... Ich kann es nicht glauben. Was soll ich nur tun?« Laura wedelt mit den Händen in der Luft herum. Schließlich geht sie auf mich zu, um mich zu umarmen, aber ich weiche ihr aus. Dass sie dieser Szene beiwohnt, ist kaum zu ertragen. Mit ihr hat alles angefangen.

»Aber wie? Wie kann es sein, dass sie ...« Ich kann es nicht aussprechen.

»Wir warten noch einen Augenblick, bis alle Betroffenen hier sind«, sagt Jochem.

»Vielleicht möchten du und dein Bruder lieber zu einem Freund oder einer Freundin gehen?«, fragt seine Kollegin.

»Wir gehen nirgendwo hin.«

Dass das immer das Erste ist, was Erwachsenen in Notsituationen einfällt. Wie sie dich bei einer anderen Familie parken können.

»Ihr Spätzchen, vielleicht wäre es besser, wenn die Polizei erst nur mit Papa und Oma spricht. Ich weiß nicht, ob das, was die Beamten zu sagen haben, für Kinderohren geeignet ist.«

»Halt einfach den Mund, Laura. Du hast selber Kinderohren.«

Oma und Kim stürmen herein. Wammes rennt kläffend durchs Zimmer, bis Kim ihn mit nach draußen nimmt. Luuk und ich klammern uns an Oma. Sie zittert am ganzen Körper. Papa kommt von der Toilette zurück. Er will Oma einen Kuss geben, aber sie weicht zurück. »Du solltest dich etwas frisch machen«, sagt sie.

Sein Kinn bebt. »Es tut mir so leid für dich, Tineke. Und für euch, meine süßen, wunderschönen Lieblinge.«

»Und für dich«, sage ich.

»Auch«, sagt er.

»Was ist geschehen?«, fragt Oma. Laura schenkt ihr Kaffee ein.

»Sind Sie sicher, dass die Kinder dabei sein sollen?«, fragt Jochem. Ich finde ihn immer noch gut aussehend, aber für ihn bin ich nur ein Kind.

»Wir sind alt genug«, sage ich.

»Sie finden es sowieso heraus«, sagt Oma.

»Es sieht so aus, als hätte sich eure Mutter, Ihre Tochter, Ihre Ex-Ehefrau in einem Ferienhaus der Residenz Sparrenburg das Leben genommen.«

Erst jetzt weinen wir alle durcheinander, wachgerüttelt durch Omas Urschrei. Erst jetzt ist es real: Mama ist tot. Wir liegen uns zitternd in den Armen.

»Es kann nicht sein. Nicht noch einmal. Das ist nicht wahr.« Papa eilt zu Laura, die Polizeibeamtin schlägt die Hand vor den Mund. Kim kommt mit Wammes herein, der uns anspringt und ein klagendes Jaulen ausstößt. Wir ziehen uns gegenseitig immer weiter herunter. Die Beamtin schenkt uns Wasser ein und klopft uns mitfühlend auf den Rücken. Aber irgendwann hört es auch wieder auf, wir atmen tief durch und lassen uns von Kim Taschentücher geben. Zwischen unseren Seufzern spüre ich einen Augenblick lang eine tiefe Verbundenheit, sogar mit Laura.

»Kann ich sie sehen?«, fragt Oma.

»Natürlich. Sie können mitkommen, um sie zu identifizieren.«

»Also wissen Sie gar nicht sicher, ob sie es ist?«

»Wir sind so gut wie sicher, aber können es nicht mit Sicherheit bestätigen. Das können nur die Angehörigen.«

»Wie hat sie es gemacht?«, fragt Papa.

»Durch Ertrinken, vermuten wir. Sie wurde in einer Badewanne gefunden. Es gibt Hinweise, dass sie Medikamente eingenommen hat.«

Ich sehe zu Luuk. Sein Gesicht ist noch blasser als sonst, fast grün. Er starrt mich mit hohlem Blick an und flüstert: »Das hab ich doch gesagt. Dass sie tot ist und ganz allein im Kalten liegt.«

Oma begleitet Papa zur Gerichtsmedizin, was wegen ihrer Streiterei ziemlich kompliziert ist. Wir bleiben zu Hause, zusammen mit Laura und Kim, was ebenfalls ziemlich kompliziert ist. Laura hält sich zum Glück zurück. Kim sitzt mir gegenüber auf dem äußersten Sesselrand. Als Luuk fragt, ob er mit seiner Konsole spielen darf, hat niemand etwas dagegen. Dann fragt er, ob es blöd ist, Videogames zu spielen, wenn die Mutter gerade gestorben ist. Ich finde eigentlich schon, aber Laura und Kim winken ab. Es gibt keine Regel, wie du dich nach der schlimmstmöglichen Nachricht deines Lebens verhalten sollst. Trotzdem traue ich mich nichts anderes zu tun, als dazusitzen, den gläsernen Beistelltisch anzustarren und an die letzten Stunden meiner Mutter zu denken.

»Ich glaub das alles nicht«, sage ich zu Kim.

»Ach, Liesie, ich fürchte, es ist trotzdem wahr.«

»Nein, ich meine den Selbstmord.«

Sie beißt sich auf die Lippe, ehe sie mich ansieht. Kim ist Mamas beste Freundin.

»Ich kann es doch auch kaum glauben. Aber euer Großvater hat sich auch das Leben genommen. Und sie war doch ziemlich niedergeschlagen in der letzten Zeit. Ich komme mir so unglaublich dumm vor, dass ich das nicht gesehen habe. Wie schwer sie es hatte. Ich habe das völlig falsch eingeschätzt. Es schien, als rappelte sie sich gerade wieder auf, nach dieser elenden Scheidung.«

Beim letzten Wort wendet sie den Blick in Lauras Richtung.

»Das war ihre Art, Peters Leben für immer zu zerstören«, sagt Laura mit dem Rücken zu uns. Sie stützt sich auf die massive Arbeitsfläche. »Die endgültige Rache.«

»Sie wurde ermordet«, sage ich. »Mama wurde ermordet, ich weiß es.«

Laura dreht sich zu uns. Kim greift nach meinen Händen.

»Schatz, ich versteh ja, dass du das denkst.«

»Aber von wem? Und warum?«

Sie nehmen mich nicht ernst.

»Sie würde das nie tun, uns nachts allein lassen. Sie hat gesagt, dass sie ihrem Vater nie verziehen hat und dass ihrer Meinung nach Menschen mit Kindern eine Verpflichtung haben, weiterzuleben, egal wie deprimiert sie sind. Wenn du Kinder hast, geht es nicht mehr um dich. Dann bist du eben ein Zombie. Wichtig ist nur, dass du da bist.«

Kim sieht mich mit Tränen in den Augen an. Ihr Gesicht ist gleichzeitig gerötet und bleich.

»Ich glaube, sie konnte nicht mehr klar denken. Depressionen sind eine Art Krankheit.«

»Ja, genau«, sagt Laura. »Das hatte ich auch, einen Burn-out. Furchtbar. Ich dachte, lieber sterbe ich, als so zu leben.«

»Wir reden jetzt nicht von dir«, sagt Kim. »Was ich sagen will, ich glaube, niemand hätte es verhindern können. Ihr Vater war ebenfalls depressiv. Und sie hat wie eine Löwin dagegen gekämpft.«

Ich starre auf meine UGG-Pantoffeln. Die hat Mama mir zu Weihnachten geschenkt, obwohl sie fast kein Geld hatte. Sie begleiten mich in meinem Rucksack, hin und wieder zurück. Sie sagte, warme Füße sind wichtig, besonders wenn du häufig an Blasenentzündungen leidest.

Es läutet.

Laura schaut auf den integrierten Monitor in ihrer Küchenzeile und öffnet. »Es sind nur meine Eltern!«, ruft sie und läuft in die Diele.

»Du armes Kind«, sagt Kim.

»Warum ist sie nicht tot«, schreie ich und renne in mein Zimmer. Das Zimmer, das ich hasse.

11.

Ich liege auf dem Bauch, um durch Mamas Worte zu scrollen, und ich sehe sie. Sie sitzt in der Ecke am Fenster auf dem Rattansessel, die Hände um eine Tasse heißen Kaffee gefaltet. Genug von der Scheidung, Mam. Wann habt ihr euch getroffen, du und God?

Es war der x-te Abend, den ich allein verbrachte. Eine Zeit lang hatte ich mich auf die Abende gefreut, auf den Wechsel von der Bürokleidung zur schlabbrigen Jogginghose, T-Shirt und Teddy-Sweater, Abende, die ich abgeschminkt und mit Creme im Gesicht, die Haare zum lockeren Knoten zusammengebunden verbrachte. Ich erhitzte Fertiggerichte, die ich direkt aus der Schale und vor dem Fernseher verschlang und mit Rotwein hinunterspülte. Unter einer Decke liegend, pflügte ich mich durch ganze Staffeln von The Affair *und* The Good Wife, *bis ich irgendwann einschlief und mitten in der Nacht in einer Art Panik hochschreckte und sofort eine Tafil schluckte, um jeden Gedanken zu betäuben.*

Inzwischen sah ich, wie traurig dieses Leben in Wirklichkeit war. In der Woche mit den Kindern war ich wie eine angeknipste Glühbirne, kochte gesundes Essen und pfiff sogar zu den Songs im Radio, aber die Woche danach war ich wie lahmgelegt, antriebslos und lethargisch. Ich hatte meinen Kindern geschworen, keine neue Beziehung anzufangen, solange sie zu Hause wohnten, was natürlich ziemlich albern war. Nicht, dass ich eine neue Beziehung anstrebte. Im Gegenteil, ich wollte meine Familie wiederhaben, am besten in der alten Besetzung. Und ich durfte mir gar nicht vorstellen, mich in einen neuen Mann zu verlieben und die damit verbundene quälende Unsicherheit durchstehen zu müssen.

Aber etwas wollte ich: berührt werden. Sex. Einen Körper, der neben mir, in mir, auf mir wäre. Ich wollte, dass noch jemand anderes als meine Kinder mich ansah, jemand, für den ich mich gerne vom Sofa schwingen würde. Kim drängte mich seit Monaten, dass ich mir Tinder herunterladen sollte. Meine Antwort hatte bisher immer gelautet: Ich halte nichts von diesem digitalen Fleischmarkt. Das tat ich wirklich nicht. Ich sah darin nur eine traurige Form der Partnersuche, und nicht wahr, am ehesten findet man sowieso dann, wenn man nicht sucht. Doch an diesem besonderen Abend, nach drei Gläsern Wein, überkam mich ein so starker Wunsch nach Zärtlichkeit und Intimität, dass ich schließlich doch zu diesem virtuellen Treffpunkt für einsame Seelen ging. Ich erstellte ein Tinder- und ein E-Matching-Profil.

Ich muss sagen, froh hat es mich nicht gemacht. Eine nicht endende Flut von Selfies, Glatzen, häufig mit Sonnenbrille und Gaunerkappe, Männer auf Booten, Männer neben Rennrädern oder schweren Maschinen, beim Grillen, Männer mit teuren Uhren, mit Hund, durchtrainiertem Körper, Kindern, Tätowierungen, halben Bärten, am Strand, mit einer Maß Bier, von Körpern ohne Gesicht.

Ich zwang mich, ein paar davon zu liken. Es kann ja nicht schaden, dachte ich. Sieh es als Übung an, als eine Art Unterhaltung, was verlierst du schon dabei. Auf E-Matching likte ich Bert, 49, wahrscheinlich wegen seiner blonden Haare und blauen Augen, und Thomas, 45, einen strammen Rücken, der in die untergehende Sonne starrt. Auf Tinder wischte ich jemanden, der sich »God« nannte, nach rechts: 41, dunkler Bart, weißer Anzug mit schwarzer Sonnenbrille im Gesicht. »Spielt Tinder auf Level 9«, stand in seiner Tinder-

Bio. Ich hatte mit allen dreien ein Match. Und obwohl sogar mir klar war, dass das noch nichts heißen muss, fühlte ich mich einen Moment lang gestärkt. Ich wurde wahrgenommen.

Der nächste Morgen: Erwachen in einem stummen Haus, einem zu großen Bett und mit dumpfem Schädel. Trotz Wammes an meiner Seite konnte ich mich einfach nicht an die Leere gewöhnen.

Ich schaute auf mein Telefon. Auf Tinder hatte ich drei Nachrichten empfangen. »Hallo, schöne Frau«, schrieb Thomas. »Hi, was machst du grade«, schrieb Bert.

»Guten Morgen, Schönheit. Welch angenehme Überraschung, dass wir ein Match sind. Lass es mich wissen, wenn du mich irgendwann treffen möchtest. Ich chatte nicht gern endlos, denn nach meiner Erfahrung klaffen nach einer Weile Realität und Erwartungen immer weiter auseinander. Ich denke, letztlich wollen wir beide dasselbe. Das Echte. Gesehen und berührt werden. OM. God.«

Ein Mann, der sich God nennt. Damals lachte ich darüber.

»Was meinst du genau mit ›spielt Tinder auf Level 9‹?, schrieb ich zurück. Danach ging ich mit Wammes spazieren. Meine Stimmung hatte sich merklich aufgehellt.

Papa und Oma sind zurück. Mucksmäuschenstill sind sie. Oma scheint plötzlich hundert Jahre alt, sie zittert. Laura schenkt Wein in Gläser, während Kim einen Imbiss zubereitet, den keiner anrührt. Wammes liegt hechelnd an der Wohnungstür. Mama wird ihn nie mehr hier abholen. Ich kann mir unter diesem »nie mehr« gar nichts vorstellen. Für mich fühlt es sich so an, als säße sie jetzt zu Hause und würde darauf warten, dass wir wiederkommen. Es ist das gleiche Gefühl, das ich hier immer habe: Wir müssen zu ihr; da, wo sie ist, ist unser Leben. Niemand wagt es, zu sprechen.

»Es bleibt dein Kind, wisst ihr«, sagt Oma plötzlich. »Es ist nicht wichtig, wie alt … ich sehe sie als Baby vor mir, als Dreijährige, Vierjährige. Und wie sie winkend auf ihr Rad steigt. Immer fröhlich. Und so klug.« Sie schüttelt den Kopf, dann senkt sie den Blick. »Als Felix starb …« Sie atmet tief ein und verstummt. Kim und ich wechseln einen Blick. Kim deutet mit dem Kopf in ihre Richtung. Ich nehme Omas Hand in meine, worauf sie mich zu sich zieht.

»Vielleicht habe ich sie in der Folgezeit etwas vernachlässigt. In einer ohnehin schwierigen Phase. Sie war dreizehn, bei einem Mädchen das schwierigste Alter. Und gerade da stirbt ihr Vater. Es wurde mir zu viel. Sie war so wütend. Aber dass sie nun selbst … Ich verstehe es nicht. Sie wusste, was das für die Hinterbliebenen bedeutet.«

Papa räuspert sich. »Es gibt einen Brief.«

In der Stille, die darauf folgt, möchte ich schreien und die Leinenvorhänge von der Stange reißen. Was wird das hier? Ein Brief? Den hat sie nicht geschrieben! Wieso sagt das keiner?

»Ich durfte ihn nicht mitnehmen, er muss noch eine Zeit lang in der Gerichtsakte bleiben. Aber ich habe ihn abfotografiert.«

Er drückt auf sein iPhone.

»›Ich halte es nicht mehr aus, ich will weg. Ich bin verbraucht, innerlich ausgehöhlt. Lass mich bitte in Ruhe, endgültig! Ich verstehe, dass das hart ist und wehtut, und es tut mir aufrichtig leid. Mir tut es auch weh. Aber wenn du mich wirklich liebst, dann respektierst du meine Entscheidung. Es ist der einzige Ausweg, den ich noch sehe.‹

Danach drei Kreuzchen. Alles handschriftlich. Der Brief lag auf dem Nachtschränkchen neben dem Bett. In diesem Bungalow, wo sie …«

»Das kann alles heißen«, meint Kim. »Das muss doch kein Abschiedsbrief sein?«

»Nein!«, sage ich, erleichtert, dass es wenigstens eine Erwachsene gibt, die Zweifel hat.

»Es ist ihre Handschrift.«

»Kann sein. Aber der Text ist ziemlich vage.«

»Sie war nicht ganz klar im Kopf, Kim. Sie hat die Terrassentür eingeschlagen.«

»Und woher wissen wir so genau, dass sie das war?«

»Sie ist nackt über das Gelände hinter dem Haus gelaufen. Dafür gibt es Zeugen.«

»Und es hat keiner versucht, ihr zu helfen?«

Papa schüttelt den Kopf.

»Sagt mal, der Brief ist doch an jemanden gerichtet«, sagt Kim.

»An mich, nehme ich an.«

»Ihr Leben hat sich schon ziemlich lange nicht mehr um dich gedreht!«

»Das Ganze ist ein Racheakt, Kim. Die beste Art, mir das Leben schwer zu machen. ›Wie sorge ich dafür, dass er nie mehr froh wird?‹ Eben!«

Oma drückt mich noch fester an sich und stößt einen ärgerlichen Laut aus.

»Nimm dich doch zusammen, Peter!«

Ich überlege, ob ich God erwähnen sollte. Der Brief war für ihn, da bin ich ganz sicher.

»Der Brief war nicht an dich gerichtet, Pap. Mama hatte einen Mann kennengelernt. Ich glaube, er war für ihn.«

Papa zieht scharf Luft durch die Nase, dann schlägt er die Hände vors Gesicht.

»Welcher Mann?«, fragt Oma. »Soviel ich weiß, hat sie sich ein paarmal mit jemandem getroffen, und einer der Männer schien ihr zu gefallen, war aber ziemlich verrückt, das hat sie selbst gesagt. Danach war von keinem Mann mehr die Rede. Der Brief, den Felix hinterlassen hat, war auch sehr schwer verständlich. Sie sind nicht wirklich bei Verstand, nicht wahr? Felix hat sogar halluziniert … Der Hausarzt wollte ihm nur drei Schlaftabletten geben, aber am Ende hatte er genug zusammengespart …« Oma spricht mehr mit sich als mit uns.

»Heute bestellt man die übers Internet«, sagt Papa.

»Er hat sie über Jahre gehortet. Sogar die Tramadolkapseln seiner Mutter.«

»Mischintoxikation.«

»Was ist das?«, fragt Laura.

»Das ist, wenn man lauter verschiedene Tabletten zusammen einnimmt. Das, was Jet gemacht hat. Und ihr Vater.«

Ich sehe die Tablettenschachteln in unserer Hausapotheke vor mir. Mama litt an Schlafstörungen.

»Sie hatte unbegrenzten Zugang.« Papa weint. Wir sind alle ganz still. Oma legt die Hand auf sein Knie.

»Ich konnte es nicht akzeptieren«, setzt sie an. »Wir hatten ein so schönes Leben, eine so starke Liebe. Eine wunderbare Tochter.«

Ich will, dass sie aufhört, über einen Großvater zu reden, den ich nie gekannt habe. Das war vor tausend Jahren und gehört nicht hierher. Meine Mutter ist tot. Jetzt.

»Mama war nicht depressiv! Und sie hat auch nicht halluziniert oder sonst was. Sie hat manchmal schlecht geschlafen oder war gestresst, aber sie war Psychologin! Da weißt du doch am besten, was du dagegen tun kannst.« Meine Worte verhallen ungehört.

»Alles, was sie wollte, war, den Selbstmord ihres Vaters zu verstehen. Deshalb hat sie Psychologie studiert.«

Oma soll endlich den Mund halten.

Laura steht auf, um sich hinter der Kochinsel zu verschanzen, gefolgt von ihrer Mutter. Luuk setzt sich zu mir; wie ein kleines Kind schlingt er die Arme um meinen Hals und kuschelt sich an mich. Niemand weiß, was jetzt werden soll. Wie sollen wir weiterleben? Und wo? Es kommt mir vor, als säßen wir schon eine Ewigkeit in diesem stickigen Raum, zueinander verurteilt und beobachtet von Laura und ihren Eltern, Eindringlingen, ohne die wir hier vielleicht nie so gesessen hätten.

12.

Auf Kims Rat hin verabrede ich mich mit allen drei Matches. Eigentlich weiß ich schon, wer meine Neugierde am meisten weckt, aber Kim empfiehlt mir, die Chancen und Risiken zu streuen. Sie muss es wissen, schließlich spielt sie Tinder auf Level 10 (um in Gods Sprachgebrauch zu bleiben). Drei Verabredungen, dreimal Kaffee- oder Teetrinken in meinem alten Stammcafé in Amsterdam. Maximal eine Stunde pro Date, sagt Kim, Essen und Trinken hebst du dir für die zweite Runde auf. Und am Schluss sagst du ihnen gleich, wie es steht. Kein Kleben und Warmhalten. Du weißt innerhalb von Sekunden, ob daraus etwas werden kann oder nicht, und Freunde hast du schon genug. Das stimmt zwar nicht, außer Kim ist mir niemand geblieben, aber ich bin nicht bei Tinder, um Freunde zu sammeln. Und ebenso wenig, um mit jemandem eine Beziehung anzufangen. Ich will einen verlässlichen Sexpartner. Jemanden, den ich attraktiv finde, aber in den ich mich nicht verliebe. Mit dem ich mich an einsamen Abenden treffen kann, aber der mich in den glücklichen Wochen mit meinen Kindern in Ruhe lässt. Ich weiß selbst, dass das ein riskanter Versuch ist: Bisher habe ich mich noch in jeden Mann verliebt, wenn der Sex mit ihm gut war.

Doch ich will versuchen, das Ganze als netten Zeitvertreib zu betrachten; eine Möglichkeit, um einfach hin und wieder mit einem Mann zusammen zu sein. Ohne weitere Verpflichtungen, ohne je-

mandem Rechenschaft geben zu müssen und vor allem: ohne mein Herz gleich auf dem Silbertablett zu präsentieren.

Thomas sitzt an einem Fenstertisch, als ich eintrete. In der Realität hat er eine beginnende Glatze und ist mindestens zehn Jahre älter als auf seinem Profilbild. Er trägt ein verwaschenes graues T-Shirt und eine beige Hoody-Jacke. Dazu Jeans und braune Ledercampers mit beigefarbenen Schnürsenkeln. Er steht auf, als er mich sieht, und wir geben uns drei Begrüßungsküsse. Beim dritten stoßen wir etwas zu fest mit der Stirn aneinander. Dann setzen wir uns, wobei wir sorgfältig jeden Blickkontakt vermeiden, sodass ich mich frage, ob er mich auch so enttäuschend findet. Ich bin von oben bis buchstäblich zu den Zehen rasiert, habe mein Haar mit der Rundbürste geföhnt, trage meine goldenen Ohrringe und das Kleid, das ich letztes Jahr nur deshalb für eine Hochzeit gekauft habe, weil ich wusste, dass Peter mit Laura da sein würde und ich um jeden Preis besser aussehen wollte als sie, und an den Füßen rote Pumps mit hohen Absätzen. Meine Nägel sind lackiert, an meinem Make-up habe ich eine Stunde gearbeitet. Also übertrieben für Freitagvormittag um halb elf. Zu bemüht. Er wird denken, ich sei oberflächlich und nur an Äußerlichkeiten interessiert. Letzteres kann man von ihm wirklich nicht behaupten.

Wir plaudern ein bisschen über das Lokal. Da Thomas es sehr originell findet, erzähle ich, dass ich hier immer hingegangen bin – vor den Kindern, vor der Scheidung und bevor mein Leben mit kreischenden Bremsen zum Stillstand kam. »Abends ist es hier netter«, höre ich mich sagen, und Thomas antwortet, er hoffe, das irgendwann mit mir zusammen erleben zu dürfen. Zu schnell, zu früh, schimpft Kim in meinem Kopf. Thomas hat zwei Kinder, die jede zweite Woche bei ihm verbringen. Er und seine Ex-Frau verstehen sich bestens, sie wohnen sogar fast Haus an Haus. Nichts, aber auch wirklich nichts an diesem Menschen zieht mich an. Der bloße Gedanke, mit der Zunge über seine schief stehenden, übereinandergewachsenen Zähne zu streichen, die Hände in seinen schlaffen Hintern zu krallen und seine Glatze zwischen meinen Brüsten … Er erzählt, dass er Verkaufsmanager bei einem großen Textilhersteller ist und sich gerade erst einen neuen Wagen gekauft hat. Heute Abend geht er zu Freunden Fußball schauen und ist schon ziemlich nervös, sogar noch nervöser als vor dieser Verabredung, haha, denn PSV muss einfach gewinnen. Ja, genau, sehr merkwürdig, dass er für den PSV ist, während seine ganze Familie für Ajax ist. Er stellt kaum Fragen, zeigt mir aber Bilder von seinen Kindern. Es kommt mir anstößig vor, anderer Leute Kinder anzustarren und sie niedlich finden zu sollen; es ist, als würde ich meine eigenen Kinder betrügen. Darum möchte ich sie ihm auch nicht zeigen. Ich will weg von hier. Lieber Thomas, es war nett, dich zu treffen, es macht nur nicht Klick bei mir. Also lass uns zahlen. Ich traue mich nicht, es auszusprechen; nicht mal einem Mann, den ich nie wiedersehen werde, kann ich eine Abfuhr erteilen, einem wildfremden Menschen, mit dem ich nichts zu schaffen habe und der mir nicht mal sympathisch ist. Also trinken wir drei Cappuccinos, essen Apfelkuchen, und er erzählt mir alles über seinen autistischen Sohn und seinen Lieblingszeltplatz in der Ardèche, bis er mich zuletzt um meine Nummer bittet, um mir wegen des nächsten Treffens eine WhatsApp schicken zu können. Jetzt muss er wirklich los, er hätte nie gedacht, dass die Zeit so schnell verfliegen würde, das ist doch ein gutes Zeichen, oder?

Ich beschließe, ihn per WhatsApp abzuweisen, und gebe ihm meine Nummer.

Im Auto heule ich los. Andere Leute mögen das eine nette Unterhaltung finden, ich fühle mich nur als Versagerin. Missbraucht. Meine Güte, es war nur ein Date, höre ich Kim sagen. Ich will kein Date, will nicht mit wildfremden Männern Kaffee trinken und da-

rüber nachdenken, ob ich mit ihnen vögeln könnte, während ich weiß, dass in ihrem Kopf das Gleiche vorgeht. Ich will Nähe, ich habe eine quälende, fast greifbare Sehnsucht nach Vertrautheit. Danach, wie es früher war. Ein Jahr ist es her: Kaffeetrinken ohne reden; wir alle in einem Haus, in einer Straße hier um die Ecke; durch die Stadt radeln und überlegen, was ich kochen will. Wenn ich mir vorstelle, ich könnte von nun an zu Männern wie Thomas verurteilt sein! Wie konnte ich so jemanden »liken«? Was stimmt nur nicht mit mir?

Auf dem Heimweg kaufe ich mir Zigaretten. Theatralisch, ich weiß. Sich mit Wein und Kippen im eigenen Nest verschanzen: nichts fühlen, nichts wissen, nichts sehen. Eine Tafil nehme ich auch noch dazu. Und ich bestelle beim einzigen Laden, der in diesem Viertel nach Hause liefert: dem China-Imbiss. Babi Pangang. Es ist traurig, aber ich habe mich so restlos betäubt, dass ich mir darüber keine Gedanken mehr machen muss.

Ich klappe mein MacBook zu, ich will das nicht mehr lesen. Mit in den Händen vergrabenem Gesicht versuche ich mich zu beruhigen, während sich unten eine Art Seifenoper abspielt. Jeder hängt irgendwo und trinkt und isst und redet. Sie wissen anscheinend tausend Dinge über meine Mutter, von denen ich keine Ahnung hatte, aber ich weiß genau, dass ich sie besser kannte als alle da unten. Besser als ihre eigene Mutter, besser als mein Vater. Und doch war sie auch mir im letzten Jahr die meiste Zeit fremd, das weiß ich jetzt. Ich muss mich fast übergeben, wenn ich mir vorstelle, wie einsam sie war, wie verzweifelt traurig. Manchmal sagte sie: »Ihr zwei seid das einzige Licht meines Lebens«, doch ich weigerte mich, es zu hören. Denn was sollten Luuk und ich mit Mamas Kummer und Papas Ärger anfangen? Ich dachte, eines Tages hört es auf, wie bei den Eltern all meiner Klassenkameraden, nämlich so wie bei diesem Thomas und seiner Frau; irgendwann ist Schluss mit der Wut, und sie werden Freunde. Da war ich mir sicher. Aber dieser Tag kommt nie. Sie wird in unseren Gedanken immer einsam, wütend, traurig und verlassen sein.

Ich erinnere mich an Sommerwochen in der Stadt mit offenen Balkontüren, Grillnachmittage auf dem Balkon, wo Mama Sonnensegel aus bunten Batiktüchern aufspannte, eine Hängematte gab es auch. Sie fassten sich noch ganz selbstverständlich an. Wir spielten auf dem Bürgersteig, wo abends auch die Nachbarn beim Wein saßen, und Papa lachte oft und legte dabei den Arm um sie, um sie auf die Stirn zu küssen. Ich dachte damals nie über die beiden nach. Sie waren einfach da, meine Eltern, sie waren am Leben und liebten sich. Papa trug über dem bloßen Oberkörper eine Grillschürze und stach mit einer langen Gabel in die Würste. Mama stellte Schüsseln mit Salaten und Soßen auf das Balkontischchen. »Ein bisschen dürftig«, sagte sie, worauf Papa sagte: »Wir haben wieder genug für eine ganze Armee.«

Das Gleiche sagt er jetzt zu Laura, die mittlerweile wie eine Verrückte am Kochen ist. Im Wohnzimmer sitzen noch mehr Leute. Ich kenne niemanden. Sie stellen sich vor, aber ich vergesse ihre Namen und ignoriere ihr unangebrachtes Mitleid, ihre feuchten Augen, das tröstende Schulterklopfen.

»Können wir nicht einfach unter uns sein?«, frage ich, auf Papas Schoß gelehnt.

»Diese Menschen möchten uns ihre Anteilnahme erweisen.«

Aber ich kenne sie nicht.

»Es sind Kollegen, Nachbarn, Freunde von Laura, Freunde von mir, Lauras Bruder und seine Freundin.«

Es ist fast, als wäre es eine Feier.

»Aber weißt du was? Gehen wir doch mit Wammes spazieren, nur wir drei, einverstanden?«

Luuk protestiert, legt aber doch seinen Gamecontroller weg. Wir schlüpfen in unsere Mäntel, da es für die Jahreszeit ziemlich kalt ist, und Wammes springt ausgelassen vor uns her. Wir gehen die ewig windige Straße zum Park hinunter, Luuk mit den Händen in den Taschen, ich eng bei Papa eingehängt. Ich will ihn ganz für mich haben und dränge mich an ihn, den einzigen Elternteil, den ich noch habe.

»Bist du eigentlich echt traurig, Pap?«, fragt Luuk.

»Natürlich, Luukie. Ich bin ganz, ganz traurig.«

Luuk nickt. »Ach so. Ich dachte, weil du geschieden bist und Mama immer so blöd findest, dass du vielleicht froh wärst.«

Papa schweigt lange. Ich betrachte sein Gesicht. Er hat tiefe Furchen in den Wangen, sein früher glänzend schwarzes Haar wird grau. Auf Instagram postet er Stories aus dem Sportstudio. Im neongelben Leibchen, mit einer Art Gummi im Haar. Oder wenn er ab und zu ein Techno-Konzert besucht, dann zeigt er sein Festivalbändchen für *Dekmantel* oder für *Awakenings* oder einen Backstage-Pass für *Mysteryland*. Evi und ich finden das immer mega cringe. Er hat jetzt auch einen voll blöden Fußballer-Haarschnitt, so an den Seiten rasiert und mir einer Art Tolle oben, sodass er aussieht wie ein alter Wellensittich. Mama hat darüber immer knallharte Witze gemacht. Ich musste lachen, obwohl es mir auch einen Stich gegeben hat.

Jetzt merke ich, dass er weint. Sein Kinn zittert.

»Mann, Luuk, natürlich ist Papa traurig«, sage ich und greife nach Papas Hand.

»Ich finde eure Mama nicht blöd. Ich finde es blöd, dass wir so … ich meine, wie es gelaufen ist, dass wir so gestritten haben. Wir konnten uns einfach nie einigen. Aber ich habe sie sehr geliebt. Sehr, sehr geliebt.«

Jetzt weinen Luuk und ich auch. Weil Mama das nicht mehr hören kann.

Im Park werfen wir für Wammes den mitgebrachten Ball, ein Spiel, von dem er nie genug kriegt. Dann setzen Papa und ich uns auf eine Parkbank, während Luuk weiter mit Wammes herumläuft und Bälle wirft.

»Ich fühle mich so schuldig, Lies.«

Es klingt, als spräche er mit einer Erwachsenen. Ich richte den Rücken auf.

»Hätte ich es verhindern können? Hat sie es gemacht, um mich zu bestrafen? Aber wie konnte sie euch so was antun? Sie wusste genau, wie das ist …«

»Weißt du noch, wie es war, als wir alle zusammen waren? In der Nieuwe Leliestraat? Da habt ihr euch noch geliebt.«

Ich rede lieber über früher, die schönen Dinge. Papa nickt und lächelt. Ich glaube, er versteht mich.

»Es war so ein winziges Haus.«

»Aber dafür sehr gemütlich.«

»Die Miete hat sich wahrscheinlich inzwischen verdoppelt.«

»Es fehlt mir. Die Schule, der Bäcker.« Und wir.

»Vermisst du es gar nicht?«

»Doch, natürlich. Die Familie, den ganzen Alltag. Und dass ich euch jeden Tag um mich hatte.«

Er stützt die Ellbogen auf die Knie und vergräbt das Gesicht in den Händen. »O Gott«, ruft er mit überschlagender Stimme, »o Gott, o Gott.« Tränen landen zwischen seinen Füßen, aus seiner Nase läuft Rotz. Weint er nun wegen früher oder um Mama oder um sich selbst? Das Seltsame ist, sie erzählten die schlimmsten Sachen übereinander, aber wollten uns nie sagen, was genau zwischen ihnen schiefgelaufen war. Dann waren wir plötzlich »zu jung«. Ich weiß nur, dass Papa irgendwann »etwas Abstand« brauchte, und danach war plötzlich Laura da. Wie sich herausstellte, war sie schon ein paar Jahre da gewesen.

Seither hassten sie sich.

»Ich glaube, dass sie es nicht selbst gemacht hat«, sage ich in der Hoffnung, damit seinen Schmerz etwas zu lindern.

Er legt den Arm um mich und drückt mich fest an sich. Ich rieche eine Mischung aus Schweiß und der herben Pomade, die er sich ins Haar schmiert. »Ich verstehe, dass du das glauben möchtest. Aber wir müssen uns damit abfinden, Lies, so schwer es auch ist. Dass sie sich so entschieden hat, dass sie Frieden wollte. Ich glaube, sie konnte einfach nicht mehr.«

»Sie war so fröhlich und gut gelaunt letzte Woche und gar nicht depressiv oder wütend, dass ich dachte, schön, sie nimmt ihr Leben wieder in die Hand. Sie hat toll gekocht und Blumen gekauft, und uns sogar neue Kleider …«

»Ja, das sind anscheinend Vorzeichen. Man macht anderen Geschenke, schafft schöne Momente. Es ist eine Art Abschiedsritual.«

Ich winde mich aus seiner Umarmung. Luuk fischt mit einem Stecken nach dem Ball, der im Wasser gelandet ist. Wammes bellt.

»Es war ihr Beruf, depressiven Menschen zu helfen. So jemand weiß doch, was er tun muss, wenn er plötzlich Selbstmord begehen will?«

»Sie war von dem Thema besessen, wegen ihres Vaters natürlich. Man kann es mit Höhenangst vergleichen: Die Betroffenen haben Angst vor der Höhe und gleichzeitig Angst, sie könnten gegen ihren Willen springen.«

»Du findest, ich sollte es akzeptieren; dagegen finde ich es seltsam, wie schnell du dich damit abfindest. Wenn ich ehrlich bin, kenne ich sie besser als du. Mama würde uns das nie im Leben antun, gerade wegen Opa nicht!«

Luuk kehrt mit dem triefend nassen Wammes im Schlepptau zu uns zurück, der begeistert auf Papas Schoß springt. Ich höre Mama auflachen: »Pech gehabt!«

Ich sollte schlafen, aber wie macht man das, wenn die eigene Mutter irgendwo in einem Kühlfach liegt? Mein Kopf platzt fast vor Bildern. Ihr toter Körper auf einem Stahltisch. Ein Gerichtsmediziner, der ihre Organe herausschneidet. Ich selbst. Mama in der Badewanne, ihre Finger und Zehen vom Wasser faltig, blau im roten Wasser. Hat sie sich die Pulsadern aufgeschnitten? Ist sie ertrunken? Oder eine Überdosis? Keiner sagt mir, was wirklich passiert ist. Ich stelle mir vor, wie ich es machen würde: Selbstmord begehen. Wahrscheinlich auch mit Tabletten, ohne Schmerzen. Einschlafen, um nie mehr wach zu werden. Vielleicht ist Mama aber doch wieder aufgewacht, vielleicht wollte sie sich nicht umbringen. Sie ist also wach und will nicht sterben, und weiter? Sie ist allein, ohne Telefon, niemand in der Nähe. Sie ringt panisch darum, bei Bewusstsein zu bleiben. Sie wirft einen Stuhl gegen die Terrassentür, rennt über das Grundstück. Dort wird sie gesehen, doch niemand handelt. Etwas stimmt immer noch nicht. Ist sie in die Wanne zurückgekehrt, hat sie den Tod angenommen? Niemals. Mama liebte uns. Sie mag unglücklich gewesen sein, aber wir machten sie glücklich. Sie war nicht der Typ, der denkt: Meine Kinder werden es ohne mich besser haben. Sie wusste, dass sie eine gute Mutter war. Sie war überzeugt, dass wir ohne sie nicht leben könnten. Das können wir auch nicht.

Ich starre auf die dunklen Umrisse in meinem Zimmer, als mein Handy aufleuchtet. Mees schickt mir eine Nachricht auf WhatsApp. Erst jetzt, wo ich ihn schon fast vergessen habe.

Hi! Was deine Mutter gemacht hat, ist echt scheiße. Ich nehme an, du bist krass traurig. Findest du es chill, wenn ich morgen vorbeikomme?

Evi hat ihm bestimmt gesagt, er soll mir schreiben. Weil ich ja so arm bin. Jedenfalls schreibt er nicht, weil er mich genauso liebt wie ich ihn. Wir haben uns geküsst, im Park bei unserem echten Haus, nachdem wir vorher mit einer Gruppe Vanille-Wodka getrunken hatten. Ich traue mich sonst nie was, aber wenn ich trinke, schon. An dem Tag hab ich mich plötzlich getraut, mit zu ihm zu gehen. Seine Eltern sind auch geschieden, aber beste Freunde. Der Freund seiner Mutter und sein Vater schauen zusammen Fußball. Mees selbst ist das manchmal unangenehm. Er hat gesagt, sobald sie streiten, weißt du wieder, warum sie getrennt sind. Ich sagte, dass ich einen Mord begehen würde, wenn meine Eltern dadurch Freunde würden. Er fragte, wen ich denn ermorden würde, und ich sagte Laura. Darüber musste er lachen, und ich hab so getan, als ob ich auch lachte, und dann legte er den Arm um meinen Nacken und zog mich an sich. Ganz locker, als täte er so was jeden Tag. Ich versuchte, auch so locker zu sein. In meinem Unterleib hat es gekribbelt, das war fast wie eine beginnende Blasenentzündung, dann spürte ich seine Lippen auf meinen. Ich roch Vanille, Alkohol und sein Axe-Deo, und seine Zunge glitt wie ein kleiner Fisch in meinen Mund. Ich öffnete den Mund so weit wie möglich und drehte dabei den Kopf in den Winkel, den Evi und ich schon vor Monaten geübt hatten. Dann ließ ich meine Zunge um seine kreisen, sein Atem streifte meine Wange. Als er sein Becken gegen meinen Oberschenkel presste, bekam ich davon ein ganz merkwürdiges Schamgefühl. Ich dachte, dass ich bestimmt schlecht roch, und dass er jetzt mein Fett spürte und meine zu kleinen Brüste; und dass ich wegen meiner Blasenprobleme wahrscheinlich nach Pisse stank.

»Ich muss nach Hause«, sagte ich bestimmt. Und er darauf: »Ich auch.« Aber wir machten weiter. Er hatte die Hand unter meinem Pullover und machte sich an meinem BH-Träger zu schaffen. »Ich geh jetzt nach Hause«, sagte ich plötzlich und stieß ihn weg. Mein ganzer Körper fühlte sich geschwollen und klebrig an, ich glaubte sogar meine eigene Pisse zu riechen. Ich hatte da unten Haare, wenn er das gespürt hatte, fuck!

Zu Hause unter der Dusche strich ich mit den Fingern über meine Scheide und roch daran. Es roch komisch, aber gar nicht nach Fisch, wie es immer heißt, sondern nach Erde und Eisen und ganz rohem Steak. Hatte er das auch gerochen? Ich wäre am liebsten im Erdboden versunken und spürte, dass ich knallrot anlief. Dann kam Mama ins Bad, und ich legte die Rasierklinge schnell ab.

»Warum bist du so spät?«, fragte sie leicht säuerlich.

»Ich war mit Evi im Park. Wir haben gar nicht gemerkt, dass es schon so spät ist.«

Sie trat in ihrem Morgenmantel nah an die Dusche heran. »Ich kann nicht einschlafen, wenn ich nicht weiß, wo du steckst. Schick mir nur eine SMS, wo du bist und mit wem.«

»Ich war auch mit Mees zusammen«, platzte ich heraus. Vor meiner Mutter schämte ich mich nie. Sie und ich waren so eine Art Einheit.

»Ach! Und wie war's? Habt ihr geredet? War er nett?«

»Wir haben uns geküsst.«

»Oh! Oje … wie wunderbar! Und jetzt?«

»Was meinst du, und jetzt?«

»Seid ihr jetzt fest zusammen?«

»Wie bitte! Natürlich nicht!«

»Würdest du es wollen?«

Meine Wangen und Ohren glühten schon wieder.

»Ich glaube, dass er nicht will.«

»Das weißt du nicht, Schatz. Frag ihn einfach.«

»Nie im Leben! Und sag Jolande nichts davon, bitte.«

Mam und Mees' Mutter kannten sich.

Sie starrte mich einen Augenblick an und lächelte dann: »Aber jetzt ab ins Bett. Heute wirst du bestimmt etwas Schönes träumen.«

Als ich die Dusche abdrehte, reichte sie mir ein Handtuch.

»Du bist bildschön, Lies, lass dir nie etwas anderes einreden, von niemandem.«

Aber anscheinend waren wir doch keine Einheit und hatte sie Geheimnisse vor mir. Ich kann es nicht ausstehen, dass ich mich so getäuscht habe.

Bert, den ich zur gleichen Uhrzeit, im gleichen Café treffe, entpuppt sich als früherer Klient von mir, der vor ein paar Jahren in meine Praxis kam. Wir müssen beide lachen. Dass wir uns auf den Bildern nicht erkannt haben, was sagt das wohl darüber aus, welchen Eindruck er von mir als Therapeutin hatte? Jetzt, wo ich ihn an unserem Tisch in der Sonne sitzen sehe, erinnere ich mich wieder an seine schwierige Scheidung, seine Schlaflosigkeit und die Depressionen. Er sei fertig mit dem Leben, meinte er damals. Aber nun ist er hier, etliche Kilo schwerer als auf seinem Profilbild und in einem etwas zu engen Pullover. Er hat rotes Haar und einen roten Bart, der auf dem Bild dunkler aussah, und auf der Nase eine Brille mit einem zu dicken schwarzen Rahmen.

»Tja, das erspart uns eine komplizierte Einführung«, sagt er. »Nur ist es wohl nicht die beste Werbung für mich. Du kennst mich in meiner schlechtesten Form.«

»Nicht schlecht, verletzt«, sage ich. Ich verfalle sofort wieder in meine Therapeutinnenrolle.

»Nehmen wir noch einen Kaffee zusammen, oder willst du gleich wieder gehen?«

Ich versuche meine Enttäuschung wegzulachen. »Natürlich trinken wir noch einen Kaffee. Es ist schön zu sehen, dass es dir gut geht, Bert.«

Bert war plötzlich nicht mehr zur Therapie gekommen; er hatte auf keine E-Mails oder Anrufe reagiert und leider auch nicht auf die Rechnung.

»O Mann, das ist mir so peinlich!«

»Ich habe mir damals eher Sorgen um dich gemacht.«

»Kann ich verstehen. Es wurde mir zu viel, das ganze Graben in meiner Seele. Ich war noch nicht so weit. Hab mich damals mit Alkohol und Drogen betäubt, aber das ist vorbei. Ich bin clean, meine Ex und ich reden wieder miteinander, den Kindern geht's wunderbar. Aber du, sag mal! Dass du bei Tinder bist!«

»Ich glaube, ich bin bald wieder weg. Ich finde es schrecklich.«

»Haha, das sagen alle. Ich finde es eigentlich ganz lustig. Du darfst nicht so ernsthaft suchen, sieh es einfach als Unterhaltung an. Und manchmal hat man auch Glück.«

»Du meinst Sex?«

»Sex oder ein richtig gutes Gespräch.«

»Haha, und jetzt hast du das Glück, deiner alten Seelenklempnerin zu begegnen und diese Rechnung bezahlen zu dürfen.«

Bert biegt sich fast vor Lachen. »Ist mein gutes Karma.« Unser Kaffee wird gebracht. Die Bedienung wirft mir einen spöttischen Blick zu. Bei meinem Date mit Thomas hat sie auch bedient.

»Natürlich bezahle ich die. Es ist mir schrecklich peinlich.«

Als wir beide einen Schluck von unserem Cappuccino nehmen, umfängt mich wieder diese seltsame Schwärze, die es unmöglich macht, ihn anzusehen. Ich will weglaufen, nur weg von all dem.

»Es tut mir echt leid, dass dir dieser ganze Mist auch passiert ist. Ich meine, damals dachte ich: Die Frau hat alles im Griff, die weiß genau, wie das geht, eine Beziehung intakt halten.«

»Tja, anscheinend nicht. Ich bin auch nur ein Mensch, und mein Ex-Mann genauso.«

»Was ging schief? Und bitte, erspar mir die Therapeutenversion.«

Ich lächle. Die Schwärze ist wieder verflogen. »Die übliche Ge-

schichte. Er wurde Partner in seiner Kanzlei, hat immer mehr gearbeitet, dadurch fühlte ich mich alleingelassen. Irgendwann war die Intimität verschwunden, und dann wollte er plötzlich eine Weile ausziehen, um nachzudenken. Natürlich gab es schon eine andere, die er aber verschwieg, bis wir mit der Familie in Urlaub fuhren, zum letzten Mal. Ich dachte: Wir reisen gemeinsam, um uns vielleicht wieder näherzukommen. Aber für ihn war die ganze Reise nur eine gute Gelegenheit, seine Affäre mit Laura zu beichten.«

»Oh«, sagt Bert. Er zupft an einem Bierdeckel. Seine Frau hatte damals einen anderen und ging sehr offen damit um; aber damit konnte er nicht umgehen; er versank in einer sehr schweren Depression, was wiederum seine Frau völlig überforderte. Zu den ersten Sitzungen waren sie noch zusammen gekommen, aber später kam er nur noch allein, da seine Frau fand, er habe eine Therapie nötiger als sie.

»Hat es dir etwas gebracht, dass du professionell mit Menschen in Beziehungskrisen umgehst?«

»Nein, gar nicht. Ich bin in jede Falle getreten. Im Augenblick reden wir überhaupt nicht miteinander. Ich glaube, ich hasse ihn. Weil es so ein Klischee ist, mit einer fünfzehn Jahre jüngeren Tussi durchzubrennen. Und bei einem Scheidungsprozess um Geld gegen einen Anwalt weißt du vorher, worauf du dich einlässt. Jetzt will er wieder das volle Sorgerecht, weil er meint, ich vernachlässige die Kinder. Er kommt mir vor wie ein völlig fremder Mensch.«

»Und die Kinder? Wie gehen die damit um?«

»Eigentlich sehr gut. Kinder sind flexibel. Sie wollen nur, dass wir beide glücklich sind, sonst nichts. Ich denke, sie finden es keine wirklich gute Lösung, jede zweite Woche bei ihm zu sein, haben aber Angst sich zu entscheiden.«

»Oder findest du es keine gute Lösung?«

»Ich finde es furchtbar. Wenn er sie abholt, ist es jedes Mal, als würde mir das Herz aus dem Leib gerissen.«

»Das stimmt«, sagt er. Den Bierdeckel hat er in winzige Fetzen zerrupft. »Aber man gewöhnt sich daran. Trotzdem bleibt es … Ich sehe es vor mir, meine Kinder an einem Tisch mit diesem Mann, der den coolen Stiefvater heraushängen lässt … Das ist nicht der Traum, mit dem alles begann. Ich habe sie auf die Welt kommen sehen … Es ist auch als Vater nicht leicht.«

»Weiß ich. Aber sie kommen aus der Mutter. Ich weiß, dass sich das nicht sehr emanzipiert anhört, aber ich finde, Kinder gehören zu ihrer Mutter. Das hat die Natur so eingerichtet. Es ist eine leibliche Bindung.«

Bert verzieht das Gesicht. »So ein Unsinn! Es ist für mich doch auch jedes Mal wie eine Amputation, wenn ich sie wieder gehen lassen muss. Aber Keesje zieht jetzt in ein Studentenwohnheim in der Innenstadt, und Levi ist nächstes Jahr so weit. Dann ist endlich Schluss mit diesem Hin und Her.«

»Kinder gehören zu ihrer Mutter.«

Genau, Mam, aber wo bist du jetzt?

Ich klappe mein MacBook zu und drücke es an die Brust, als wohnte Mama gesund und munter in seinem Innern, diese Mutter, die über den Tod hinweg zu mir spricht. Ich wäre so gern bei ihr, ich kann sie fast riechen, ihre weichen Arme, das Haar, das mich an der Wange kitzelt, ihren Schlafgeruch, der mir noch vor Kurzem irgendwie muffig vorkam. Meine Augen jucken, in meinem Schädel hämmert es. Wo ist Mama? Wer hat ihr das angetan? Werde ich je wieder ein normales Leben haben? Darf ich Mees treffen? Darf ich noch Spaß an Sachen haben, sei es die Schule oder mit Freunden abhängen, darf ich überhaupt noch etwas anderes tun, als hier mit meiner Oma und Lauras Familie herumzusitzen? Und Luuk, der arme Luukie, er ist noch so klein, was soll jetzt aus ihm werden? Wenn ich nur schon alt genug wäre, um mit ihm in unser richtiges Haus zurückzuziehen, dann könnte ich mich um ihn kümmern statt dieser Bitch Laura. Ich weiß nicht, ob ich wach bin oder träume, aber plötzlich sehe ich vor mir, wie Laura meine Mutter in einer Badewanne unter Wasser drückt. Mamas Tod kommt ihr doch sicher gelegen, und stimmt es etwa nicht, dass Mama und Papa ohne sie noch zusammen wären? Dass das alles nie passiert wäre?

Ich erschrecke vor mir selbst. Es ist wie ein Sturz in die Tiefe, dann bin ich plötzlich hellwach, und mein Herz klopft wie verrückt. Ich greife nach meinem Kissen und gehe über den dunklen Flur zu Luuks Zimmer. Als ich zu ihm ins Bett schlüpfe, drückt er sich mit seinem warmen Hintern an mich. Ich küsse ihn aufs Haar, so wie Mama es gemacht hätte. »Mach jetzt aber nicht ins Bett«, sage ich.

13.

»Da ist ein Junge, der dich sehen will, Lies!«, ruft Papa. Ich bin in meinem Zimmer. Unten sitzen immer neue Leute in unbehaglichem Schweigen zusammen, für die Lauras Mutter pausenlos Brote schmiert. Mir kommt ihre »berühmte« Tomatensuppe mit Hackfleischbällchen jetzt schon zu den Ohren heraus, das ganze Haus riecht danach. Kim ist mit der Polizeibeamtin zu unserem Haus gefahren. Luuk darf jetzt in seinem eigenen Zimmer Videogames spielen, was Mama nie erlaubt hätte. Wammes liegt neben mir auf dem Bett.

Ich springe auf und schlüpfe hastig in meine gelbe Adidashose und das blaue Hoody. Meine Haare binde ich zu einem Knoten, zum Schluss trage ich etwas Lipgloss auf. Papa ruft zum zweiten Mal. Ich bin kreideweiß und habe dunkle Ringe unter den Augen. Ich laufe nach unten, und da steht er mit einem Blumenstrauß in der Hand. In der Jeansjacke sieht er fast noch besser aus. Mees lächelt flüchtig, aber dann scheint er irgendwie verlegen zu sein und wirft mir einen düsteren Blick zu. »Hey«, sagt er. Tränen schießen mir in die Augen, nicht nur aus Kummer, sondern auch aus Nervosität. Er umarmt mich und gibt mir einen Kuss auf den Nacken.

»Scheiße«, sagt er. »Es tut mir echt leid für dich.« Während ich nicke und die Blumen entgegennehme, vermeide ich krampfhaft seinen Blick. Keine Ahnung, wie das jetzt gehen soll. Ich bin gleichzeitig traurig und verliebt.

»Möchtest du Suppe?«, frage ich. Ich lege meine Hand in den Nacken, auf die Stelle, die er gerade geküsst hat und die jetzt wie Feuer brennt.

»Gern.«

Als wir das Wohnzimmer betreten, verstummen dort schlagartig alle Gespräche. Ich bin nicht in der Stimmung, um diesem neuen Schwung unbekannter Besucher die Hand zu schütteln. »Das ist Mees«, sage ich, und schon bahnen wir uns den Weg zur Kochinsel, wo Laura und ihre Mutter sich vor Anspannung gegenseitig vor die Füße laufen. »Können wir Suppe haben, bitte?«, frage ich. »Natürlich«, sagt Laura mit dem dünnen Stimmchen, das sie eigens für Kinder auflegt. Sie gibt Mees die Hand, und er kondoliert ihr zu ihrem Verlust. Danach zwinkert mir die blöde Zimtzicke zu!

Wir essen unsere Suppe auf meiner Bettkante.

»Fettes Haus«, sagt Mees.

»Ja«, sage ich, »aber ich mag das Haus meiner Mutter trotzdem lieber. Da fühlt man sich wohler.«

»Mütter sind besser darin, eine Wohnung richtig gemütlich zu machen. Meine hilft meinem Vater jetzt mit der neuen Einrichtung. Er zieht bald um.« Ich sehe, dass er rot wird.

»Sorry«, sagt er.

»Für was?«

»Dass ich jetzt von meiner Mam rede.«

»Ist schon okay.«

Wir schweigen eine Weile. Mees schiebt sich das letzte Fleischbällchen in den Mund. »Gute Suppe.«

Ich stelle meine volle Suppenschüssel auf mein Nachtschränkchen. »Es ist eine Scheißsuppe. Von Lauras Scheißeltern, die sich hier festsetzen.«

Ich habe nicht die Energie, um zu essen oder taff zu tun. Am liebsten möchte ich meinen Kopf in seinen Schoß legen und einschlafen, während er meine Haare streichelt.

»Ich glaube nicht, dass meine Mutter sich umgebracht hat«, sage ich und lasse mich aufs Bett zurückfallen.

Er bleibt unbequem auf einer Pobacke sitzen. Die leere Schüssel stellt er auf dem Boden ab.

»Das könnte ich auch nicht glauben«, sagt er.

»Aber ich kann es beweisen, glaube ich.«

»Hast du das auch der Polizei gesagt?«

»Ja klar, und meinem Vater, aber die hören nicht zu. Die denken: Verlassene Frau, ist bestimmt depressiv, Vater Selbstmörder, und Zugang zu gefährlichen Tabletten hatte sie auch. Punkt, fertig.«

»Meine Mutter hat gesagt, dass auch ein Brief gefunden wurde.«

»Der war total vage. Ich weiß genau, wenn sie sich wirklich hätte umbringen wollen, dann hätte sie uns viel persönlicher geschrieben. Und sie war ausgebildete Therapeutin, sie ist das genau deshalb geworden, um Leuten mit Selbstmordabsichten zu helfen. Weil sie durch ihren Vater wusste, was das mit Kindern macht!«

»Hey, ich glaub dir ja. Aber meine Mutter hat gesagt, dass es im Gehirn eine Art Kurzschluss geben kann. Wenn man so verzweifelt ist, dass man glaubt, es geht allen besser ohne einen. Es fühlt sich an wie eine Art dicker Nebel. Sie sagt, dass es eine Krankheit ist.«

»Deine Mutter kennt sich ja aus …«

Er merkt gar nicht, dass ich das sarkastisch meine. Ich beschließe, diesen schweren Dämpfer erst mal wegzustecken.

»Stimmt, aber sie redet natürlich auch viel mit Kim. Die ist ziemlich niedergeschlagen. Weil keiner es hat kommen sehen.«

»Sie ist ermordet worden, Mees, verstehst du? Ihr MacBook

und ihr iPhone wurden bereinigt. Sie war mit einem Typen zusammen, der sich *God* nennt.«

Er legt sich vorsichtig neben mich und faltet die Hände unter dem Kopf. Ich rieche eine Mischung aus Deo und Jungenschweiß.

»Niemand glaubt mir«, sage ich, überrascht, wie hoch meine Stimme klingt. Es kommt ganz von selbst, ich klinge irgendwie geziert und stelle mich dümmer, als ich bin; ich möchte klein und schwach erscheinen, damit er die Führung übernimmt.

»Ich glaube dir«, sagt er und dreht mir sein Gesicht zu. Wir schauen uns an. Eine andere würde ihn jetzt küssen, aber ich nicht. Ich bin wie erstarrt.

»Vielleicht kann ich mir Zugang zu ihrem MacBook oder Handy verschaffen«, sagt er.

»Wie denn?«

»So halt. Ich kann Sachen.«

Ich drehe mich auf den Bauch.

»Und vielleicht hat sie alles in der Cloud stehen. Hat sie nicht noch einen PC? Auf der Arbeit oder so?«

Ihr Büro. Daran habe ich noch keine Sekunde gedacht.

»Ich glaube, sie nimmt ihr MacBook immer mit.«

»Woher weißt du, dass er sich God nennt?«

»Bevor ihr MacBook bereinigt wurde, war mir eine Datei mit diesem Dateinamen aufgefallen, die konnte ich mir gerade noch selbst mailen. Und auf ihrem iPhone gab es zwei WhatsApps von *God*. Ich habe auch noch einen Ordner, der jetzt vierundzwanzig Stunden lang gesperrt ist, weil ich dreimal das falsche Passwort eingegeben habe.«

»Vielleicht sind die vierundzwanzig Stunden inzwischen vorbei?«

Ich richte mich blitzartig auf, schnappe mir mein MacBook und setze mich neben Mees.

»Die Passwörter und Geburtstage hast du alle probiert?«

»Drei, danach wurde der Account gesperrt.«

Er sitzt jetzt hinter mir.

»Es ist immer ein Datum, das für den, der es eingegeben hat, leicht zu merken ist. Versuch mal den Hochzeitstag.«

Ich gebe ihn ein. Falsch.

»Denk dir eine PIN, die du und Luuk nie erratet, aber die für sie ganz einfach zu merken ist.«

»Der Tag, an dem sie und God sich zum ersten Mal getroffen haben?«

»Kannst du rausfinden, wann das war?«

»Ich versuch mal den Geburtstag ihres Vaters.«

Ich tippe 81146. Falsch.

Letzter Versuch. Opas Todestag. Ich weiß ihn nicht auswendig. »Warte«, sage ich und renne nach unten.

Oma sitzt mit Luuk auf dem Schoß im Sessel. Sie blättern in einem alten Fotoalbum. Ihr Gesicht ist fleckig und gerötet. »Schau doch mal, Liebes, das war Mama mit euch, weißt du noch? Am Gardasee in Italien. Ich glaube, du warst drei und Luuk noch ein Baby. Es war so herrlich dort. Ich bin mitgefahren, um auf euch aufzupassen, damit eure Eltern hin und wieder abends ausgehen konnten. Ich dachte immer, da käme noch ein Kleines nach. Ich hätte auch gern mehr Kinder gehabt, weißt du das?«

Ich tippe ihr auf die Schulter. »Oma, an welchem Tag hat Opa sich umgebracht?«

»Mein Gott, Kind! Warum fragst du mich das plötzlich?«

»Weil ich daran denken musste. Und weil ich mich gefragt habe, wie alt Mama damals war.«

»Es war im Dezember. Ich habe ihn am frühen Morgen des 13. Dezember 1982 gefunden. In der Badewanne.«

Sie ist plötzlich aschfahl geworden.

»Wollen wir ein Stück mit Wammes spazieren? Frische Luft tut uns sicher gut, wir sitzen dauernd nur herum.«

Luuk signalisiert Zustimmung, indem er Omas Schoß verlässt, ohne ihre Hand loszulassen.

»Äh, Mees ist oben, um mich auf den neuesten Stand zu bringen wegen Schule und Hausaufgaben und so, also gehe ich eher nicht mit, wenn du's nicht schlimm findest.«

Sie streichelt meine Wange, dann fasst sie mich am Kinn. »Bitte versteig dich nicht zu sehr in Dinge, die dein Großvater und deine Mutter für sich entschieden haben. Bitte.«

Ich möchte sie trösten. Plötzlich weiß ich nicht mehr, was schlimmer für sie ist, eine Tochter, die sich das Leben nimmt, oder eine, die ermordet wurde. Und was finde ich schlimmer? Eine Mutter, die an einem stinknormalen Freitagabend beschließt, ihre Kinder allein zu Hause sitzenzulassen, um sich in der Badewanne eines leer stehenden Ferienhauses zu ertränken, oder eine, die heimlich ein Verhältnis mit einem Irren hatte und von ihm umgebracht wurde?

Wieder oben, gebe ich 131282 ein. Bingo.

Eine endlose Reihe von Fotos. Brüste. Meine Mutter mit halb geöffnetem Mund. Ihr Hintern. Meine Mutter auf allen vieren. Ein Penis (keine Ahnung von wem). Ein Video. Der Hinterkopf eines Mannes mit etwas schütterem Scheitel, der ihre Scheide leckt. Glaube ich zumindest, denn man sieht ja kein Gesicht. Wenn es möglich wäre, vor Scham zu sterben, wäre ich jetzt tot. Mees beißt sich auf die Lippen. Wir schauen uns nicht an, nur einmal sagt er »Heilige Scheiße«. Dann, nach einem sehr langen Schweigen: »Man sieht sein Gesicht nicht.«

»Nein, aber ihres.« Und ihren Körper, den ich bisher nie mit Sex in Verbindung gebracht habe, der mich und Luuk geboren hat. Denselben Körper, mit dem wir auf dem Sofa kuscheln; dieselben Hände, die uns getröstet und Umschläge gemacht und mit Salben eingerieben haben, Arme, in die wir uns flüchten konnten.

Er gehörte uns, dieser Körper, nicht ihm. Ich erkenne die Dehnungsstreifen an ihrem Bauch wieder, die kleinen, schon leicht hängenden Brüste, ihren Po, den sie in meinen String gezwängt hat. Das dünne Goldkettchen mit dem Herz, das Papa ihr mal geschenkt hat.

Ich klappe mein MacBook zu und möchte es am liebsten weit aus dem Fenster werfen. Ich will das alles nie mehr sehen und nicht mehr wissen.

»Aber … du glaubst also, dass das der Typ ist, mit dem sie zusammen war?«

»Nein, ich glaube, es ist der Postbote!«

»Du brauchst es nicht an mir auszulassen!«

Wir sitzen wie festgewachsen auf dem Bett, zerrissen zwischen unseren Gedanken und der Frage: Was jetzt? Wie konnte das alles unbemerkt bleiben? Mees möchte gehen, das weiß ich, aber er traut sich nicht. Ich habe ihn in etwas hineingezogen, mit dem er lieber nichts zu tun hätte. Unsere Hände schwitzen auf dem rosa Überwurf, der Suppengeruch verursacht mir Übelkeit. Das Bild will nicht mehr weggehen: Mama, wie sie mit halb gesenkten Augenlidern den Hintern in die Luft reckt, darüber noch hübsch ein Filter, um die Falten zu entfernen.

»Dass alte Leute das auch machen«, sagt Mees. Aber ich weiß, was er denkt: Meine Mutter nicht, die ist nicht so verrückt.

»Warum nicht«, sage ich taffer, als ich es empfinde. »Die mögen Sex genauso.«

Ich fange an zu weinen. Mees legt unbeholfen den Arm um mich. Es wäre lächerlich unpassend, ihn jetzt zu küssen.

»Ich erzähl es niemandem weiter, versprochen«, sagt er. Ich hänge wie ein nasses Handtuch an ihm.

»Wenn du willst, kann ich mir die Bilder alle noch mal anschauen. Vielleicht gibt es einzelne Screenshots, die uns noch mehr Informationen geben können.«

»Nein. Wenn überhaupt, dann mach ich das. Ich will nicht, das du dir das noch mal ausführlicher anschaust.« Ich mache mich aus der unbequemen Umarmung los.

»Aber du könntest mir helfen, einen Tinderaccount zu erstellen.«

Er hält mir die flache Hand hin, und ich klatsche ihn ab. »Fett.«

»Wir brauchen Fotos von jemandem wie Mama.«

»Ich hab Fotos von meiner Mutter ...«

»Oh my God, nein! Stell dir vor, ihr Freund merkt das.«

»Dann nehmen wir allgemeine Bilder, die aussehen wie alle anderen auf Tinder: lange Haare, Sonnenbrille, Füße am Rand eines Swimmingpools mit einem Glas Wein. Es geht nur darum, ihn zu finden.«

»Und dann verabreden wir uns mit ihm.«

Ich weiß nicht, ob ich es gut oder blöd finde, dass Mees jetzt plötzlich beteiligt ist. Ich habe ihn gefriendzoned, obwohl ich in ihn verliebt bin. Aber mein Kummer lässt anscheinend keinen Platz mehr für Liebe, ich habe keine Lust, mich darum zu bemühen, und gleichzeitig ein Schuldgefühl, weil ich daran denke. Es geht um Mama, und um die Wahrheit. Ich will zu ihr, ich will weiterlesen.

»Du bist müde, oder?«, sagt Mees.

Ich nicke.

»Dann gehe ich besser mal.«

Wir stehen auf. »Schickst du mir die Bilder?«

»Wann erstellen wir das Profil?«

»Wenn du mir ein paar Bilder schickst, erstell ich es heute Abend.«

»Machen wir das nicht zusammen?«

Ich habe Angst, dass er die Kontrolle ganz übernimmt. Jungs tun das unbewusst, sie werden so erzogen. *Nimm das Heft in die Hand. Sei der mit dem Überblick.*

»Du wolltest doch, dass ich dir mit dem Profil helfe …«

»Entschuldige, aber ich glaube, so schwierig ist das auch wieder nicht.«

»Schon okay. Seltsam.«

Er hat recht, ich bin seltsam, aber es ist zu verwirrend, ihn um mich zu haben. Ich mache mich hilfloser, als ich bin; meine Stimme verändert sich, mein Körper erschlafft, alles verschwindet in einem Nebel des Verlangens.

»Entschuldige«, wiederhole ich und küsse ihn endlich auf den Mund. Ohne Zunge. Als wir uns loslassen, hoffe ich, dass er auch so versteht, was ich nicht sagen kann.

14.

Heute Abend sehe ich God.

Ich weiß, es ist eine Art Spiel, es ist falsch, und mit der richtigen Einstellung fände ich ihn wahrscheinlich einen schrecklichen Wichtigtuer. God hat bis heute weder seinen richtigen Namen aufgedeckt noch Bilder von seinem Gesicht gepostet. Ich habe noch niemandem von diesem Date erzählt, weil ich keine Lust auf besorgte Reaktionen habe; ich möchte nicht gezwungen sein, meinen Verstand einzuschalten und diesem Mann von vornherein mit Misstrauen zu begegnen. Ich will Abenteuer, berührt werden, Sex. Ich will endlich einen Grund haben, um aus der Hölle meines gebrochenen Herzens hervorzukriechen. Ich will wieder Spaß am Leben haben, mich wieder als Frau fühlen, jung, begehrenswert, selbstbewusst. Dafür sorgt fürs Erste God.

Ich setze gerade den Fuß in die Dusche, als er seine Nachricht schickt.

Soll ich dich abholen? Anbei meine Nummer: 06-32930567. Bis dann, freu mich, X

Abholen? Puh, unheimlich! Aber auch galant. Oder peinlich: Wenn ich ihm nun öffne und er enttäuscht ist? Und warum fällt mir ausgerechnet dieses Szenario als Erstes ein? Ich kann doch auch von

ihm enttäuscht sein. Wenn er sich als geiler Bock entpuppt. Ich sehe es geradezu vor mir: Ich öffne, er drängt sich ins Haus und vergewaltigt mich gleich in der Diele.

Wer sich von Angst leiten lässt, ist schon tot. Sagte ich das nicht erst gestern zu einem Klienten?

Ich speichere seine Nummer und schicke ihm eine WhatsApp, dass er mich gerne abholen kann, und dazu meine Adresse.

»Du hast gerade einem Unbekannten deine ganzen Daten geschickt und ihn zu dir nach Hause eingeladen. Einem Mann, der nichts von sich preisgibt.«

Das sage ich mir selbst.

Aber ich habe doch auch seine Nummer?

»Eine Nummer bedeutet doch heutzutage gar nichts mehr. Eine SIM-Karte ist schnell gewechselt. Du machst alles falsch.«

Immer mit der Ruhe. Ich kann mich auf meine Intuition verlassen. Wenn ich mir nicht sicher bin, steige ich nicht zu ihm ins Auto.

»Du würdest auch noch bei Ted Bundy einsteigen. Hinterlass wenigstens seine Nummer oder die Adresse, wo ihr hingehen wollt.«

Stell dich nicht so an! Es ist nur ein Date. Kim werde ich davon erzählen, wenn etwas daraus wird. Ich habe keine Lust auf ihre Kommentare: »Ach, bist du schon so weit? Wie war das Treffen? Wann hast du wieder eins? Warum triffst du ihn dort und nicht woanders? Habt ihr euch geküsst? Hat er dir danach geschrieben? Hast du Schmetterlinge im Bauch? Werdet ihr euch wiedersehen?«

»Kim ist deine Freundin. Du erzählst ihr nur deshalb nichts, weil du mal wieder alles im Alleingang machen musst.«

Kim ist eine kritische Person, die immer alles besser weiß. Manchmal habe ich regelrecht Angst vor ihr. Wie die Männer, die sie ein ums andere Mal verlassen.

»Wie kannst du nur so von deiner besten Freundin denken?«

Kim und ich wurden durch die Männer, die uns haben sitzen

lassen, zueinander verurteilt. Peter hat alle netten und interessanten Freunde mitgenommen.

»Du möchtest Kim erst davon erzählen, wenn du den Kerl an der Angel hast und sie damit übertrumpfen kannst. Du bist so fies zu den wenigen Leuten, die noch an deinem Leben Anteil nehmen.«

Ich beschließe, das Ganze als Übung zu betrachten. Eine Übung in Vertrauen und im Loslassen von Ängsten. Ich rasiere mir in der Dusche die Achseln, Beine und den Schambereich. Gegen Ende der Beziehung mit Peter ließ ich mein Schamhaar einfach wachsen. Vordergründig, weil ich fand, er müsse mich nehmen, wie ich bin. Warum sollte immer ich mich bemühen, unsere Ehe aufrechtzuerhalten? Aber die Wahrheit war, dass er mich sowieso nicht mehr anfasste oder auch nur ansah. Das eine Mal, als ich mich zu einer Intim-Komplettrasur entschlossen hatte und ihn im Bett in einem roten Spitzenset erwartete, lachte er nur und fragte: »Was wird das?«

»Ich verführe dich«, sagte ich. Peter flüchtete ins Bad und rief, so aufgesetzt gehe das nicht. Es war das allerletzte Mal, dass ich mich abweisen ließ. Gesprochen haben wir nicht darüber. In meiner Praxis besuchten mich jeden Tag Paare, denen ich erklärte, sie sollten miteinander reden, und denen ich Übungen im Kommunizieren erteilte. »Wenn er wieder wütend auf Sie ist, versuchen Sie, ihn sich als Kind, als kleinen Jungen vorzustellen. Spüren Sie, wie Sie weich werden. Und machen Sie sich klar, dass seine Wut nichts mit Ihnen zu tun hat, sondern mit einem alten Schmerz, der neu aufgerührt wurde. Vereinbaren Sie miteinander, dass Sie erst dann weiterreden, wenn die schlimmsten Ohnmachtsgefühle abgeklungen sind, zum Beispiel ›morgen beim Kaffee‹. Nie beim Wein oder Bier, nie nachts, nie, wenn eigentlich keine Zeit ist, nie, wenn die Kinder dabei sind, und nie über andere.«

Peter und ich haben diese Fehler die ganze Zeit gemacht, jeden einzelnen.

Ich drehe meinen unabgetrockneten Körper vor dem Spiegel. Das Haar auf meiner Vulva bildet einen winzigen Landestreifen. Ein rundes Bäuchlein mit Dehnungsstreifen, volle Hüften, ein kräftiger Hintern (aber das sei jetzt Mode, sagt Lies), kleine, schlaffe Brüste, die ich, sobald ich es mir leisten kann, liften und vergrößern lassen möchte, und im Verhältnis etwas zu schmale Schultern. Ich bin nicht schön und nicht hässlich, ich bin irgendwo in der Mitte. Manche Frauen würden morden, um meine Figur zu haben, während andere sich abstrampeln und am Tag gerade eine halbe Karotte essen, um bloß nicht zu werden wie ich. Die Frage ist: Was sieht God in mir? Ich sprühe Deo unter meine Achseln und registriere, dass sogar die allmählich faltig werden. Ich muss aufhören, mich selbst so negativ zu sehen. Sonst sage ich unser Treffen noch ab und ziehe mich wieder heulend und Chips essend aufs Sofa zurück. Ich bin okay. Ich sehe wunderbar aus, und außerdem bin ich eine Meisterin darin, mehr aus etwas zu machen, als es ist.

Was will ich heute Abend ausstrahlen? Ich stehe vor dem Kleiderständer, der wahllos mit allem Möglichen vollgehängt ist. Handtücher, Sportkleidung, etliche alte, zu Nachthemden umfunktionierte T-Shirts. Hätte ich nur eher gewusst, dass er mich abholen möchte. Ich sehe jetzt nicht nur mich selbst, sondern auch das Haus mit seinen Augen. Augen, die ich noch nicht mal kenne, aber die bereits ihr Urteil über mich fällen. Schlampe. Unhygienisch. Unbehaglich. Chaotisch. Ich kann mich jetzt schon nicht genug entschuldigen. »So bin ich nicht immer; du solltest mich sehen, wenn die Kinder bei mir sind.« Ich rede schon mit ihm.

Ich habe ein hohles, nervöses Gefühl; heißt das, dass er der ist, den ich mir wünsche, oder gerade nicht? Im Radio lief »The Day Before You Came« von ABBA, da dachte ich kurz, es sei ein Zeichen. Haha, genau, ein Zeichen für meine durchgeknallte Fantasie. Nur gut, dass ich noch niemandem von ihm erzählt habe. Sie würden mich auslachen und um meine geistige Gesundheit fürchten.

Über meine lila Spitzen-Unterwäsche ziehe ich die rote Hippie-Bluse aus Seide mit aufgestickten Goldblümchen, ein Geschenk meiner Mutter nach dem Urlaub auf Ibiza. Es ist keine echte Seide, sondern ein synthetisches Material, in dem man schnell schwitzt, aber dafür ist die Wirkung ziemlich gewagt. Darunter meine Schlagjeans mit hoher Taille, die so schön schlank macht, nur dass ich leider oft mit dem Hacken darin hängen bleibe, vorzugsweise auf Treppen. Deshalb die spanischen Stiefel. Ich besitze sie seit über zwanzig Jahren, und jetzt sind sie plötzlich wieder »in«. Nichts wegwerfen zu können hat eben auch Vorteile. Ich hänge mir ein paar von Lies' Goldkettchen um den Hals, föhne mein Haar mit der Rundbürste (Hippie-Schick) und schminke mich möglichst natürlich. »Clean face«, der »No-Make-up Make-up-Look«. So aussehen wie man selbst, indem man so wenig wie möglich man selbst ist. Also: nicht zu gierig, zu auffällig sexy, zu verzweifelt.

Ich gehe hinunter und überlege flüchtig, ob ich den Mantel anziehen soll, damit wir nachher gleich los können, oder ob ich Kerzen anzünden, Wein einschenken und ihn auf ein Glas hereinbitten soll. Ich entscheide mich für Letzteres, auch weil es weniger desperat wirkt. Ich bin einfach bei mir zu Hause, habe meine Kleidung zufällig übergeworfen und sitze entspannt mit einem Buch und einem Glas Wein im Sessel. In solchen Momenten wünschte ich, ich würde noch rauchen.

Sieben Uhr. Ich gieße mein zweites Glas Weißwein ein. Habe ich etwas zum Knabbern im Haus? Irgendwo hinten im Schrank, in dem Weihnachtspaket, das Peters Kanzlei mir aus irgendeinem Grund immer noch schickt. Zur Sicherheit stelle ich auch die Flasche Cava kalt. Im Flur zeigt mir der Spiegel, dass meine Frisur schon wieder völlig zusammengefallen ist. »Lass endlich das Gejammer«, sagt Kim, »die Männer finden dich attraktiv, du siehst gut aus, gerade für dein Alter. Soll ich dir sagen, was hässlich macht? Unsicher-

heit. Na los: Brüste raus.« Ist es normal, so viele Stimmen im Kopf zu haben?

Ich husche durchs Zimmer, spiele einen Song aus einer zufälligen Wiedergabeliste, verschiebe Kissen, hebe Schuhe auf, die schon drei Tage unter dem Sofatisch liegen, wechsle den Song, zünde eine Duftkerze an, weil ich plötzlich finde, dass es hier stinkt, während ich mir tröstend zurede, dass eine Viertelstunde Verspätung völlig normal ist. Es ist Stoßzeit, natürlich. Ich schäme mich für alles, was ich mir vorgestellt hatte. Woher nehme ich nur immer diese Illusionen? Die Hoffnung? Warum mache ich mich so verrückt? Ich will überhaupt keine Beziehung, ich kann es den Kindern auch nicht antun. Sie mussten schon so viel durchmachen, wir haben ihnen so geschadet. Ich überlege, ob ich ihm absage. »Sorry, ich habe mich geirrt.« Gerade als ich mir das dritte Glas einschenke, klingelt es an der Tür. Mir rutscht das Herz in die Hose. Ich nehme einen großen Schluck, bin schon halb betrunken. Er kommt zwanzig Minuten zu spät, wofür es sicher einen guten Grund gibt. Ich werfe einen letzten, prüfenden Blick in den Spiegel, rufe Wammes zu, dass er still sein soll, dann öffne ich die Tür – mit dem Lächeln einer Wahnsinnigen, vermute ich.

Da steht er mit einer schwarzen Baseballkappe auf dem Kopf und lächelt ebenfalls. God. Wammes bellt und weicht zurück. »Er tut nichts«, sage ich und danach: »Hallo, God.«

»Godfried«, sagt er lächelnd und gibt mir einen Kuss auf die linke Wange.

Wir stehen zusammen in der Türöffnung. Mein Rücken ist schweißnass.

»Entschuldige, ich bin spät dran. Der Verkehr …«, sagt er.

»Macht nichts«, sage ich. »Möchtest du erst hier einen Wein trinken oder gleich los?«

»Mein Uber ist schon weg …«

»Also Wein«, sage ich und gehe vor ihm her ins Haus und ins Wohnzimmer. »Nimm doch bitte Platz.« Ich weiß nicht, warum ich

plötzlich so förmlich klinge, warum ich eine tiefe Angst in mir aufsteigen spüre, oder vielleicht verwechsle ich Aufregung mit Angst, zumindest spüre ich überhaupt etwas, was mir die anderen Male nicht so ging. Er betritt hinter mir die Küche. Ich betrachte den dort herumliegenden Krempel mit seinen Augen.

»Wie gemütlich«, sagt er und grinst.

Ich nehme ein Glas aus dem Küchenschrank. »Trinkst du Weiß oder Rot?«

»Einfach Wasser.«

»Okay.«

»Ich habe es gern möglichst roh.«

»Roh?«

»Echt. Unverblümt. Die nackte Wahrheit. Das ist mein Vorsatz für dieses Jahr. Nichts beschönigen.«

»Interessant.« Ich nehme auch Wasser.

»Tu dir keinen Zwang an, Schatz.«

Er hat immer noch die Kappe auf dem Kopf. Er trägt eine schwarze Jogginghose, Nikes, ein weißes T-Shirt und darüber eine schwarze Jacke mit Reißverschluss. Um den Hals die kabellosen Kopfhörer von Dr. Dre, die ich erkenne, weil sie ganz oben auf Lies' Wunschliste stehen. Seine Zähne sind fast zu weiß. Er grinst erneut. Als ich ihn ansehe, fängt er an zu pfeifen. Er ist seltsam. Ich weiß nur noch nicht, ob es eine angenehme Seltsamkeit ist.

»Jet«, sagt er und lässt sich auf den abgewetzten Ikea-Sessel fallen, der in der Küchenecke steht. Er hängt die Beine über die Lehne, dann nimmt er die Kappe ab. Dunkelblond, haselnussbraune Augen. Das Haar am Scheitel schon gelichtet, was die Kappe erklärt. Seine Art, sich zu bewegen, erinnert mich an Mick Jagger. Er zieht eine Zigarette aus der Jackentasche. »Du bist Psychologin.«

»Ja.« Mein Mund ist trocken geworden, und ich nehme einen Schluck aus meinem Wasserglas.

»Was denkst du: Hat der Mensch einen freien Willen?«

Er steckt sich die Zigarette zwischen die Lippen.

»Brauchst du Feuer?«, frage ich.

»Nein, ich rauche nicht. Aber zurück zu meiner Frage. Hat der Mensch einen freien Willen?«

Was für eine seltsame Frage.

»Ich denke schon«, antworte ich und versuche unwillkürlich, ihn mit meinem Wissen zu übertrumpfen. »Wir werden zwar von unbewussten Absichten gelenkt, von Gehirnaktivitäten außerhalb unseres Bewusstseins, aber letzten Endes handeln wir, zumindest wenn wir geistig gesund sind, bewusst, wenn wir Entscheidungen treffen, die unser eigenes oder das Leben anderer Menschen beeinflussen könnten. Obwohl diese Entscheidungen gleichzeitig auch mit unserer Kultur, Erziehung, unserer Peer-Gruppe und allerlei Sozialstrukturen zu tun haben.«

»Interessant.«

»Ich nehme an, dass du aus freiem Willen nicht trinkst, so wie du auch die Zigarette aus freiem Willen nicht anzündest?«

»Aber die Frage ist doch: Trinkst du selbst aus freiem Willen? Hast du mich aus freiem Willen hierher eingeladen?«

»Es gibt unterschiedlichste Gründe, warum ich ein Glas Wein trinke, Gründe, die – das stimmt – nicht alle von meinem freien Willen abhängen.«

»Zum Beispiel?«

»Nervosität. Gewohnheit. Sucht, vielleicht.«

Er steht auf, sieht mich lange an, zeigt auf mich und fängt laut zu lachen an.

»Dein Gesicht! Du fragst dich wahrscheinlich, welchen Mongo du in dein Haus gelassen hast.«

Ich bin gleichzeitig abgestoßen und fasziniert. »Die Bezeichnung ›Mongoloider‹ gebrauchen wir schon seit Langem nicht mehr. Genauso wenig wie ›Idiot‹.«

Er kommt näher, während er mich weiter amüsiert anstarrt.

»Komm schon, Bohnenstängelchen, wir gehen essen. Entspann dich, hopp, einatmen, ausatmen.« Er legt die Hände um meine Wangen und pustet mir ins Gesicht; sein Atem riecht gut. Danach zieht er das Handy aus der Tasche, um ein Uber zu rufen.

»Du und ich, wir fliegen aus!«

Wir fahren in die Stadt. Ich kenne noch nicht einmal seinen Nachnamen.

»War das dein Hund?«, fragt er plötzlich.

»Ja, Wammes. Ich habe ihn angeschafft, nachdem Peter, mein Ex-Mann, ausgezogen war. Zum Trost für die Kinder.«

»Und für dich, nehme ich an, mit deinem freien Willen.«

»Und für mich. Ein bisschen Bewegung; ein warmes, atmendes Lebewesen im Haus, für wenn die Kinder nicht da sind.«

»Zum Glück keine Katzen, die hasse ich.«

Es tritt eine Stille ein. Er sitzt mit geschlossenen Augen neben mir, hat die Hände vor dem Mund gefaltet. Ich weiß noch nichts über ihn, nur dass er nicht an den freien Willen glaubt.

»Wo fahren wir eigentlich hin?«, frage ich. Ich halte Schweigen nicht gut aus.

»Überraschung.«

So kindlich, wie er bei mir zu Hause wirkte, so alt und müde kommt er mir jetzt vor.

»Weißt du, wie seltsam es ist, dass ich bei einem völlig Fremden eingestiegen bin, ohne zu wissen, wo wir hinfahren.«

»Du bist aus freiem Willen eingestiegen.«

Das Taxi hält vor dem Hotel Okura. God steigt aus, geht um das Auto herum, öffnet meine Tür und hilft mir beim Aussteigen. Noch nie habe ich so weiche Hände auf der Haut gefühlt. Es sind Hände, die nicht arbeiten, noch nie mit heißem Spülwasser oder Scheuermittel in Berührung gekommen sind. Er zieht mich zu sich, und ich kichere, keine Ahnung, ob vorgetäuscht oder echt, aber ich bin beeindruckt.

Der Pförtner nennt ihn »Mister Fred«. Die Mädchen an der Garderobe glucksen hinter vorgehaltener Hand, als sie ihn sehen. Wir betreten den Aufzug. Er drückt auf den obersten Knopf.

»Die Twenty Third Bar ist dir doch recht?«, fragt er.

»Aber ja.« Ich kann mir das nicht leisten. Ich habe Angst, eine Langweilerin zu sein, wenn ich es sage. Mein früheres, mutiges Ich hätte sich einfach die Rechnung geben lassen, aber das hat mich oft in Schwierigkeiten gebracht, gerade mit Peter. »Eine Avocado zwei Euro neunzig, das ist Wahnsinn! Weißt du, wie diese Avocado enden wird, Jet? Ich sag's dir: als brauner, ungenießbarer Abfall.« Ich kaufte mir Stiefel für fünfhundert Euro und trug sie in einer Einkaufstasche von Zara nach Hause, die Fleisch- und Wurstwaren von Van Dam und das Brot von Fournil verstaute ich in anderen Tüten. Meine Mutter hatte dieselbe Angewohnheit, nur andersherum. Die Aldi-Marmelade füllte sie in Gläser mit handgeschriebenen Etiketten, und sie ging nie ohne eine Einkaufstasche von Albert Heijn aus dem Haus. Inzwischen hat sich das Thema für mich erledigt. Mein Girokonto ist drei Viertel des Monats überzogen. Lass dich nie von einem Anwalt scheiden oder noch besser, heirate nie einen!

An der Bar, wo der Barkeeper ihn ebenfalls erkennt, bestellt God einen Gin-Tonic mit Hendricks, Fevertree Tonic und Gurkeneiswürfeln.

»Mochtest du es nicht am liebsten roh?«, sage ich.

Er grinst. »Doch, aber auf dem Weg hierher habe ich mich anders entschieden. Ich will Betäubung!«

Ich ahne allmählich, dass God alle Register ziehen wird, um zu beweisen, dass der freie Wille nicht existiert. Darum bestelle ich nicht dasselbe wie er, sondern etwas Kompliziertes von der Karte, einen Old Fashioned.

»Sieh mal an, wer da im Trend liegt.«

Als die Getränke endlich fertig sind, stoßen wir an.

»Auf dich, Jet …«

»Verschoor«, sage ich.

»Sehr erfreut, dich kennenzulernen. Godfried van der Duin.« Er gibt mir die Hand, und ich speichere seinen Namen im Gedächtnis.

»Möge das Treffen beginnen.«

Der Old Fashioned entpuppt sich als Whiskey pur mit einem Spritzer Soda und einer Orangenschale.

»Steifer Drink«, sagt God stirnrunzelnd, und ich pruste los.

»Entschuldige. Ich hatte offen gestanden keine Ahnung, was ein Old Fashioned ist. Anscheinend ist es eine Art legales GHB.«

God lacht so laut, dass sich die anderen Gäste nach uns umdrehen.

»Schmeckt dir nicht! Hahaha. Ich will auch so was. Hugo, mach mir einen Old Fashioned. Legales GHB, ich will es!«

Ich möchte ihn so viel fragen, aber bekomme nicht die Gelegenheit dazu. God will über Psychologie reden.

»Hör mal, die Standardgeschichten haben wir doch beide oft genug gehört. Kinder, Arbeit, Hobbies, Scheidung, Träume … Als würde es irgendjemanden interessieren, welche Hobbies ich habe. Oder wie deine Kinder aussehen. Ich habe keine Kinder; aber eines Tages möchte ich eins. Okay, fein! Ich weiß aber noch nicht«, sagt er und pocht mit dem Finger an meine Stirn, »was in diesem Köpfchen steckt. Was macht dich zu einer guten Psychologin? Ich studiere übrigens selbst auch Psychologie.«

»Online?«

»Ts ts! Offiziell, an der Amsterdamer Uni. Und ich bin nicht mal der Älteste. Aber gut. Was hältst du von mir? So als Psychologin?«

Ich lache auf. Mein Kiefer ist wie gelähmt, meine Zunge dick wie eine Nacktschnecke.

»Hugo, bring uns noch zwei von diesen hier.«

»Nein«, rufe ich lauter als beabsichtigt. »Bitte, ich hab jetzt schon einen Rausch. Ich nehme ein Bier.«

Ich schaue ihm direkt in die Augen, die jetzt grün sind. Das eine Auge ist kleiner als das andere. Er riecht nach einem sündteuren

Aftershave, das wiederum nach Holz und Weihrauch duftet. Es gefällt mir, dass er breite Schultern hat.

»Als Psychologin sage ich meinen Klienten nie, was ich von ihnen halte. Ich höre ihnen zu, beobachte sie und versuche, sie selbst die Antworten finden zu lassen, die für sie richtig sind.«

»Trotzdem hast du eine Meinung über sie.«

»Nicht immer.«

»Aber du schreibst doch etwas in ihre Akte? Was würdest du in meine schreiben?«

»Puh, wir kennen uns doch erst eine Stunde …«

»Genau so lange dauert ein Anamnesegespräch. Sag schon!«

»Großer Gott, ich habe Hunger, habe getrunken, und überhaupt könnte ich das nur, wenn wir wirklich ein solches Gespräch geführt hätten.«

Wieder erklingt sein seltsames hohes Lachen. »Boah, du bist witzig, weißt du das?«

Ich lächle. Ich bin vieles, aber nicht witzig. Es ist zumindest lange her, dass mich jemand witzig gefunden hat.

»Okay. Hugo, können wir hier an der Bar ein paar Sushi essen? Denn was hier geschieht, ist ein Wunder. Hör zu, ich halte ab sofort die Klappe, und du erzählst mir, was in meine Akte käme. Die rote Pille. Knallhart.«

»Also ist das hier keine Tinder-Verabredung, sondern eine psychologische Beratung?«

Er starrt mich unverwandt an. Dann schließt er die Augen und macht eine Na-los-Geste mit der Hand.

»Ähm, Augenblick.«

Der Barmann, Hugo, stellt ein Bier vor mich auf den Tisch.

»Das hier ist inoffiziell, und du darfst es nicht gegen mich verwenden.«

Er nickt.

»Ich denke, ich würde schreiben, dass du dein Gegenüber gerne

verunsicherst. Du spielst den Clown, um von dir selber abzulenken. Gleichzeitig beschäftigt dich, was andere Leute von dir denken, auch wenn dich, so vermute ich, diese Leute selbst nicht wirklich interessieren. Menschen sind für dich ein Mittel, um mehr über dich selbst zu erfahren. Es ist schwer zu raten, welches Problem dich hierher geführt hat, denn obwohl du überdeutlich Hilfe suchst, gibst du nichts von dir preis. Vielleicht suchst du jemanden, den du bewundern kannst, der dir sagt, was du tun musst, wie eine Art Lehrer. In diesem Sinne bist du, denke ich, extrem verletzbar und machst es dir schwer. Du willst führen, willst aber zugleich geführt werden. Ich hoffe, dass du dich nächstes Mal weiter öffnest, damit ich mehr für dich tun kann.«

Ich trinke einen Schluck Bier. Er sitzt unbeweglich auf dem Barhocker, die Augen geschlossen.

»Heilige Scheiße.« Er fährt sich mit den Händen durchs Haar. Er versucht, die schüttere Stelle mit seinen herunterhängenden Haaren zu bedecken.

»Wow! Du bist gut. Ich habe übrigens keine psychischen Probleme mehr, aber das ... also du sprichst wirklich von der Person, die ich mal war. Aber jetzt bin ich in Hochform. Ich meditiere, gehe ins Sportstudio, studiere, lese jede Woche ein Buch.«

»Ich nehme an, du bist auch oft müde.«

»Das stimmt, ja.«

»Weil du ständig versuchst, perfekt zu sein. Dir solche Mühe gibst.«

Die Nummer ist todsicher. Jeder sagt darauf »Ja«. Auch Leute, die den Gang zum Supermarkt »Sport« nennen, ihren Job eine »Karriere« und die als Hobby angeben »Netflix schauen«. Ich würde auch Ja sagen.

Eine bildschöne Japanerin stellt eine große schwarze Platte mit Sushi und Sashimi vor uns auf den Tisch.

»Ich weiß noch nicht, wie ich dich will«, sagt er. »Als Psychologin oder als Geliebte. Geht auch beides?«

Ich lache, weil es so unglaublich schamlos ist, so etwas zu sagen.

»Oder bist du jetzt beleidigt?«

Ich schüttle den Kopf. Ich sage ihm nicht, dass ich seine derbe Schamlosigkeit wider besseres Wissen sexy finde und mich zum ersten Mal seit Monaten, vielleicht Jahren, lebendig fühle. Dass ich nicht eine Sekunde an meinen Ex, meine Kinder, meine Schulden, meine Einsamkeit denke.

Sein Körper ist eine Art Magnet, von dem ich mich zunehmend angezogen fühle, obwohl ich gleichzeitig weiß, dass ich in Gefahr bin. Ich kenne mich. Ehe ich's mich versehe, liege ich ihm zu Füßen, breite mich als Läufer vor ihm aus und bin noch dankbar, wenn er auf mir herumtrampelt.

»Du suchst also auf Tinder Hilfe?«

Er lehnt an der Bar, stützt das Kinn auf eine Hand und lächelt. Mit der anderen Hand nimmt er ein Stück rohen Lachs, tunkt es in die Sojasauce und schiebt es sich in den Mund. Er schmatzt mit den Lippen und leckt sich danach die Finger. Er benimmt sich wie ein Zehnjähriger.

»Provoziert gerne«, sage ich. »Das käme auch noch in deine Akte.«

»Jetzt bin ich dran«, sagt er.

Mein Herz beginnt zu pochen.

»Ich finde, du bist sehr süß, sehr lieb.«

Mir schießen Tränen in die Augen, aber ich blinzle sie weg. Es ist sehr lange her, seit ein Mann mich süß nannte.

»Aber darunter, unter diesem Panzer aus Liebenswürdigkeit, bist du furchtbar wütend. Ungefähr hier«, seine Finger drücken leicht auf mein Zwerchfell, »hier sitzt es. Darum ziehst du die Schultern so nach vorn, weil du die ganze Wut zurückhalten musst. Du wirkst ganz entspannt, aber in deinem Köpfchen rast es pausenlos. Die ganze Zeit: ›Habe ich es gut gemacht? Wer will mich jetzt wieder fertigmachen?‹ Du bist auf der Hut. Enttäuscht. Du denkst zu viel

und fühlst zu wenig. Du hast Angst, dass dein Leben schon vorbei sein könnte. Du bist gierig, aber nicht mutig. Du hast viel zu geben, aber spürst, wie dir das Leben entgleitet, spürst deinen vergeudeten Körper, deine vergeudete Weiblichkeit.«

Tränen laufen mir über die Wangen. Er spricht in Klischees, und wahrscheinlich sitzt er jede Woche an dieser Bar, mit Hugo als Ansprechpartner und jedes Mal einer anderen Frau. Und doch trifft mich sein Gerede tief, denn es stimmt. Ich lebe, aber bin schon tot. Ich bleibe in Bewegung, weil ich meine Kinder liebe, aber wenn sie fort sind, liege ich in meinem Grab und warte, bis sie mir wieder Luft und Wärme einhauchen. Und wenn sie in ein paar Jahren aus dem Haus sein werden, bin ich ihretwegen verpflichtet weiterzuleben. Ich sehe meine Zukunft als eine trockene Wüste vor mir, in der ich ganz allein herumirre, um ab und zu im Schatten eines erwachsenen Kindes zu rasten.

God nimmt mein Gesicht in die Hände und leckt meine Tränen auf.

Meine Augen brennen vor Müdigkeit, aber ich kann noch nicht aufhören. Solange ich lese, ist Mama am Leben. Ich will sie so lange wie möglich bei mir behalten. Ich weine, wie sie geweint hat. Über ihre Einsamkeit und die jämmerliche Art, wie sie sich an diesen Deppen klammert. Und weil ich das alles lesen muss, während ich genau weiß, wie sie es hassen würde. Hat sie die Heimlichkeit dieser Beziehung genossen, oder vertraute sie wirklich niemandem mehr aus ihrem Umfeld? Wollte sie sterben? Das bleibt die Frage, die die Atmosphäre in diesem Haus so drückend macht, dass man kaum noch atmen kann. Jemand unter uns hatte keine Lust mehr zu leben, und keiner hat es gemerkt. Dieser Godfried ist verrückt, jedes Kind würde das sehen. Auf sein idiotisches Gerede hereinzufallen ist auch Selbstmord, nur eben ein sehr langsamer.

»Vielleicht ist er gar kein Depp, Lies, hast du daran schon mal gedacht?«

Ich höre sie es sagen, wenn sie ihn uns eben doch irgendwann vorgestellt hätte. Aber die Tatsache, dass sie es nicht getan hat, sagt mir genug.

15.

Warten: Das ist es, was wir tun. In einem unwirtlichen Haus, das nach Lilien und Blumenwasser stinkt und wo Wammes den ganzen Tag leise fiept, Luuk mit seiner Konsole von dem Fernseher sitzt und Laura im Versuch, es allen recht zu machen, immer neurotischer hin und her dackelt. Heute Nacht hörte ich sie wieder streiten. Oma hat sich ein Zimmer in einem nahe gelegenen Hotel genommen, weil es sich nicht »in Ordnung« anfühlt, bei Peter und seiner neuen Freundin zu Hause zu übernachten. Ihr Platz wurde von Lauras Mutter eingenommen, die schon genauso übereifrig Oma spielt wie Laura Mama. Ich sei ihre »Bonusenkelin«, sagte sie beim Tischabräumen und wollte mir über den Kopf streichen, aber ich bin unter ihr weggetaucht und sagte: Ich bin Lies, die Tochter von Jet und Enkelin meiner echten Oma und sonst nichts.

Wir warten darauf, dass Mama freigegeben wird und »wir sie endlich begraben können«, wie Papa es gestern Abend ausgedrückt hat. Er benimmt sich komisch, finde ich. Es ist noch offen, ob Mama begraben oder eingeäschert werden soll, aber ich muss kotzen, wenn ich daran denke zuzusehen, wie ihr Körper in einem Loch in der Erde versenkt oder in einen Ofen geschoben wird. Jochem ist mit einer Polizeibeamtin da, die sich als Diewke vorgestellt hat und aussieht, als könnte sie direkt bei der niederländischen Frauenfußballnationalmannschaft einsteigen mit ihrem frischen, ungeschminkten Gesicht und dem hochsitzenden blonden Pferdeschwanz. Er will mit uns allen einzeln sprechen, und es schien ihm das Beste, wenn wir das zwanglos bei uns zu Hause tun; das mache es vielleicht ein bisschen leichter. Er hat Papas Arbeitsraum zu einer Art Zentrale umfunktioniert. Papa hat immer von so einem Zimmer geträumt, aber in unserem alten Haus gab es nicht genug Platz. Jetzt nennt er es augenzwinkernd seine »Männerhöhle«. Jochem lacht nicht mit.

Papa hält es für Unsinn, dass er auch mit uns Kindern reden will, da wir schon so viel durchstehen mussten. Jochem antwortet, er verstehe das, aber es müsse trotzdem sein. Wir seien schließlich bei ihr gewesen in ihren letzten Tagen. Papa sagt, dass er dann am liebsten dabei sein möchte. Jochem möchte das lieber nicht; Diewke werde die ganze Zeit dabei sein, sie sei auf Kinder spezialisiert. Ich sage, dass ich kein Kind mehr bin. Ich will mit Jochem allein sein, denn ich glaube, ich kann ihm vertrauen. Und ich finde ihn superhübsch. Er ähnelt Prinz Harry. Und Mees, wenn er älter ist.

Jochem erwartet mich in der Männerhöhle, während Diewke mit Luuk oben in seinem Zimmer ist. Er sitzt auf dem Stuhl, auf den Papa so stolz ist, »dem Eames«, und trinkt Cappuccino. Ich möchte auch einen Cappuccino, und Laura bringt ihn mir. Ihre Hände zittern, als sie meine Tasse auf dem gläsernen Couchtisch abstellt, der garantiert auch von irgendeiner Edelmarke ist.

Ich hatte fest vorgehabt, Jochem alles zu sagen, was ich weiß, denn es gibt zu viel, was mir im Kopf herumgeht. Aber jetzt, wo ich ihm auf dem Sofahocker gegenübersitze, habe ich nicht den Mut dazu. Er benimmt sich zu routiniert. Als wollte er es nur hinter sich bringen.

»Erzähl mir bitte noch mal möglichst detailliert, wie der Tag vor dem Verschwinden deiner Mutter verlaufen ist.«

Ich nehme einen Schluck und starre auf die dreieckige Meditationsmatte, die mein Vater aus Thailand mitgebracht hat, wo er angeblich zum Entgiften und Entspannen war. Mit Laura. Alles in diesem Haus enthält eine Botschaft, die lautet: Ich habe den Platz deiner Mutter eingenommen.

»Ich habe vorher eine Frage«, sage ich.

»In Ordnung, frag mich.«

»Haben Sie die Überwachungskameras alle überprüft? Hier in der Straße? Oder in dieser Ferienanlage?«

»Natürlich, Spatz. Das gehört zu unserer Arbeit. Haben wir als Erstes gemacht. Aber hier in der Straße sind keine Kameras, die auf die Straße gerichtet sind.«

Spatz nennt er mich. Genauso gut könnte er mich treten.

»Aber die der Nachbarn? Die sehen doch etwas? Zum Beispiel von unserer Haustür?«

»Nein, sie zeigt nur Bilder von Personen, die vor ihrer Tür stehen: Wenn niemand vor der Tür steht, ist die Kamera aus. Und der Rest der Straße … es ist halt nicht Amsterdam. Die meisten Häuser befinden sich auch noch im Bau.«

»Und in der Ferienanlage? Da gibt es doch sicher eine Kamera im Außenbereich? Und einen Wachmann?«

»Es gibt ein Gittertor, das sich nur mit Passierschein öffnen lässt. Wir haben so einen Passierschein in der Handtasche deiner Mutter gefunden, sie hatte ihn also nicht bei sich. Dann wäre sie außen um das Tor herumgegangen, das geht. Auf den Aufnahmen sieht man mehrere Personen, die sich zu Fuß nähern. Sie sind allerdings sehr schwer erkennbar, man kann ruhig sagen, sie sind kaum sichtbar. Der Verwalter plustert sich auf, wie sicher die Anlage sei, aber faktisch ist das System stark veraltet. Das heißt, die Nachtaufnahmen sind unscharf, also völlig unbrauchbar.«

»Ich würde Mama unter Tausenden erkennen!«

»Hier nicht, leider. Die Aufnahmen von dem Morgen sind sogar ganz verschwunden. Wir dachten auch kurz an Sabotage, aber der Rekorder war völlig falsch eingestellt und nimmt alle paar Wochen ein automatisches Update vor. Ist eine lange Geschichte, jedenfalls mussten Speicherpuffer übertragen werden, und dann wird ein paar Minuten bis mehrere Stunden lang nichts aufgezeichnet.«

»Das heißt, der Mörder meiner Mutter konnte das Gelände ungesehen betreten und wieder verlassen?«

»Und deine Mutter selbst natürlich.«

»Und Sie wissen auch noch gar nicht, wie sie dort hingekommen ist?«

»Zumindest nicht mit dem Taxi oder Uber, das wurde alles überprüft. Wir nehmen an, dass sie gelaufen ist.«

Ich stütze das Gesicht in beide Hände. Ob God so durchtrieben war, dass er das alles schon wusste? Hatte er den idealen Ort gefunden, um meine Mutter umzubringen? Aber warum? Wenn man ihr glauben kann, war er ziemlich verrückt nach ihr.

»Na gut, Lies, gehen wir doch noch mal den Tag ihres Verschwindens durch.«

Wozu? Für die Polizei steht doch längst fest, was passiert ist. Das ganze Gespräch ist nur eine Art Beruhigungspille.

»Es war ein Tag wie jeder andere. Luuk und ich wurden von ihr geweckt, um zur Schule zu gehen. Wir haben nacheinander geduscht, während Mama unten Frühstück machte. Ich hörte, wie sie ein Lied im Radio mitsang, das mit ›life is a rollercoaster‹. Ich habe mich angezogen und geschnminkt und mein Bett gemacht. Danach ging ich nach unten, wo Luuk und Mama schon am Tisch saßen. Sie zogen mich ein bisschen wegen meiner Morgenlaune auf, so in der Art ›da kommt ja unser Backfisch angeschwommen‹. Luuk und ich aßen Cornflakes, Mama Joghurt mit Müsli. Sie hatte uns Pausenbrote gemacht.«

Es kommt alles zurück, und meine Kehle schnürt sich zusammen. Mama im Bademantel, lachend und singend. Sie sah müde und abgemagert aus, tat aber fröhlich. Ich will so gern zu ihr. So gern. Es ist, als würde sie noch ganz in der Nähe darauf warten, dass wir wiederkommen.

»Du darfst weinen«, sagt Jochem.

»Weinen Sie auch manchmal? Ich meine, wegen Ihrer Arbeit oder während der Arbeit?«

»Ja«, sagt er. »Wir sind alle nur Menschen, und manchmal wird unsere Machtlosigkeit auch uns zu viel.«

So etwas hätte Mama auch sagen können. Es ist merkwürdig, dass sie manchmal so weise war und bei anderen Gelegenheiten so unvernünftig und wütend. Mir schießen wieder Bilder von ihr mit diesem Mann durch den Kopf.

»Also wir gingen zur Schule. Ich fuhr mit Luuk mit dem Rad bis zu seiner Schule und dann weiter zur Bushaltestelle. Dort bin ich eingestiegen und zu meiner Schule gefahren.«

»War etwas an deiner Mutter anders als an anderen Tagen?«

»Nein. Oder – sie hat gesungen. Und später hat sie mir eine WhatsApp geschickt, so: ›Heute Abend mach ich Lasagne, bin so glücklich, dass ihr meine Kinder seid. Dicker Kuss.‹«

»Hat sie euch öfter solche Nachrichten geschickt?«

»Als Papa frisch ausgezogen war, schon.«

Jetzt fürchte ich plötzlich, dass er in der WhatsApp eine Bestätigung ihres Selbstmords sieht. Ich muss ihm ihre Dateien und die Bilder geben. Aber ich schäme mich zu sehr. Und was beweist das schon, nichts! Jochem würde bloß denken, dass meine Mutter eine Schlampe war.

»Und als du von der Schule gekommen bist?«

»Sie kam später nach Hause. Ich hatte schon Tee gemacht, und Luuk war noch bei einem Freund. Wir haben uns unterhalten, am Esstisch. Sie hatte Brownies mitgebracht.«

»Worüber habt ihr gesprochen?«

»Keine Ahnung, über die Schule. Und über Pap, dass sie wütend auf ihn war. Weil er an Weihnachten die Woche tauschen wollte, weil Laura und er in Urlaub fahren. Sie meinte, sie hätte schon oft genug getauscht.«

Jochem nimmt seine Cappuccinotasse vom Tisch. Ich mache es ihm nach. Wir trinken gleichzeitig einen Schluck.

»Wie findest du das, dass sich deine Eltern immer noch so oft gestritten haben?«

»Dumm«, sage ich. Er schaut mich weiter mit diesen süßen Augen an. Prinz Harry, wie er Meghan angesehen hat, als sie heirateten. So stolz und ermutigend. So einen Mann will ich auch!

»Ich weiß nicht, was ich noch sagen soll. Sie sind seit zwei Jahren getrennt, mehr sogar.«

»Gab es auch schon so viel Streit zwischen ihnen, als sie noch zusammen waren?«

»Ja, am Ende schon. Meine Mutter hat meinen Vater mal die Treppe hinuntergestoßen. Und Pap hat den Teekessel nach ihr geworfen. Einmal ist Mam vom Tisch weggerannt, als wir zu Luuks Geburtstag in seinem Lieblingslokal essen waren. Ich …«

Das Blut steigt mir in die Wangen, ich kenne das Gefühl: Gleich werde ich etwas sagen, was ich noch nie jemandem gesagt habe.

»Ich bin einmal absichtlich in den gläsernen Couchtisch gestürzt, damit sie damit aufhörten. Wir mussten zur Notaufnahme. Und plötzlich waren sie wieder eins geworden, einfach Eltern anstatt schreiende Wahnsinnige.«

»Es tut mir furchtbar leid für euch. Dass zwei vernünftige Menschen sich so gehen lassen.«

Ich weiß nicht, ob Jochem als Polizeibeamter solche Äußerungen machen darf.

Er zieht eine Karte aus seiner Innentasche und gibt sie mir.

»Hier ist meine Nummer und Mail-Adresse. Falls du mich brauchst oder einfach reden willst.«

Ich nehme sie. Ist das Taktik, oder meint er es ernst? Am Ende ist er noch ein Pädo.

»Jedenfalls haben wir also zusammen Lasagne mit Salat gegessen an dem Abend, und danach haben wir im Wohnzimmer *Temptation Island* geschaut.«

»Wann seid ihr schlafen gegangen?«

»Luuk ungefähr um halb zehn, ich eine Stunde später.«

»Und hast du gleich geschlafen?«

»Nein, ich hab noch kurz gegrammt.«

»Gegrammt?«

»Insta. Instagram.«

»Hast du gehört, wie deine Mutter das Haus verließ?«

»Nein. Ich hatte Kopfhörer auf.«

Er schreibt etwas in sein Notizheft.

»Ich glaube nicht, dass sie wirklich weggegangen ist. Sie hat alles zu Hause gelassen. Ihre Handtasche, ihr iPhone ...«

»Vielleicht war das beabsichtigt.«

»Niemals. Sie würde uns nie einfach allein lassen, und selbst ... also wenn sie wirklich nicht mehr leben wollte ... dann würde sie es trotzdem nicht so machen! Nicht so, dass wir allein zu Hause warten.«

»Kannst du dir vorstellen, warum jemand deine Mutter umbringen wollen sollte?«

Ich schüttle zögernd den Kopf.

»Du würdest es mir doch sagen, wenn du etwas wüsstest?«

»Natürlich.«

Tu's nicht, sage ich mir, so lieb er auch schaut. Danach schließen sie dich aus allem aus, oder sie nehmen dich gar nicht ernst. Sie werden sich Pornobilder von Mama anschauen ... Du wirst God selbst finden! Soll er glauben, er hätte den perfekten Mord begangen. Ich schleich mich von hinten an!

»Dein Vater und deine Mutter hatten also Streit. Könnte dein Vater später noch vorbeigekommen sein? Vielleicht um zu einer Lösung zu kommen?«

Ich halte den Atem an.

»Mein Vater kann sehr gemein zu meiner Mam sein, und sie auch zu ihm. Aber er ist kein Mörder.«

»Das würde ich auch nie behaupten wollen. Aber wenn deine Mutter wirklich ermordet worden wäre, müsste ihr Mörder sehr viel Hintergrundwissen besessen haben. Er müsste sie sehr gut gekannt haben.«

»Laura«, sage ich und bereue es sofort.

»Was denkst du über sie?«

»Ich hasse sie. Alles. Ihr Gehabe, wie sie schaut, wie sie meinen Vater anfasst, wie sie versucht, uns zu bemuttern, was sie glaubt, wer sie ist. Und vor allem, wenn sie anfängt zu jammern und Sachen sagt wie: Ich hab das nie gewollt, ich wollte eure Familie nicht zerstören! Dann denke ich: Doch, wolltest du. Lüg nicht so. Du wolltest meinen Vater, und das war es dir wert, dass unsere Familie kaputtging.«

Jochem starrt auf seine Füße. Es macht mich unruhig. Steckt womöglich Laura dahinter? Warum ist er plötzlich so still, warum stellt er keine Fragen mehr?

»Ist irgendwas?«, frage ich.

»Nein. Ich höre dir nur zu. Die Ermittlungen sind ja noch ganz offen. Wir haben nur bisher keinerlei Anhaltspunkte, die auf einen Mord hindeuten.«

»Und dieses Auto, dieser schwarze Golf, der längere Zeit vor der Tür stand?«

»Haben wir alles überprüft. Es handelte sich um einen Mietwagen der Firma Hertz.«

»Und wer hatte ihn gemietet?«

»Ein Mann, er wohnt nicht in den Niederlanden. Er war vom Weg abgekommen und hat in eurer Straße gehalten, um auf Google Maps zu schauen.«

»Komische Geschichte.«

»Vielleicht, aber es gibt keinen Grund, der Sache weiter nachzugehen. Wir haben keine Zweifel, es gibt keine Spuren, außer denen deiner Mutter, einschließlich eines handgeschriebenen Briefes wohlgemerkt.«

»Alles klar«, sage ich. Mein Rücken ist schweißnass. Am liebsten würde ich mich weinend in seine Arme werfen. Er ist ein richtiger Mann. Ich weiß, dass ich ihm nicht trauen kann und dass er mir nicht glaubt. Ich weiß aber auch, dass er alles in seiner Macht Stehende tun wird, um mir zu helfen.

Er hält mir mit einem aufmunternden Lächeln die Hand hin. Für ihn bin ich keine Frau, sondern nur ein Kind, das ihm leidtut.

»Ich verspreche dir, dass ich weiterhin verschiedene Szenarien in Betracht ziehe. Wenn du mir versprichst, mich anzurufen, wenn dir noch etwas einfällt!«

Ich greife nach seiner Hand und lüge, während ich ihm direkt in die blassblauen Augen schaue.

Ich tippe »Godfried van der Duin« in den Google-Suchbalken. Keine Dokumente gefunden. Auch nicht auf Facebook oder Instagram. God scheint nicht zu existieren, und ein Fred van der Duin genauso wenig. Und doch war er mit meiner Mutter in dieser Bar, in der ihn jeder kannte. Ich muss auch dahin, aber vorher muss ich ein Tinder-Profil erstellen.

Dafür braucht man anscheinend nur eine Mobiltelefonnummer. Ich melde mich an, bekomme einen Verifizierungscode, und schon bin ich drin. Jetzt noch ein Name. Wie heißen Frauen in Mamas Alter? Marieke, Annelies, Marjon. Aber der Typ Frau, den

God sucht, heißt anders. Fleur zum Beispiel. Fleur, 42, frisch geschieden, arbeitet als Psychologin und sucht einen netten Freund. *Laden Sie Ihr Profil hoch,* fodert mich Tinder auf, und ich suche auf Google nach Fotos einer Fleur, die Psychologin ist. Ich finde eine nett aussehende, hübsche Frau um die vierzig mit dichtem blondem Haar und sanften blauen Augen. Und mit Facebook-Konto! Ich ziehe drei attraktive Bilder aus ihrem Album, auf denen sie kaum erkennbar ist. Eins im Schnee, auf dem sie einen roten Ski-Anorak, Skibrille und weiße Mütze trägt, eins, wo sie lächelnd hinten in einem Boot sitzt, Sonnenbrille hochgeschoben ins windzerzauste Haar und ein Glas Wein in der Hand. Unglaublich, wie leicht das geht. Ob God wohl so verrückt ist, gleich wieder auf Tinder zu gehen, nachdem er meine Mutter umgebracht hat? Und würde er eine Frau wie Fleur liken? Dass er verrückt ist, habe ich schriftlich. Und er ist besessen von Psychologie. Jetzt muss ich ihn nur noch unter den Zigtausenden anderen Typen finden. Bisher habe ich nur seinen Pimmel und seinen Hinterkopf zwischen Mamas Beinen gesehen. Vielleicht ist seine dreckige Fresse auf einem dieser ekelhaften Bilder erkennbar. Ich öffne den Ordner. Ich starre kurz auf das erste Foto meiner Mutter, wie ich sie nicht kenne: Nackt im Bett, mit einer Rose zwischen den Brüsten, schaut sie halb verführerisch in die Kamera.

Ich spüre sie so deutlich, als lebte sie noch und könnte jeden Moment in mein Zimmer kommen und in Wut ausbrechen. »Wer hat dir erlaubt, das anzuschauen?« Ich bin so wütend auf sie. Aber noch mehr vermisse ich sie. Wie soll ich denn ohne sie leben? Etwa bei Pap und seiner Schlampe? Ein Studium abschließen, heiraten, Kinder kriegen? Ich presse die Fäuste auf die Augen, um nicht zu weinen, und sehe die Bilder so schnell wie möglich durch. God hat diese Möglichkeit offenbar bedacht. Er hat nichts aufgenommen oder gepostet, wo man sein Gesicht sieht. Beim Schauen der Videos achte ich so wenig wie möglich auf die Geschlechtsteile. Ich sehe ein Bücherregal vor einer weißen Wand, daneben ein Gemälde mit einer Art Sonnenuntergang. Ich halte das Video an und mache mit dem Handy ein Foto. Die Szene findet nicht in ihrem Schlafzimmer statt. Ein neues Video. Seine Brust, die er entweder rasiert oder auf der ihm keine Haare wachsen. Ein Handgelenk, mit einem geflochtenen Lederarmband mit silbernem Verschluss. »Nicht filmen!«, höre ich ihn sagen. Von Mama ein nervöses Kichern. Er versucht ihr das Handy abzunehmen, sie ruft »Nicht!«. Und jetzt, übergangslos, sein Gesicht. Ich halte das Video an. Sein halblanges Haar hängt ihm ins Gesicht. Er grinst, aber sein Blick ist voller Wut. Seine Nase ist komisch, wie eine Art Knubbel. Die Szene ist von unten aufgenommen, ich weiß nicht, ob ich ihn anhand der Aufnahme wiedererkennen würde. Ich gehe wieder auf Play. Anscheinend ist das iPhone aus Mamas Hand neben das Bett gefallen, ich höre die beiden nur noch lachen und stöhnen, und er sagt: »Das gefällt dir, oder?« Danach ist lange nichts zu hören. Das iPhone liegt am Boden, filmt aber weiter. Die Zimmerdecke. Eine Papierlampe, wie wir sie zu Hause auch haben. Ikea, 7 Euro 99.

»Tu das nie wieder, mich filmen! Sag es!«

Was machen sie? Ist das eine Art Sadomaso-Spiel?

»Ich tu es auch nie wieder.« Mamas Stimme klingt gepresst.

»So ist's recht. Braves Mädchen.«

Dann bricht das Video ab.

16.

»Ich bestelle ein Zimmer«, sagt er. Wir trinken Kaffee mit Cognac. Die Bar hat sich bis auf uns geleert. »Ich glaube, Hugo möchte Feierabend machen.«

Es ist halb zwei. Es scheint erst fünf Minuten her zu sein, seit wir hier eingetroffen sind. Meine Handflächen werden feucht. Ich werde mir ein Taxi nehmen müssen, habe aber kein Bargeld bei mir und möchte nicht, dass er alles bezahlt.

»Du kommst mit mir«, sagt er. Er fasst mich am Kinn und küsst mich. So bin ich seit Jahren nicht mehr geküsst worden, vielleicht noch nie. So besitzergreifend und drängend, sanft und gierig, feucht und selbstbewusst zugleich.

»Das bestimme ich immer noch selbst!«

»Dann bestimm mal schön. Die Rechnung ist bezahlt, wenn du willst, besorg ich dir ein Uber.«

»Zu Hause wartet mein Hund, der muss rausgelassen werden.«

»Weißt du, wer dringend rausgelassen werden muss? Du!«

Das Zimmer ist exquisit. Beiger Teppichboden, beige Stühle, beige Vorhänge. Ein caramelfarbener Bettüberwurf. Godfried lässt sich aufs Bett fallen, verschränkt die Hände im Nacken und betrachtet mich. Sein Bauch ist auffallend weiß. »Leg dich zu mir«, sagt er. Er gibt mir Kommandos. Und ich bin offensichtlich damit einverstanden;

mehr als einverstanden, es erregt mich. Ich liebe es, nicht wählen, zweifeln, nachdenken, entscheiden zu müssen.

»Komm her.«

Ich setze mich neben ihn. Das riesengroße Fenster neben dem Bett bietet Aussicht auf die ganze Stadt. Seine Hand gleitet über meinen Rücken. Ich bin kurz davor, Sex zu haben, aber bin in Gedanken so damit beschäftigt, dass ich nicht mehr weiß, ob ich es will oder nicht. Natürlich will ich es, obwohl ich weiß, dass es eine schlechte Idee ist. Dass ich kurz davor bin, verschlungen zu werden. Und dass es schon jetzt keinen Weg zurück mehr gibt.

Mein Mund ist trocken. Seine Hand wühlt in meinem Haar, legt sich um meinen Nacken; er zieht mich zu sich heran, steckt die Zunge in mein Ohr. Sein Atem, der nach Kaffee und Alkohol riecht, streicht über mein Gesicht.

Es klopft an der Tür. Godfried springt auf und öffnet. Ein Kellner schiebt einen Servierwagen mit Champagnerkühler und Gläsern herein.

»Danke, mein Lieber.« Godfried nimmt einen Fünfzig-Euro-Schein aus seiner Hosentasche und drückt ihn dem Kellner in die Hand.

»Möchten Sie, dass ich die Flasche für Sie öffne?«

»Danke, das machen wir selbst.«

Er entkorkt die Flasche routiniert und schenkt uns ein.

»Fühlst du dich sicher?«, fragt er. Jetzt will er die Rollen tauschen und mich therapieren.

»Ähm, wenn ich ehrlich bin, nein. Sicher fühle ich mich, wenn ich zu Hause teetrinkend auf dem Sofa sitze, den Hund streichle, Netflix gucke und die Kinder in ihren Betten liegen. Aber wahrscheinlich ist ›sich sicher fühlen‹ auch nicht der Zweck eines ersten Dates. Würde ich mich sicher fühlen, wäre es vielleicht langweilig.«

»Da ist ja wieder Frau Vernunft.«

Er reicht mir mein Glas.

»Denkst du jetzt auch: Vielleicht hat er etwas hineingetan?«

»Nein«, sage ich. Was für eine seltsame Frage. Ich nehme einen Schluck.

Er tut es mir nach, beugt sich vor und presst seinen Mund auf meinen, wobei er den Champagner herausrinnen lässt. Allmählich ahne ich, dass bei ihm alles ein Test ist. Er nimmt mir das Glas aus der Hand und drückt mich rücklings aufs Bett, öffnet meinen Gürtel und den Reißverschluss meiner Jeans und zieht mir die Stiefel und Strümpfe aus. Zuletzt zieht er mir die Hose herunter und wirft sie auf den beigefarbenen Stuhl.

»Mach mal die Beine breit.«

Ich mache es.

»Weiter. Auch die Knie ... Ja, so, ja.«

Ich liege aufgespreizt vor ihm. Er sieht auf mich herab, mit einem Champagnerglas in der Hand zwischen meinen Beinen stehend.

»Hübsch«, sagt er. »Meine persönliche geile kleine Psychologin.«

Noch nie habe ich mich so nach Berührung gesehnt wie jetzt. Ich muss daran denken, was eine Tarotkarten-Leserin mir einmal gesagt hat: »You have to surrender yourself, naked like a baby.« Damals war es um meine Ehe gegangen, die auf einen Abgrund zusteuerte. Jetzt, wo ich hier liege, weiß ich erst, was das heißt: die Kontrolle abgeben, »sich hingeben wie ein nackter Säugling«. Er könnte mich töten, erniedrigen, vergewaltigen. Wenn das keine Hingabe ist. Er beugt etwas die Knie, um mir den Slip auszuziehen, danach mustert er ausführlich meine Vagina. Ich kenne ihn nicht. Ich weiß nicht, was er noch vorhat. Vielleicht bin ich in Gefahr. Ich bin Mutter. Mütter verhalten sich nicht so. Ich schließe die Augen, um mir weniger vorstellen zu müssen, wie ich daliege, wie sein Blick auf meiner ausgeleierten Muschi ruht. Ich habe zwei Kinder geboren. Beim ersten war ein Dammschnitt nötig. Die Narbe ist immer noch sichtbar: eine feine Linie, die zum rechten Oberschenkel führt. Er zeichnet sie mit dem Finger nach. Dann, endlich, presst er seine vollen Lippen darauf und leckt mich wie eine Eistüte.

Als mich die Scham überwältigt, ziehe ich sein Gesicht zu mir und küsse ihn, schmecke mich selbst. Er knöpft seine Hose auf, zerrt sie herunter, sein Glas geht zu Bruch.

»Schau mich an«, sagt er, und ich schaue und weiß, dass ich verloren bin. Seine Augen: mal grün, mal grau, mal blau, der Blick grimmig und ernst. Er steckt seinen Schwanz in mich hinein, und ich lächle. Endlich, einfach so, ist es so weit, nach zwei Jahren sehnsüchtigen Wartens und nach so vielen Zurückweisungen durch Peter, dass ich überzeugt war, niemand würde mich je auch nur wieder anschauen. Hier ist er, der Pimmel, den ich laut Kim so dringend nötig habe. Und was für einer! Ich bekomme fast Lust, ein Foto zu machen und es Peter zu schicken. Und darunter nur: Und du dachtest immer, du wärst was Besonderes!

Godfried versteht es, jeden Gedanken, jeden Anflug von Scham oder Unsicherheit – Bin ich zu weit? Ist mein Bauch hässlich? – aus mir rauszuvögeln. Denn genau das tun wir. Da ist nichts Zartes, Süßes, Scheues. Er nimmt mich, und ich gebe mich hin. Er spreizt mich, überwältigt mich, betet mich an und erniedrigt mich. Er lässt mir keine Chance, selber etwas zu initiieren, seinen Schwanz in den Mund zu nehmen; er behält die Regie. Als er mich fingert und von hinten nimmt, komme ich – was mich völlig überrumpelt, denn ich bin ziemlich schlecht darin, bei einem Mann zu kommen. Mit Peter war es zu einer lieben Routine geworden, mich nach dem Sex selbst zu befriedigen, bis es dann Routine wurde, auch das lieber sein zu lassen. God ist hinter mir und drückt meinen Nacken in die Kissen. Nicht zu fest, nicht zu leicht, genau richtig. Sein Daumen bohrt sich in meinen After. Es tut nicht weh, obwohl mein After noch jungfräulich ist. Ich komme, sagt er, schau mich an. Ich drehe das Gesicht so weit es geht nach hinten, um ihn durch meine verschwitzten Haarsträhnen anzusehen, und er erwidert ernst meinen Blick. Das werde ich nie mehr vergessen, dieses Bild. Wir starren uns gegenseitig an, rammelnd, und er nimmt meine Hand und schiebt mir meine eigenen Finger in den Arsch. »Schnecke«, grunzt er mit halb offenem Mund, die Augen zusammengekniffen, der Kiefer zuckend. Er spritzt in mir ab und bricht danach auf mir zusammen, sein verschwitzter Brustkorb auf meinem verschwitzten Rücken.

Es ist vier Uhr morgens, wir trinken erneut Champagner. Mein Selbsthass ist zurückgekehrt. Du Schlampe, den Hund so lang allein zu lassen, nur für Sex … Godfried redet schon wieder über die Frage, ob der Unterschied zwischen Mann und Frau eher auf Veranlagung oder den Einfluss der sozialen Umwelt zurückzuführen ist – seines Erachtens ist natürlich die Biologie entscheidend, und er hat tausend Theorien, die das bestätigen. Ich höre ihm zu, aber es kommt nichts an. Mein Kopf liegt auf einer nackten Männerbrust; ich höre ein Herz klopfen; ich bin mit einem Menschen zusammen. Ich hätte nicht gedacht, dass das je wieder passieren würde. Und doch sage ich: »Ich muss los.«

»Morgen bin ich weg«, sagt er. »Also genieß die Zeit, die bleibt.« Er küsst mich, als wollte er sich schon verabschieden.

»Wohin gehst du?«

»Auf Reisen.«

Ich stehe auf, um in meine Kleider zu schlüpfen.

»Möchtest du nicht duschen?«

»Das kann ich zu Hause machen.«

»Ach, komm schon, Bohnenstängelchen, bleib noch ein bisschen.«

»Bohnenstängelchen?«

»So nenn ich dich.«

»Warum?«

»Weil du eine kleine Bohnenstange bist. Pflichtbewusst. Unbeugsam. Dünn.«

»Ich bin viel, aber nicht dünn.«

»Doch, bist du. Ich kann in dich hineinschauen. Du bist so durchsichtig wie Seidenpapier.«

In meinem Kopf bildet sich ein dichter Nebel. Ich kann nicht mehr klar denken, nichts fühlen. Ich löse mich unter seinen Worten förmlich auf.

»Bist du jetzt beleidigt?«

Ich schüttle den Kopf und tue, als würde ich lachen. Steige mit den Füßen in meine Jeans und falle fast um.

»So, so, Frau Vernunft scheint ja plötzlich große Eile zu haben, hier wegzukommen.«

»Ich muss zu meinem Hund.«

»Du brauchst dich nicht zu rechtfertigen, Bohnenstängelchen. Du bist ein freier Mensch mit einem freien Willen.«

Noch den BH schließen, die Bluse überziehen. Ich möchte bleiben und weglaufen.

»Wie auch immer«, sagt er, »ich hatte einen wunderbaren Abend. Mit dir.«

»Ich auch. Danke für alles. Und ich bin übrigens nicht der Typ Frau, die den Mann alles bezahlen lässt. Nur dass du's weißt.«

»Weiß ich doch alles, Bohnenstängelchen.«

Ich gehe ins Badezimmer, um die Toilette zu benutzen und meine Zähne zu putzen. Seine Sachen stehen alle gut sichtbar um das Waschbecken. Zwei Zahnbürsten, Zahnpasta, mehrere Pillengläser, ein teures Aftershave und eine noch teurere Körperlotion. Auf einem der Pillengläser klebt ein Etikett einer amerikanischen Apotheke. Oxycodon. Das nächste Glas enthält Rivotril und das dritte Dihydrotestosteron, Hormone zur Bekämpfung von Haarausfall.

»Das Rivotril brauche ich, da ich sehr viel reise, und das Oxy wegen meinem Leistenbruch. Das, was du gerade in der Hand hast, nehme ich für mein Haar, in der Hoffnung, dass ich später nicht wie mein Vater aussehe. Er ist so kahl wie eine Billardkugel.«

Er steht hinter mir, immer noch nackt, und legt die Arme um meine Taille. Er öffnet meinen Gürtel, zerrt meine Jeans herunter und drückt meinen Oberkörper über das Waschbecken.

»Ziemlich biegsam für ein Stängelchen«, sagt er. Dann dringt er in mich ein und nimmt mich mit kurzen, harten Stößen, während wir uns ohne zu lächeln im Spiegel ansehen. Er kommt nach wenigen Minuten. »Siehst du, mit meiner Potenz ist alles in Ordnung.«

Ich humple in meiner um meine Knie schlotternden Hose zur Toilette, um zu pinkeln.

»Okay, ich hatte das Zimmer schon, ich wohne hier seit einer Woche. Ich liebe nun mal Hotels. Ihre Anonymität.«

»Und warum lügst du deshalb?«

»Um den starken Mann zu markieren?«

Er erinnert mich an Luuk, wenn ich ihn erwische, wie er auf dem Küchenhocker steht und nach den Süßigkeiten angelt, die ich in einer Blechdose oben auf dem Kühlschrank aufbewahre.

»Es ist natürlich egal, wir haben ja keine Beziehung. Aber da ich schon öfter betrogen wurde, frage ich lieber direkt: Hast du eine Freundin?« Ich deute auf die Zahnbürsten.

»Ach wo, nein. Die ist nur für den Fall, dass jemand über Nacht bleibt. Für dich zum Beispiel.«

Ich wische mich ab, ziehe meine Hose hoch und betätige die Spülung. Danach wasche ich mir die Hände. Mein Herz hat sich in einen Felsklumpen verwandelt. Rette dich, denke ich.

»Dein Uber steht bereit.«

Die Intimität, die noch vor wenigen Minuten zwischen uns bestanden hat, scheint verflogen. Wir umarmen uns wie Fremde auf einem AA-Meeting.

»Morgen bin ich dann also weg. God geht nach Amerika.« Er muss darüber grinsen. »Du findest doch auch, dass Godfried ein ziemlich dämlicher Name ist, oder?«

Ich wage nicht zu antworten. Vielleicht ist es wieder ein Test.

»Er bedeutet ›Der von Gott Beschützte‹. Aber meine Eltern haben mich nach Godfried Bomans benannt. Oder eher meine Mutter. Mein Vater hatte nicht viel zu sagen.«

Es scheint fast, als wollte er ganz neue Seiten aufschlagen. Aber ich muss los, ich kann seine vereinnahmende Art kaum noch ertragen.

»Genieß die Reise«, sage ich. »Und lass mich wissen, wenn du mich brauchst.«

»Ich habe noch keinen Rückflug gebucht«, sagt er, und dann: »Komm nach New York!«

Im Weggehen werfe ich ihm eine Kusshand zu. Am liebsten würde ich rennen. Hinter mir höre ich, wie die Tür wieder geöffnet wird.

»Bohnenstängelchen, schau!«

Er steht nackt im Hotelflur und winkt mir mit seinem Pimmel.

Zu Hause mache ich mir Kaffee. Duschen will ich noch nicht, um noch so lange wie möglich in unserem Geruch zu schwelgen. Es ist das erste Mal seit zwei Jahren, dass die Leere dieses Hauses sich nicht wie wie ein feuchtkaltes Tuch über mich senkt. Sie ist angenehm. Ich setze mich an den Küchentisch. Meine Hände zittern, als ich die Kaffeetasse zum Mund führe. Warum wollte ich eigentlich vorhin so eilig von ihm weg? Gerade jetzt täte ich nichts lieber, als wieder zu ihm ins Bett zu steigen und es noch tausendmal zu tun. Ich krame in meiner Handtasche nach meinem iPhone. Vielleicht hat er mir eine Nachricht geschickt. In der Tasche ist es nicht. Ich greife hinter mich nach meinem Mantel, den ich auf die Anrichte geworfen habe, und durchsuche die Taschen. Auch nichts. Verdammt. Ich werde es doch nicht im Taxi vergessen haben?

Mir bricht der Schweiß aus. Ausgerechnet jetzt, wo das Handy mein Crystal Meth, meine einzige Verbindung zu God ist. Ich hole meinen Laptop aus dem Wohnzimmer, aktiviere »Mein iPhone suchen« und gebe meine Nummer und meine Apple-ID ein. Nach der Eingabe des Verifizierungscodes dauert es noch einen kurzen Moment, dann erscheint eine Karte der Umgebung. Mein iPhone wird als blauer Punkt irgendwo auf der A4 angezeigt – es ist im Uber! Ich starre auf den Bildschirm. Was soll ich tun? Ich habe weder die Daten des Fahrers noch ein Telefon, um ihn anzurufen. Der blaue Punkt scheint sich auf meine Adresse zuzubewegen. Der Fahrer hat es gefunden und ist schon auf dem Rückweg zu mir, halleluja!

Ich klebe am Bildschirm fest wie andere bei der Verlängerung eines Fußball-WM-Finales. Mein iPhone biegt in die Anderlechtlaan ein und fährt über De Alpen in die Inaristraat: Mein Crystal Meth ist auf dem Weg zu seinem Konsumenten.

Als es läutet, laufe ich beschwingt zur Tür. Ich öffne, und da steht er, breit lächelnd in Jeans und einem makellos weißen, taillierten Hemd. Er lässt das iPhone wie eine Karotte vor meiner Nase baumeln.

»Das hast du vergessen, Bohnenstängelchen.«

Ich suche in meiner Erinnerung, wann das alles gewesen sein muss. Wann hat Mama sich verändert? Habe ich etwas gesehen, etwas bemerkt? Waren wir alle so mit uns selbst beschäftigt? Mir fällt nichts ein. Luuk und ich fuhren immer montags zu Papa: Er holte Luuk von der Schule, ich fuhr mit dem Fahrrad zu diesem unfreundlichen Scheißapartment, und Mama gab in Papas Kanzlei unsere Rucksäcke am Empfang ab. Sie sprachen nicht miteinander. Der Wechsel ging so unsichtbar wie möglich vor sich. Gespräche beschränkten sich auf WhatsApp-Stürme. Am Anfang fragten Luuk und ich uns noch, was Mama machte, während wir weg waren. Ob sie einsam war. Ob sie weinte. Wir waren jedenfalls ziemlich einsam an diesen Abenden an der Kücheninsel, wenn Papa sich am Telefon mit Mühe zügelte und Laura die Stiefmutter des Jahres mimte. Unglaublich, wie verlogen Erwachsene sein können. »Ihr könnt uns alles sagen. Wir beide lieben euch trotzdem noch genauso sehr.«

»Aber liebt ihr euch noch?«

»Auf eine andere Art.«

»Was für eine Art?«

»Als Eltern.«

»Aber was heißt das?«

»Dass wir einander respektieren.«

Sie haben gelogen. Damals und später. Sie hassten sich.

17.

Heute ist der erste Tag, an dem ich seit Mamas Verschwinden in die Schule gehe. Mitschüler umarmen mich, Lehrerinnen schauen mir beunruhigt ins Gesicht. Keiner traut sich, wirklich etwas zu fragen. Eine Mutter, die sich umbringt, ist eben doch etwas anderes als eine unheilbare Krankheit. Vielleicht wäre es besser, könnte ich auch an Selbstmord glauben, wie Papa es tut. Es war ihre Entscheidung – sehr bedauerlich, doch nun muss sie nicht mehr leiden. Das sagen sie, um mich zu trösten, obwohl es abscheulich ist: eine Mutter, die lieber tot ist, als bei ihren Kindern zu sein. Genauso abscheulich, wie der Gedanke, dass Mama uns zu Hause allein gelassen hat, um mit einem Irren zu vögeln. Eltern sagen, sie lieben dich bedingungslos. Tun sie aber nicht. Nicht bedingungslos genug, um dich aus ihrem Liebesleben herauszuhalten. Obwohl, Letzteres hat Mama gemacht. Papa nicht, der musste ja unbedingt alles noch mal machen, das ganze Frau-Haus-Garten-Programm mit uns als Staffage.

Mees und ich sitzen auf dem Geländer bei den Fahrradständern. Ich zeige ihm das Tinder-Profil, und sein Kopf ist so nah an meinem, dass ich sein Haar riechen kann. Der Geruch erinnert mich an Heu.

»Also lass uns mal swipen«, sagt er. Ich klicke auf das Flammensymbol. Im Bild erscheint ein muskulöser Mann in roter Badehose. Michel, 35, wohnt 14 Kilometer entfernt. Ich swipe ihn nach links, und Richard taucht auf. Er ist alt. 49, sagt er, aber ich glaube, er lügt. Graues, dünnes Haar, ein kindisches Superdry-T-Shirt. Er schaut böse.

»Wie kann so einer glauben, dass ihn jemand liken wird?«, fragt Mees.

»Es gibt bestimmt ältere Frauen, die verzweifelt sind.«

Single, offen für Abenteuer. Keine ONS, sondern gerne MNS.

»Was heißt das?«

»Nicht wichtig … weiter!«

Wir swipen uns durch Scharen von Glatzköpfen mit schwarzen Sonnenbrillen, auf Rädern, Booten, Motorrädern oder Sofas, lächelnde Bartträger neben Grills, Autos oder verpixelten Frauen, Muskelpakete am Strand, Sixpacks sowie anonyme Individuen, die glauben, sie wären witzig oder inspirierend, wenn sie Frosch-Bilder oder irgendwelche spirituellen Sprüche posten. Es gibt Paare, die mit anderen Paaren Sex haben wollen, verheiratete Männer, die etwas Neues ausprobieren möchten, und ganz selten jemanden, der nur Freundschaft will.

»Diese besonders gut aussehenden Typen, sind das so eine Art Nutten?«, fragt Mees. Als ob ich so was wüsste!

»Keine Ahnung.«

»Like mal einen.«

»Wir suchen God!«

»Glaubst du, er nennt sich immer noch so?«

»Nein. Ich glaube, wenn er noch oder wieder hier ist, verwendet er so was wie Fred oder Duin oder Dune und dazu ein Bild mit Hut oder mit Frettchen oder was mit einem Spruch. Er hält sich für schlau.«

Wir swipen weiter. »Du bist zu schnell«, sagt Mees. »Ich dachte gerade, ich hätte Van Dam gesehen.« Unseren Mathelehrer.

»Na und?«

»Ich lach mich schimmlig! Like ihn!«

Ich versuche, Mees' dumme Kommentare auszublenden. Irgendwo zwischen all diesen bedürftigen Kerlen lauert God und macht Jagd auf verletzte, einsame Frauen. Hoffentlich springt er auf mein Fleur-Profil an. Fleur soll die ideale Beute sein: hübsch, aber nicht so, dass es unglaubwürdig ist; die Verzweiflung verborgen unter einer ordentlichen Lage Großspurigkeit, Mutter und Psychologin.

Beim Schwarz-Weiß-Bild eines schlafenden Mannes mit einer weißen Serviette auf dem Gesicht höre ich auf zu swipen. »Was du denkst, ist oberflächlich, was du fühlst, bringt dich deiner Seele nah«, steht darüber.

»Das ist er«, sage ich.

»Wieso, woher weißt du das?«

Der Mann nennt sich Nude und ist 49. Aber es ist der Satz darunter, der mich endgültig überzeugt, dass er es ist: Spielt Tinder auf Level 9.

»Nude«, sage ich. »Dune ... Er nennt sich selbst nackt, aber zeigt sich nicht. Und dann dieser Spruch. So was Ähnliches hat er auch zu meiner Mam gesagt: ›Du sollst nicht denken, sondern fühlen.‹ Und auf dem vorigen Profilbild hat er auch einen weißen Anzug getragen. Und sich einen Hut vors Gesicht gehalten. Er ist es.«

Ich wische ihn nach rechts, und da erscheint die Jubelbotschaft: Sie haben ein Match!

»Oh my God«, stammelt Mees.

»In höchsteigener Person.«

»Und jetzt?«

»Wir warten, dass er etwas schickt.«

Mees packt mich am Arm und danach an der Schulter. Er will seiner Freude Ausdruck verleihen, aber traut sich nicht richtig. Denn meine Mutter ist immer noch tot.

Zu Hause erwarten uns Laura, Oma und Papa. Alle drei haben rote Flecken im Gesicht. Ich frage mich, welche Dramen sich hier abspielen, wenn ich nicht da bin. Oma, die keine Handbreit von ihrer vorgefassten Meinung abweicht, Laura, deren Leben restlos von unserer zerrütteten Familie aufgesogen wird, und Papa, der in Wut und Schuldgefühlen schwelgt. »Na, Herrschaften«, sagt er.

»Warum sagst du eigentlich nie: Na, Frauschaften?«, frage ich. Laura lacht ein hohes, nervöses Lachen, das sie sofort verschluckt, als sie Papas Blick bemerkt.

Papa räuspert sich.

»Passt mal auf.« Er zieht Luuk zu sich. Ich nehme den Rucksack ab. Mein Magen knurrt. Oma setzt Teewasser auf, aber ich kann keinen Tee mehr sehen, ich kann überhaupt nichts und niemanden mehr sehen.

»Mamas Leiche wird morgen freigegeben.« Er lässt ein langes Schweigen folgen. Es ist diese Wortverbindung, »Mama« und »Leiche«. Ich kann das nicht zulassen. Wäre ich noch klein, würde ich mir die Finger in die Ohren stecken. So wie Luuk es jetzt tut.

»Luukie, mein Lieber, ich weiß, dass das sehr traurig ist.«

Luuk tritt Papa gegen die Beine und beginnt wie ein dreijähriges Kind zu flennen. Danach rennt er nach oben.

»Ich mach schon«, sagt Oma und geht ihm nach.

»Und das heißt?«, frage ich. Ich vermeide es, Laura oder meinem Vater in die Augen zu sehen.

»Wir können sie bestatten.«

»Und das heißt?«, frage ich noch mal nachdrücklicher.

»Die Polizei wird die Akte schließen«, sagt Laura. Die Hand, mit der sie mir eine Teetasse reicht, zittert.

Ich glaube, ich muss kotzen.

»Wir müssen es akzeptieren, liebe Lies.«

»Ich muss verfickt noch mal gar nichts.« Das sage ich noch nicht mal laut.

»Ich verstehe, dass du wütend bist, aber ich bin diese Ausdrucksweise von dir nicht gewöhnt. So reden wir hier nicht.«

»Wir? Es gibt kein Wir. Es gibt euch, und es gibt Luuk und mich. Wir, das war mit Mama.«

Mein Blick streift die Küchenplatte, auf der nichts als eine bombastische, glänzende Espressomaschine steht. Die beiden haben zusammen einen Barista-Kurs besucht. So ein Typ Mann ist mein Vater heute. Ich dachte, Mama lacht sich tot, als ich ihr davon erzählte.

»Okay, Schatz, ich verstehe dich und gebe dir Raum, so oft wütend zu sein, wie du möchtest. Ich werde dich trotzdem immer genauso lieben.«

»Von wem hast du denn den Spruch gelernt? Von deinem Therapeuten?«

»Dein Vater gibt sich alle Mühe, Lies. Das tun wir alle«, sagt Laura.

Ich hätte Lust, alles vom Tisch zu mähen.

»Wie dem auch sei«, sagt Papa, während er sich zwischen den Augen reibt, »wir haben mit Oma überlegt und beschlossen, Mama nicht aufbahren zu lassen. Sie wird in Zorgvlied begraben …«

»Das heißt, ich sehe sie nie wieder?«

»Der Sarg wird während der Trauerfeier geschlossen sein.«

»Möchtest du sie gern ein letztes Mal sehen?«, fragt Laura. Papa seufzt. Offenbar hat er sie instruiert, sich rauszuhalten.

»Ich weiß nicht … vielleicht, ja.« Bei dem Gedanken dreht sich mir der Magen um, aber es wäre noch schrecklicher, sie gar nicht mehr zu sehen.

»Wenn Lies das gerne möchte, musst du dich darum kümmern, Peter.«

Papa sieht aus, als bekäme er gleich einen Nervenzusammenbruch. »Das kann ich nicht, Laura.«

Es bedeutet meistens nichts Gutes, wenn Erwachsene anfangen, sich gegenseitig mit Vornamen anzureden.

»Aber du solltest ihre Wünsche schon ernst nehmen!«

Ich habe den Eindruck, sie möchte ihm etwas ganz anderes sagen. Der kleine Schlenker ist notwendig, um auf ihre eigenen Wünsche zu sprechen zu kommen. Ich nippe an meiner Tasse. Mama ist tot, sie muss begraben werden. Unser Leben geht einfach weiter. Ich will, dass alles anhält.

»Aber wenn sie ermordet worden ist …«

»Sie ist nicht ermordet worden, Lies.«

»Würde diese Vorstellung etwas daran ändern, wie du dich fühlst?« Jetzt übernimmt Laura die Rolle der Therapeutin.

»Aber ich weiß es sicher«, sage ich. »Dass ihr denkt, sie wäre so unglücklich gewesen, ist ja auch bequem für euch. Und für die Polizei. Für uns nicht, Papa, für Luuk und mich ist es das nicht. Ich weiß, dass du sie hasst, aber wir kennen sie besser als du. Sie war eine Supermutter, und wir waren ihr Ein und Alles. Sie hätte das nie, nie, nie getan!«

Papa fängt an zu schluchzen. »Verstehst du nicht, wie schwer das auch für mich ist? Ich verlasse sie, und sie bringt sich um … das war doch meine größte Angst! Ich muss ja mit diesem Gedanken weiterleben. Was, wenn ich nicht gegangen wäre?«

»Dann würde sie noch leben.«

Ich sehe Papa und Laura grimmig an. Ich will sehen, wie sie zusammenschrumpfen!

»Ja, heul nur!«, sage ich. »Ihr wolltet doch so gern zusammen in diese Leichengruft ziehen. Das habt ihr jetzt davon!« Ich rede mit Mamas Stimme, sage Sachen, die sie sagen würde. Laura presst die Fingernägel in ihre Handflächen. Sie dreht den Kopf, zerrt ihre Handtasche von ihrer Rückenlehne und stakst auf unsicheren Beinen davon.

»Es reicht«, brüllt Papa, wie er früher irgendwann Mama angebrüllt hat.

Ich hebe die Hände. »Die Wahrheit ist scheiße, Pap.« Gleich danach renne ich die Treppe hoch, an Oma vorbei, die noch versucht, mich aufzuhalten.

Ich schließe meine Zimmertür ab. Meine Wut findet kein Ventil und rast durch meinen Körper. Ich will etwas kaputt machen, und gleichzeitig fühle ich mich schuldig. Für das, was ich zu Papa gesagt habe. Das ist immer so kompliziert, wie die Dinge durcheinandergehen. Ich bin wütend auf ihn, wütender als ich jemals auf jemanden war, aber möchte mich auch an seiner Schulter ausheulen. Und dass er mich versteht und ernst nimmt. Und nicht immer Oma die Drecksarbeit erledigen lässt.

18.

Ich liege wach neben einem leise schnarchenden Mann. Wenn er schläft, kommt er mir vor wie ein riesiges Baby, so mit der Hand unter der Wange. Der zweite Mann in zwei Jahren. Es gab noch das eine Mal mit Jan, meinem Kollegen, aber das war ein Ausrutscher, so wie das Mal mit Peter, als ich dieses Bett gerade frisch gekauft und als Abschluss eines emotional schmerzhaften Umzugs selbst zusammengebaut hatte. Die Kinder waren bei ihm und Laura, Mam und Kim waren gerade gegangen. Es war der erste Abend in meinem neuen Heim in dem Neubauviertel, in dem ich nicht wohnen wollte, und der erste alleine, was ich nicht sein wollte. Ich leerte eine Flasche Wein und wollte gerade ins Bett gehen, als es läutete. Peter war leicht angetrunken, es war Freitag, er kam direkt aus dem Café De Blauwe Engel. Wir hatten uns monatelang nicht gesehen und ausschließlich über unsere Anwälte gesprochen. Das war übrigens meine Entscheidung.

Mein Anwalt meinte, ich müsse mich von ihm lösen, müsse meine Gefühle beiseitelassen, um für das zu kämpfen, was mir zustünde. Peter wollte, dass wir Freunde bleiben und gemeinsame Familienunternehmungen beibehalten sollten. Darauf reagierte mein Anwalt mit Hohngelächter. »Haha, natürlich will er das. Wenn Sie Freunde bleiben, spart ihm das eine Menge Geld, und er kann immer auf Sie zählen, wenn er Sie gerade braucht.« Unser

Ziel sei ein klarer Schnitt. Freunde bleiben, aber sich scheiden lassen, das passte nicht zusammen.

Aber da stand er nun und stammelte mit schwerer Zunge, wie schrecklich er die ganze Sache finde und ob es mir denn auch gut gehe in meinem neuen Haus. Und dann heulte er plötzlich los. »Denk bitte nicht, dass ich dich nie vermisse. Unsere Familie. Du bist und bleibst meine große Liebe.«

Ich war zu verblüfft, um ihm die Tür ins Gesicht zu knallen. Und was er sagte, rührte mich. Mir kam auch der Gedanke, dass dies meine Gelegenheit war, Laura zu verletzen, also bot ich ihm ein Glas Wein an und gab ihm eine Führung durchs Haus. Im Schlafzimmer, das noch voller Kisten stand, umarmte ich ihn. Wir fickten hastig, fielen übereinander her, und währenddessen sagte er mindestens zwanzigmal, wie sehr er meinen Arsch vermisste. Als er gekommen war, bat ich ihn zu gehen. Ich hoffte, dass er sich weigern würde. Aber er sagte: »Ja, das ist vielleicht das Beste. Es tut mir leid. Ich wünschte, alles wäre anders.«

In jener Nacht lag ich genauso wach wie jetzt und wälzte Tausende Gedanken. Ein neuer Mann in meinem Leben, einfach so. Im einen Moment bin ich deshalb überglücklich, im nächsten macht es mir eine Scheißangst. Und dann ärgere ich mich wieder über mich selbst, weil ich mich so von meinen Gefühlen hinreißen lasse. God wird bald wieder fort sein, also nimm dich zurück. Er nennt dich Bohnenstängelchen, was nun wirklich kein netter Spitzname ist. Er ist arrogant, benimmt sich aber wie ein dreijähriges Kind. Und wie bringt er sein Psychologiestudium mit den vielen Reisen um die Welt in Einklang?

Er hat es jedenfalls geschafft, sich in meinen Gedanken einzunisten. Wäre ich eine meiner Klientinnen, würde ich sagen: damit du dich nicht mit dir selbst befassen musst.

Sein Smartphone auf meinem Nachttisch schickt ständig Lichtsignale. Als ich danach greife, um es umzudrehen, sehe ich eine lange Liste von WhatsApp-Nachrichten. Ich lese sie nicht. Er hat zweifellos mehrere Affären. Bestimmt sehe ich ihn bald nie wieder.

»Wolltest du mal gucken?«

Ich zucke zusammen und drehe mich zu ihm.

»Es hat ständig aufgeleuchtet und mich nicht einschlafen lassen.«

»Sollen wir zusammen nachsehen?«

»Lieber nicht.«

»Na komm, du möchtest doch gerne wissen, wer mich anruft?«

Er beugt sich über mich und nimmt das Handy von meinem Nachtkästchen.

»Ich möchte wirklich nicht.«

»Ist doch nichts dabei, Schatz. Ich war auch schon in deinen WhatsApps.«

»Wie bist du reingekommen?«

»Leicht. Pincode Geburtsdatum.«

»Und woher hast du das?«

»Facebook. Tja, ihr Frauen teilt das alle mit Markie Zuckerberg und dem Rest der Welt.«

»Ich finde das echt unverschämt!«

»Ich finde das echt unverschämt ...«, äfft er mich nach. Dann grinst er und gibt mir einen langen Kuss.

»Deshalb bin ich da nicht drauf.«

»Bist du schon, sonst könntest du mein Facebook-Profil ja nicht sehen.«

»Jeder kann dein Facebook-Profil sehen. Das musst du ändern.«

Er legt den Arm um mich und drückt mich beschützend an sich.

»Liebstes Bohnenstängelchen.« Er schnuppert an meinem Haar. »Schau«, sagt er und hält mir sein Display vor die Nase.

»Das ist Anouk, ein Model. Sehr hübsch.«

Ich erstarre. Er ist verrückt.

»Ich könnte auch bei ihr sein. Aber ich bin bei dir. Du bist Champions League.« Er tippt sich an die Schläfe. »Kluges Mädchen.«

»Also die hier …«, er vergrößert das Foto von Anouk, die wirklich ungewöhnlich schön ist. Langes dunkelblondes Haar, völlig ebenmäßige Zähne, hauchzarte Schultern. »Die löschen wir einfach. Adieu, Anouk.«

Er wirft in einer Bewegung das Handy aufs Bett und zieht mich auf sich. Dann umfasst er mein Gesicht mit beiden Händen.

»Nicht alles so ernst nehmen!«

Sein steifer Schwanz gleitet in mich hinein. Wir schauen uns endlos an. »Du siehst in mich hinein«, sagt er, und ich weiß, dass es eine Lüge ist. Aber ich ziehe es vor, ihm zu glauben.

Am nächsten Tag bin ich völlig gerädert. Ich gehe mit Wammes nach draußen, ohne vorher zu duschen. Vom Küssen brennen meine Wangen und mein Kinn wie Feuer, meine Muschi glüht, mein ganzer Körper prickelt. Von jetzt an werde ich mich von ihm fernhalten. »Toxisch«, das würde ich meiner Klientin sagen. Aber es fühlt sich an, als hätte er mir einen Alien eingepflanzt, der mich langsam von innen auffrisst und in einen Zombie verwandelt. Und doch singe ich, komme den ganzen Tag ohne einen Bissen aus, hole meine Kinder pfeifend von der Schule ab. Ich hebe sogar die Hand, um Laura zuzuwinken.

Kim findet das Ganze höchst merkwürdig. Ein Mann, der mein Handy filzt, mich Bohnenstängelchen nennt, nach dieser einen Nacht nichts mehr von sich hat hören lassen, mir Fotos seiner anderen Liebschaften zeigt. »Komm schon, Jet, du bist verdammt noch mal Psychologin. Lass es dabei bewenden. Du hattest deinen Spaß, er hat dich wieder auf den Geschmack gebracht. Nutz diese Pheromone aus, geh raus und triff oder fick, wen du willst, aber der Kerl ist mir nicht geheuer. Ich würde ihn blocken. Du hast gerade erst ein Tief überwunden, und dieser Typ wird dich wieder runterziehen, und zwar noch tiefer.«

Ich gebe ihr recht und entferne seine Nummer aus meinen Han-

dykontakten. Ich soll ihn blockieren, sagt sie. Das mache ich, sage ich. Aber dann »vergesse« ich es angeblich. Und nach mehreren Wochen, in denen ich ihn google und auch auf Tinder suche, wo er sein Profil offenbar gelöscht hat, und sogar mit einem Kollegen in die Okura-Bar zum Cocktailtrinken gehe, ohne von Hugo, dem Barmann, erkannt zu werden, vergesse ich ihn fast wirklich. Bis eines Abends das Telefon läutet. Es ist elf Uhr, ich gehe gerade ins Bett, Lies liegt schon in ihrem, den Blick auf ihr Display gerichtet.

»Bohnenstängelchen« und dann sein Lachen. »Wie steht's im Leben?«

Meine Brust zieht sich zusammen, und ich bekomme eine Art Hitzewallung. »Gut«, sage ich, flüchte ins Badezimmer und schließe die Tür hinter mir ab.

»Hör mal, du Schöne. Ich bin in London. Und ich dachte, vielleicht hat Jet ja Lust, vorbeizukommen. Es hat mir nämlich sehr gut gefallen mit dir.«

»Ja«, sage ich.

»Das heißt, du kommst?«

»Es heißt, dass es mir auch sehr gefallen hat. Aber ich kann nicht einfach kommen. Ich habe Kinder, und meine Arbeit …«

»Machst du dich jetzt rar?«

Ich muss lachen. »Ich habe einen Monat lang nichts von dir gehört. Wenn das nicht heißt, sich rar zu machen.«

»Tut mir leid. Ich hatte Geschäfte zu erledigen. Und ich brauchte etwas Erholung. Das mit dir hat mich ziemlich umgehauen, weißt du. Und ich weiß nicht, ob ich das will. Ich bin ein Wolf, der weiterziehen muss. Aber davon ist gerade wenig übrig, kann ich dir sagen.«

Lies drückt vorsichtig die Türklinke herunter. »Mam? Ist etwas?«

Ich rufe, dass alles gut ist. Ein Klient am Telefon, schlaf weiter, Schatz.

»Habe ich noch Bedenkzeit?«, frage ich, worüber er in schallendes Gelächter ausbricht.

»Aber nicht zu lang. Ich will dich sehen.«
»Ich sollte jetzt nach den Kindern sehen.«
»Du solltest mehr an dich selbst denken.«
»Gute Nacht.«
»Möchtest du mich nicht auch sehen?«
Ich möchte mich ihm auf der Stelle nackt zu Füßen legen.
»Ich lass es dich wissen. Ich lege jetzt auf.«
Wieder dieses Lachen.
»Auf bald, Schönheit.«

Am nächsten Morgen wird in meiner Praxis ein riesiger Blumenstrauß abgegeben. Ich habe ihm die Adresse nie gegeben. Aber es ist natürlich nicht schwer, sie herauszufinden. »Liebes Bohnenstängelchen, ich hoffe, du kommst. Nicht nachdenken: Hör auf dein Gefühl.« Ich stecke die Karte ein, bevor meine Kollegen sie sehen.

Ich schreibe das alles auf, weil ich mich selbst verstehen möchte. Wie es so weit kommen konnte, dass ich in jede denkbare Falle gegangen bin. Wenn ich das verstehe, werde ich auch meinen Klienten besser helfen können. Warum habe ich alle roten Fahnen ignoriert? Ich will aus dieser Spirale der giftigen Spielchen herauskommen, aus dieser Sucht nach Bestätigung durch ihn. Ich fühle mich gefangen und entwürdigt. Ich kann nicht mehr klar denken.

Mit Kim rede ich nicht länger darüber. Sie glaubt, es ist vorbei. Niemand weiß etwas. Das allein ist schon ein schlechtes Vorzeichen. Ich behalte es für mich, um mir vormachen zu können, es sei ein Geschenk nur für mich. Ein Abschiedsausflug. Danach ist es vorbei. Ich fahre angeblich auf einen EMDR-Kongress in Innsbruck, der an dem Wochenende auch wirklich stattfindet, genau in der Woche, in der Peter die Kinder hat. An dem Abend, an dem ich in meinem E-Mail-Postfach meine Bordkarte finde, schickt er ein Video seines steifen Schwanzes mit dem Text: »Wir können nicht warten.«

19.

Als ich wieder nach unten gehe, verstummen die drei Erwachsenen schlagartig. Der Spannung nach zu urteilen, sind sie über etwas uneins.

»Na, Liesie, was hast du vor?«, fragt Oma.

»Ich geh ein Stück radfahren.«

»Wir sprachen gerade über Mamas Beerdigung, und wie ich höre, möchtest du sie gern noch einmal sehen. Also sagte ich, dass ich dich begleiten möchte. Ich will sie nämlich auch gern noch ein letztes Mal sehen. Vielleicht möchte Luuk auch mitkommen.« Ich sehe, dass Laura ihre Hand auf die von Pap legt.

»Okay«, sage ich. Ich muss jetzt einfach nur stark sein.

»Dann sollten wir jetzt gehen.«

»Wieso jetzt?«

»Ich war heute Morgen dort, wir haben sie richtig schön gemacht. Ich habe ihr das neue Kleid angezogen, weißt du? Das grüne mit den kleinen Goldmonden. Und wir haben sie gewaschen und geschminkt …«

Ich verstehe nicht, dass sie so ungerührt darüber reden kann.

»Und morgen wird der Sarg geschlossen.«

»Solltest du nicht auch mitgehen?«, sagt Laura zu Pap.

»Nein«, sage ich. »Ich glaube, Mama würde das nicht wollen, und ich übrigens auch nicht.«

»Du hast da gerade etwas sehr Schlimmes gesagt, Lies.« Laura greift wieder nach seiner Hand.

»Aber es ist trotzdem wahr.«

»Wollen wir nicht Luuk dazurufen und fragen, ob er auch mitkommen möchte?« Oma hat auf Deeskalation umgeschaltet; das Begräbnis als Vergnügungsfahrt.

»Ich geh ihn holen«, sage ich. Im Weggehen höre ich Oma sagen, dass dies gut für uns sei. Um das Ganze zu bewältigen.

»Sie sind auch so schon traumatisiert, Tineke. Ich weiß nicht, wie ich sie darin begleiten soll, wirklich nicht.«

»Indem wir zusammenhalten! Wir bilden einen Schutzwall der Liebe um sie herum.«

»Lies hat mich gerade beschuldigt, ihre Mutter umgebracht zu haben! Mit deinem Schutzwall der Liebe«, schnaubt Papa.

»Willst du wissen, wie lange Jet mich für den Selbstmord ihres Vaters verantwortlich gemacht hat? Das ist in Ordnung, es gehört zur Trauma-Bewältigung. Ihre ohnmächtige Wut muss sich auf etwas richten. Besser auf dich als auf sie selbst.«

»Wenn du meinst. Trotzdem hat sie am Ende Hand an sich gelegt.«

»Ja. Und wir haben beide Schuld daran. Wir haben sie aus den Augen verloren. Das soll uns mit ihren Kindern nicht noch mal passieren. Und deshalb kommst du auch mit.«

Papa hält Luuk an der Hand. Wir gehen über einen Kiesweg zu einer Art Tiroler Haus mit rotem Ziegeldach und einer Fassade aus schwarzem Holz.

»Schön ist es hier«, sagt Oma. »Hört ihr die Vögel? So friedlich.« Sie gibt sich möglichst aufgeräumt. Ich verstehe nicht, wie sie das kann. Ihr Kind ist hier. Tot.

Luuk schleift mit den Füßen über den Boden, als wäre er wieder drei Jahre alt, und umklammert mit beiden Händen Papas

Hand. In meinem Kopf ist das alles noch nicht real, sondern Mama ist heimlich zu God nach London geflogen. Auf jeden Fall lebt sie in der Geschichte noch. Sie hat ein Geheimnis, so wie ich jetzt eins habe.

Oma hat den Schlüssel zu einem Raum in der Leichenhalle. »Wir dürfen sie noch den ganzen Tag und über Nacht sehen. Und wenn ihr wollt, dürft ihr etwas auf den Sarg schreiben oder malen.« Sie plappert ohne Pause.

»Es riecht komisch«, sagt Luuk. Er bleibt bei der Tür stehen. Ich sehe, wie Papa zu Zement wird. Genauso grau und hart. Oma geht zu dem Sarg aus hellem Holz, beugt sich darüber und beginnt zu sprechen. »Hallo, mein Liebling. Deine Kinder sind hier. Sie finden es noch ein bisschen unheimlich, aber du siehst wunderschön aus. Kommt, Kinder, kommt zu eurer Mama.« Oma hat den Verstand verloren, oder sie nimmt Drogen. Ich gehe langsam auf sie zu. Luuk hat die Hände unter die Achseln geklemmt und bewegt sich nicht von der Tür weg. Oma streckt mir die Hand entgegen, ich greife danach wie nach einer Rettungsleine. Dann sehe ich die tote Frau, die angeblich meine Mutter sein soll. Eine Erinnerung schießt mir durch den Kopf. Das letzte Mal, als ich sie lebend sah, wirkte sie müde. Sorgenvoll. Doch das denke ich jetzt, damals dachte ich nichts dergleichen. Damals war sie meine Mutter, ein liebes Wesen, das ganz für uns lebte. Jetzt liegt sie hier mit einem kalkigen, aufgedunsenen Gesicht. Ihr Mund ist nur ein Strich, das Kinn verschwindet im Nacken. Meine echte Mutter, die lebende, ist hübsch. Das grüne Kleid ist bis zum obersten Knopf geschlossen. Das hätte Mama nie gewollt. Sie sieht aus wie eine Calvinistin.

»Darf ich sie anfassen?«

»Natürlich, Schatz.«

Ich nehme ihre Hand. Die kalte Starre der Finger lässt mir Tränen in die Augen steigen. Ich zittere, meine Stimme scheint aus meinem Bauch zu kommen, ich stoße Laute aus, die klingen wie das Jaulen von Wammes. Oma drückt mich an sich, aber ich reiße mich los. Ihre Umarmung hilft mir nicht. Luuk hat sich anscheinend aus dem Staub gemacht. »Das war wirklich eine tolle Idee, Tineke!«, höre ich Papa mit überschlagender Stimme rufen. Oma heult jetzt selbst, als sie sagt: »Ja, weine nur, Kind, es ist alles gut. Gib ihr einen Kuss.« Und das mache ich. Auf die früher so weiche Wange, die sich jetzt wie Gummi anfühlt.

»Wir wissen alle nicht, wie wir damit klarkommen sollen, Schätzchen.«

»Du schon«, sage ich.

»Nein, Kind, bis heute nicht. Und dies ist schlimmer als damals. Dein Großvater war … er hat so gelitten. Bei deiner Mutter habe ich es nicht gemerkt. Und ich fühle mich deshalb schrecklich.«

Ich streichle Mamas Wange. Es ist schon nicht mehr ganz so beängstigend.

»Sie wollte das nicht, Oma. Jemand anderes hat das getan.«

»Findest du diesen Gedanken denn angenehmer?«

»Er ist unerträglich. Aber es stimmt trotzdem.«

»Die Polizei hat alles untersucht.«

»Nicht alles.«

»Was hat sie übersehen, Lies?«

Ich würde ihr so gern mein Herz ausschütten. Aber es fühlt sich an, als würde ich einen Pakt brechen, den ich mit Mama geschlossen habe. Sie werden sie mir wegnehmen. Und noch mehr leiden, wenn sie die Bilder sehen. Vielleicht sagen sie, dass das noch immer nicht beweist, dass sie ermordet wurde. God wäre für sie vielleicht nur der letzte Anstoß gewesen. Außerdem will ich ihn töten. Das ist das Versprechen, das ich Mama hier und jetzt gebe. Er wird dafür büßen, Mam. Er wird das keiner anderen Frau mehr antun können. Er wird sterben, denn ich bin schlauer. Und wir haben einen Pakt. Du hast deine Geschichte nicht umsonst für mich hinterlassen.

»Lies? Was hat sie übersehen?«

»Sie hat sich doch mit Männern getroffen?«

»Sie hatte wieder damit aufgehört.«

»Trotzdem. Ich würde diesen Kerl oder diese Kerle auch überprüfen.«

Papa und Luuk kehren von draußen zurück. Ich setze das gleiche selige Lächeln auf wie Oma. »Komm her, Luuk. Es ist gar nicht unheimlich. Mama schläft, sie sieht ganz lieb aus.« Also das passiert, wenn man erwachsen wird: Man fängt an, immer mehr zu lügen.

Er kommt widerwillig näher. »Ist das wirklich Mama?« fragt er mich.

»Ja«, sage ich.

Er setzt sich auf meinen Schoß und legt seine dünnen, bläulichen Ärmchen um meine Taille. Ich spüre, wie er erstarrt. Meine Nase liegt an seinem Hals. Er riecht nach Biskuits und Gras. Ich warte auf das Zucken seiner Schultern, aber es kommt nicht. »Du kannst sie einfach anfassen.«

»Okay.«

Er nimmt den Zeigefinger, um ihre Hand zu streicheln. »Sie wirkt wie unecht.«

»Ja.«

»Wie eine Puppe.«

»Es könnte genauso gut nicht Mama sein.«

»Deine Mama ist hier«, sagt Oma. »In dir.«

Ich sage ihr nicht, für was für einen Bullshit ich das halte. Meine Mutter liegt in dieser Kiste. Sie existiert nicht mehr, sie ist weg. Sie kann uns nicht mehr lieben, nicht mehr festhalten, sie kann uns nicht hören, nicht sehen, nicht fühlen. Sie ist nicht in uns, schaut nicht lächelnd von einer Wolke auf uns herab oder wartet an irgendeinem Ausgang, bis auch wir gestorben sind. Solche Geschichten können vielleicht andere trösten, mich aber nicht. Sie fehlt mir so sehr, dass es ist, als hätte man mir das Herz zusammen mit dem Magen und allen Gedärmen aus dem Leib gerissen. Der Tod ist hässlich.

Wieder im Auto, sehe ich auf meinem Telefon, dass auf Tinder eine Nachricht für mich gekommen ist.

Guten Morgen, Schönheit. Was für eine angenehme Überraschung, dass wir ein Match sind. Ich stehe nicht so aufs Chatten, meinetwegen treffen wir uns gerne auf einen Drink und wissen gleich, ob der Match passt. OM, Nude.

20.

»Heilige Scheiße«, sagt Mees. Ich bin gleich zu ihm geradelt und immer noch außer Atem. Wir sitzen in seinem Zimmer, in dem es schrecklich aussieht. Am Boden Berge Klamotten, das Bett ungemacht, der Schreibtisch voll mit Red-Bull-Dosen, Stiften, einer halb leeren Tüte Paprika-Chips und einer schmutzigen weißen Sportsocke. Und es ist sehr heiß hier.

»Ich hätte das nicht erwartet, nicht so schnell. Jetzt denk ich: Ob er es durchschaut? Vielleicht will er mich in die Falle locken. Es ist fast genau die gleiche Nachricht, die er meiner Mutter geschickt hat.«

»Und was jetzt? Willst du übrigens was trinken? Cola?«

Er angelt nach der Zwei-Liter-Plastikflasche, die neben seinem Bett steht, und gibt sie mir. Lauwarme Cola. Jungs sind unbegreiflich.

»Der mit seinem Nude«, sagt er verächtlich.

»Soll ich ihm das schicken? Warum er sich Nude nennt?«

»Ja, mach.«

Ich tippe: »Hey Nude, warum dieser Nickname?«

»Und sowieso, Lies … wie soll das Date eigentlich gehen? Du bist fünfzehn!«

»Wir können ihn in ein Hotelzimmer kommen lassen.«

»Wir sind hier nicht in *Gute Zeiten, schlechte Zeiten.*«

»Was schlägst du dann vor?«

»Vor allem kannst du noch nicht sicher sein, ob er es überhaupt ist. Und zweitens, wenn er es ist, weißt du nicht sicher, ob er deine Mutter umgebracht hat. Ja, sorry, aber stimmt nun mal … Er hat sie zwar echt durcheinandergebracht, aber dann könnte sie immer noch, du weißt schon … es selbst getan haben.«

Er setzt sich neben mich aufs Bett. Seine Mutter ist unten. Ich habe gerade echt keine Lust auf die Selbstmordtheorie.

»Du weißt schon, dass es hier stinkt.«

»Ich rieche nichts.«'

Es ist so krass, dass Jungs sich selbst nicht riechen.

»Na, egal, aber wenn er's war, ist das megagefährlich.«

»Jetzt komm bitte nicht damit, dass wir damit zur Polizei müssen.«

»Hat er schon eine Antwort geschickt?«

Wir schauen auf mein Display.

Meine Psychologin hat mir mal empfohlen, mich als »nackter Säugling« aufzustellen, daher also Nude. Und du, Fleur, was macht so eine schöne Therapeutin auf etwas so Vulgärem wie Tinder?

»So ein Widerling«, sagt Mees.

»Ich wollte mir das mal ansehen, aber es ist wirklich vulgär«, tippe ich zurück.

»Die Freundin deiner Mutter«, sagt Mees, »die hat doch gewusst, dass sie ihn datet? Vielleicht sollten wir sie mit einbeziehen.«

»Aber wir brauchen ihn ja nicht wirklich zu treffen. Wir müssen ihn nur finden. Und ausspionieren. Was weiß ich, sein Handy klauen oder bei ihm zu Hause einbrechen.«

»Oder ihn hacken.«

Ich seufze und rolle die Augen. Was ist das eigentlich für eine

Pipifax-Aktion? Total kindisch. Wie hatte ich mir das vorgestellt, aufgedonnert in diese Bar gehen? Am besten, wir gehen mit den ganzen Informationen zur Polizei. Und was passiert dann? Dann nehmen sie mir meine Mutter weg. Reden vielleicht mit God. Und danach? Lassen sie ihn gehen und sagen mir ein weiteres Mal, dass ich mich damit abfinden soll.

Was will ich? Ich will ihn abschlachten, wie er meine Mutter abgeschlachtet hat; ich will, dass er blutüberströmt am Boden kriecht und um Gnade winselt. Vielleicht bin ich ja verrückt. Meine Wut tut richtig weh.

»Achtung, Lies, er antwortet wieder …«

Soweit ich das sehe, sollten wir uns treffen, um uns darüber ausführlich auszutauschen. Ich freu mich schon darauf.

Gib mir deine Handynummer, dann schick ich dir eine Nachricht mit Datum und Ort.

»Dass das so leicht geht«, sagt Mees.

»Du hast gerade Hacken gesagt. Könntest du das?«

»Ich denke schon. Aber wenn er wirklich ein Mörder ist, hat er sich dagegen geschützt, schätze ich.«

»Er ist ein Psychopath, der sich unangreifbar fühlt. Er ist mit einem Mord davongekommen und macht einfach weiter.«

»Eben. Ich denke nicht, dass er leicht zu hacken ist. Aber weißt du, was leicht ist: diese Frauen zu hacken. Das hat er natürlich gemacht.«

Ich denke an die Passwörter meiner Mutter, und wie leicht sie zu knacken waren.

»Also bevor du ihm deine Nummer gibst, änderst du erst deine Passwörter und Codes. Du nimmst auf jeden Fall nichts mit dem Namen deines Hundes, Bruders, Vaters oder mit deinem Geburtsdatum. Dann deine E-Mail-Adresse, Apple-ID …«

»Oder wir geben ihm eine andere Nummer und lassen ihn rein! Wir erstellen ein Fleur-System, mit Facebook, Instagram ... allem.«

»Irgendwann muss es eine reale Fleur geben.«

»Irgendwann haben wir ihn, und dann knöpfen wir ihn uns vor.«

»Und dann?«

»Lassen wir ihn gestehen.«

»Träum weiter!«

»Tu nicht so doof!«

Ich kuschle mich an seinen knochigen Körper. Lege den Kopf an seine Brust. Ich spüre seine Hand, die zögernd meine Taille berührt.

»Sie war ganz kalt«, sage ich. »Ich habe ihre Wange gestreichelt. Ich habe ihr versprochen, dass ich ihn kriege.«

Mit der Nase reibe ich über sein T-Shirt, da, wo die kleine Delle im Brustbein ist. »Sie hat diese Sachen nicht einfach so aufgeschrieben. Ihre Geschichte ist so eine Art Vermächtnis. Sie wollte, dass wir sie lesen, damit wir erfahren, mit was für einem Verrückten sie es zu tun hatte.«

Seine Finger wandern auf den Träger meines Calvin-Klein-BHs zu.

»Ich glaube nicht, dass sie wollte, dass du den Kerl auf eigene Faust jagst.«

»Ob er von dem Dokument gewusst hat?«

»Er hat per Fernzugriff ihren ganzen Rechner bereinigt, aber da ging es wahrscheinlich um die Bilder.«

Ich versuche mit dem Mund an sein Gesicht zu kommen. Ich will etwas fühlen, etwas anderes als Wut. Ich setze meine Zunge ein. Seine kommt mir zögernd entgegen. Die Hand an meinem BH-Träger zittert. Sein warmer Atem streift meine Wange. Unsere Münder sind von den Paprikachips feucht und salzig. Ich schiebe meine Hände unter sein Sweatshirt. Die Haut darunter ist babyweich.

Wir legen uns auf sein Bett und wissen nichts mehr zu sagen. Mees feuert die schmutzige Socke in eine Ecke und fegt etwas unter seinem Kopfkissen Verstecktes beiseite. Dann streichelt er mein Gesicht, und wir schauen uns endlich richtig an. Auf seinen Wangen erscheinen rote Flecken. Er fängt an, an meiner Jeans herumzufummeln. Ich helfe ihm, sie aufzuknöpfen, aber wir trauen uns beide nicht hinzusehen. Seine Finger tasten sich voran, sie scheinen absolut ratlos, wo sie hinsollen.

»Ich hab mich schon seit Tagen nicht mehr rasiert«, sage ich.

»Macht mir nichts.«

Er zieht meinen Pullover hoch und dann den BH. Ich lege mich ein bisschen auf die Seite, weil ich so auf dem Rücken kaum Brüste habe. Mees küsst und streichelt sie. Ich müsste eigentlich pinkeln, aber trau mich jetzt nicht mehr aufzustehen. Was wir gerade machen, kann jeden Moment unterbrochen werden. Durch seine Mutter oder weil einer von uns plötzlich seine Meinung ändert, aus Scham, Vernunft oder Schuldgefühl. Ist es seltsam, Sex zu haben, wenn die eigene Mutter in einer sterilen Leichenhalle aufgebahrt ist? Eine Mutter, die vielleicht an ihrer sexuellen Bedürftigkeit gestorben ist? Ob irgendwann wirklich der Tag kommt, an dem ich nicht mehr an diese Art Sachen denke? Ab wann ist es eigentlich Sex? Wenn sein Pimmel in mir war, oder sein Finger?

Hör auf zu denken! Ich kneife die Augen zusammen und versuche, meine Aufmerksamkeit auf die Hand in meiner Hose zu lenken, die meine Klitoris sucht. Ich selbst finde sie blind, aber traue mich nicht, ihm zu helfen. Sonst denkt er noch, dass ich dauernd masturbiere. Ich drehe mich auf ihn. So ist es besser: Meine Brüste wirken größer, und ich fühle mich weniger unterworfen. Wir ziehen im gleichen Moment unsere Pullis aus, an die Hosen trauen wir uns noch nicht. Ich reibe mein Becken über seinen Pimmel und kann, glaube ich, spüren, dass er einen Steifen hat. Oder nicht, aber es gefällt ihm, denn er bewegt sich heftig mit. Wir küssen uns jetzt intensiver, mit weiter geöffnetem Mund und herausgestreckter Zunge, und er umfasst meine Brüste. Mir ist knallheiß, und die Naht im Schritt meiner Jeans fängt an zu scheuern. Er kneift mich. Ich setze mich aufrecht, unsere Münder lösen sich voneinander. Seine Augen starren auf meine Brüste, und ich drücke sie mit den Händen zusammen. Er spitzt die Lippen, als wollte er Rauchringe blasen. Ich bin nicht mehr geil, merke ich. Ich beobachte ihn, während ich über seinen Schritt reibe, aber das Brennen zwischen meinen Beinen erinnert mich eher an eine Blasenentzündung als einen Orgasmus. Ich denke zu viel. Ich weiß nicht, ob ich je damit aufhören kann, aber ich wünsche es mir sehr.

So plötzlich wie es angefangen hat, endet es wieder. Mees zieht mich zu sich herunter und presst mich an seine keuchende, schwitzende Brust. »Oje«, stöhnt er, und ein Schauder scheint ihn zu durchlaufen. Es riecht nach Bleichmittel. »Tut mir leid«, flüstert er. Ich weiß nicht, was er meint. Was sollen wir jetzt machen, will ich fragen, aber irgendwie fühlt sich alles plötzlich unangenehm an.

»Ich muss gehen«, sage ich und suche eilig meine Kleider zusammen.

»Aber was machen wir jetzt?«, fragt Mees.

»Keine Ahnung. Nichts.«

»Ich meine wir. Miteinander.«

Ich ziehe mein T-Shirt und den Pulli über den Kopf. Ich wünschte, ich könnte im Erdboden versinken.

»Im Moment weiß ich gar nichts mehr«, sage ich und flüchte durch die Tür und die Treppe hinunter, ohne mich von seiner Mutter zu verabschieden. Ich halte es auch auf einmal nicht mehr aus, dass er noch eine hat.

21.

Ich rufe bei Kim an. Sie wohnt zwei Häuserblocks von Mama entfernt in einem identischen Reihenhaus. Sie ist Physiotherapetin und praktiziert zu Hause.

Als sie öffnet, streichen ihre zwei Katzen um ihre Beine. Eine warme, nach Suppe riechende Luft strömt mir entgegen.

»Hey, Lies, schön, dich zu sehen! Komm rein.« Wir umarmen uns, und ich folge ihr ins Wohnzimmer, das fast vollständig von einem riesigen lila Lounge-Sofa eingenommen wird, auf dem eine aufgeschlagene Zeitung liegt.

»Ich habe mir gerade Nudelsuppe gemacht, willst du auch?«

Ich schüttle den Kopf.

»Oder lieber Tee? Kaffee?«

»Gern Kaffee, danke.«

»Cappuccino? Und willst du Kuchen dazu? Oder Marzipanküchlein? Davon hab ich auch noch eins …«

Kim ist verrückt nach Essen. »Essen ist meine Medizin für alles«, sagt sie immer. Sie ist seit Jahren Single. Sie hätte zwar gern Kinder gehabt, aber nur in einer festen Beziehung. Und der passende Vater ist ihr leider nie begegnet.

Sie stellt meinen Cappuccino auf den Sofatisch und lässt sich mit ihrer Suppenschüssel in der Hand neben mir in die Kissen sinken. Von dem Geruch wird mir leicht übel.

»Du warst bei Jet, oder?«, fragt sie und schaut mich mit traurigen Augen an. »Wie war's?«

»Schrecklich.«

»Ich war auch schon dort. Es ist unbegreiflich, so … unwirklich.« Sie stellt die Schüssel ab. »Sie fehlt mir so.« Sie senkt den Blick.

»Du wusstest das von Mama und God, oder?«

Kim steht wieder auf, um zum Fenster zu gehen. Sie starrt längere Zeit hinaus. »Ich weiß, dass sie einen Abend mit ihm ausgegangen ist, ja. Und dass er danach nichts mehr von sich hat hören lassen. Daraufhin habe ich ihr geraten, ihn loszulassen. Und soweit ich weiß, hat sie das auch gemacht.«

»Wohl nicht wirklich.«

»Und woher weißt du das?«

»Das hab ich herausgefunden.« Ich habe keine Lust, ihr von der Datei zu erzählen.

»Ich kann verstehen, Lies, dass du dich weigerst zu glauben, dass deine Mutter sich …«

»Das ist nicht etwas, was ich mich zu glauben weigere. Ich weiß es sicher!«

»Die Polizei hat alles untersucht, hat all ihre Wege zurückverfolgt. Ich habe stundenlang mit den Beamten gesprochen.«

»Und wie ist sie dann zum Beispiel in diesem Bungalow gelandet?«

»Sie sagen, dass sie hingelaufen sein muss.«

»Ohne Mantel, Tasche, Handy?«

»Es gibt Leute, die sie gesehen haben.«

»Behaupten sie. Was sieht man denn groß im Dunkeln?«

»Sie war öfter nachts spazieren.«

»Ja, mit dem Hund.«

»Du hast der Polizei nichts von God erzählt.«

»Können wir ihn bitte nicht so nennen? Welcher Dümmling nennt sich bitte selbst God?«

»Ein Kerl, der Godfried heißt.«

Ich nehme einen Schluck von meinem Kaffee. »Weißt du, wie er sie genannt hat?«

»Ich habe keine Ahnung.«

»Doch, du weißt es.«

»Okay, ja. ›Bohnenstängelchen‹. Da weiß man doch genug!«

»Wieso? Was weiß man denn?«

»Dass der Mann nicht ganz bei Trost ist. Noch mal, Lies, nachdem sie mir von dem Date erzählt hatte, hab ich ihr gesagt, sie soll ihn sich aus dem Kopf zu schlagen. Soweit ich weiß, hat sie das gemacht. Zumindest habe ich danach nie wieder ein Wort über ihn gehört. Trotzdem glaube ich, dass er ihr den letzten Anstoß gegeben hat. Sie war mir gegenüber distanzierter, seit sie mir von ihm erzählt hatte, und seltsam. Das eine Mal ganz fröhlich und umgänglich, das nächste Mal finster und gestresst. Sie nahm ab, war immer müde, das muss dir doch auch aufgefallen sein.«

Ich nicke, aber es stimmt nicht. Jetzt im Nachhinein fällt es mir auf, aber vor ihrem Tod nicht. Meine Mutter war einfach meine Mutter, das heißt, immer gleich. Ich wollte bei ihr sein, und wenn ich es war, machte ich mein eigenes Ding, im sicheren Wissen, dass sie in der Nähe war. Wer in meinem Alter achtet schon die ganze Zeit auf seine Mutter? Manchmal war sie ein bisschen schnippisch, manchmal traurig, was logisch war, da sie Papa immer noch liebte – so sah ich das.

»Ich will ehrlich zu dir sein, Lies, du bist schließlich schon groß und verdienst es.«

Kim setzt sich mir gegenüber auf das Sofatischchen und nimmt meine Hände. »Manchmal frage ich mich, ob dieser Godfried wirklich existiert oder existiert hat.«

»Ja, natürlich, ich auch. Er hat sich den Namen ausgedacht.«

»Nein, Schatz, ich meine, ich frage mich, ob dieses Date überhaupt stattgefunden hat.«

Ich sehe ihr in die Augen. Ich weiß nicht genau, was Kim jetzt erreichen will.

»Du glaubst, Mama hat sich das alles ausgedacht?«

»Na ja, das hängt davon ab. Deine Mutter war nach der Scheidung sehr verletzbar. Sie grübelte viel und schlief schlecht, und sie vermisste dich und deinen Bruder schrecklich, wenn ihr bei eurem Vater wart. Vielleicht gab es ein Date, vielleicht nicht, aber die Jet, die wir alle kannten, wäre schleunigst davongelaufen vor so einem Idioten.«

Ich reibe meine juckenden Ellbogen. Plötzlich juckt alles.

»Willst du jetzt sagen, dass sie das Ganze erfunden hat? Ich versteh gar nichts mehr.«

»Vielleicht hat sie es schöner oder hässlicher gemacht, als es letztlich war. Oder vielleicht war gar nichts davon wahr. Was ich sagen will: Sie war auf dem besten Weg, durchzudrehen.«

Jetzt bin ich es, die aufsteht und zum Fenster geht. Denn selbst ich zweifle jetzt kurz an Mams geistiger Verfassung. »Sie hat es schöner oder hässlicher gemacht, als es war.« Aber ich habe die Bilder gesehen, seine Stimme gehört. Ich habe gelesen, wie sie sich von ihrer einzigen Freundin entfernte.

»Warum sollte sie so was erfinden?«

Kim zupft an ihren Fingernägeln, von denen roter Nagellack abblättert.

»Hat dir deine Oma je erzählt, dass Jet als Kind sehr viel Fantasie hatte? In der Schule erzählte sie, ihre Mutter hätte in dem Zug gesessen, der Ende der Siebziger von molukkischen Terroristen gekapert wurde. Oder sie trug den Arm in einer Schlinge und behauptete, im Park hätte ein Kinderschänder versucht, sie zu entführen.«

Nein, davon hat mir Oma nie erzählt.

»Deinem Großvater ging es zu der Zeit schon nicht mehr gut. Jet hat sich damals also wahrscheinlich in ihre Fantasiewelt geflüchtet. Kinder, die in Familien aufwachsen, wo viel gelogen oder etwas verschwiegen wird, fangen selbst an, Lügengeschichten zu erzählen. Um sich Aufmerksamkeit zu holen, oder gerade, um die Aufmerksamkeit von sich abzulenken. Das hat mir Jet übrigens selbst erzählt.«

Wenn das stimmen würde, müssten Luuk und ich uns andauernd Sachen zusammenspinnen.

»Daran musste ich denken, als sie mir von diesem Godfried erzählte. Sie konnte nicht gut allein sein. Sie schämte sich dafür, hat darunter gelitten. Manchmal sagte sie, sie hätte eine Verabredung, und dann kam raus, dass sie an dem Abend zu Hause gewesen war. Zu Laura sagte sie, sie hätte einen Freund, ich nehme an, um deinen Vater auf die Palme zu bringen. Sie verhielt sich ungewöhnlich. Sie erschien nicht beim Pilates-Kurs, immer mit ganz vagen Ausreden. Einmal habe ich sie total sexy gekleidet im Supermarkt getroffen. Sie war nicht sie selbst. Und ich war ehrlich gesagt beunruhigt. Das habe ich auch Peter gegenüber geäußert.«

»Das wird ihr wahnsinnig gefallen haben!«

»Ich wusste nicht, was ich sonst tun sollte.«

»Mit ihr reden?«

»Ich hab's versucht, aber sie wurde wütend, sie hat sich da wirklich maßlos hineingesteigert. Danach hat sie sich noch mehr zurückgezogen. Ich habe ihr gesagt, dass sie sich Hilfe suchen und eine Zeit lang etwas weniger arbeiten sollte. Worauf sie immerhin zugab, dass sie sich übernommen hätte. Eben weil sie das Alleinsein nicht ertragen könnte.«

Mein Magen knurrt. Ich habe den ganzen Tag noch nichts gegessen. Mama soll sich Märchen ausgedacht haben? Das ist einfach nicht wahr, das hätte ich gemerkt. Ich kneife mich in die Nasenwurzel.

»Willst du wirklich keine Suppe? Oder vielleicht ein Brötchen? Ich habe hervorragenden Käse im Haus.«

»Nein, danke.«

Ich bin wütend auf Kim, auch wenn es albern ist, aber ich möchte es sein. Wahrscheinlich hat Mama gespürt, dass sie ihr nicht glaubte. Darum hatte sie Angst, sich ihr anzuvertrauen, als die Dinge aus dem Ruder liefen.

»Hast du nie daran gedacht, dass sie vielleicht doch weiter mit God umging? Und sich deshalb so komisch verhielt? Und wenn es so war?«

»Jetzt, wo du es sagst, denke ich, dass es sein könnte, ja.«

»Wie beschissen ist das denn, wenn dir keiner glaubt, bloß weil du zufällig als Kind vor hundert Jahren viel Fantasie hattest?«

»Sie war Psychologin geworden, um sich selber besser zu verstehen, das sagte sie manchmal.«

»Ja, und? Jeder sucht nur die Bestätigung, dass es ihre eigene Schuld war. Wenn man deine weniger guten Seiten nebeneinanderlegt, bist du auch nur eine einsame Irre mit Depressionen.«

Kim grinst und beißt sich danach auf die Lippen.

»Touché.«

Unser Haus sieht immer noch so aus, als könnte unser altes Leben jederzeit neu beginnen. Das marode Trampolin im Vorgarten, der überwucherte Zaun, Mamas Fahrrad, das neben der Haustür angekettet ist. Ich hätte erwartet, dass hier so ein Absperrband von der Polizei hängen würde, aber ich kann einfach hineingehen mit meinem Schlüssel, und in der Diele riecht es wie immer. Ein bisschen nach Mamas teuren Duftkerzen, ein bisschen nach gebratenem Reis, ein bisschen nach Luuks Fußballschuhen, die unter der Garderobe liegen, ein bisschen nach

Wammes. Ich weiß nicht, ob es verboten ist, hier zu sein, ich glaube aber nicht. Die Untersuchung ist abgeschlossen, unser Haus gehört wieder uns. Mein Telefon läutet. Es ist Papa. Ich schalte auf lautlos.

Am Treppengeländer ist noch Puder von der Spurensuche. God ist auch hier gewesen, wie kann es sein, dass sie nichts von ihm gefunden haben? Ich gehe nach oben und bemühe mich, nicht auf das Foto von uns dreien zu schauen, das am Treppenabsatz hängt.

Alle Türen stehen offen, die Betten sind abgezogen. Beim Betreten meines Zimmers bekomme ich das Gefühl, dass ich schon tot bin und als Geist auf mein Leben blicke: die weißen Vorhänge mit den großen rosa Punkten, die ich mit Mam bei Ikea ausgesucht hatte, den mit Schreibkram und Make-up übersäten weißen Schreibtisch, die bunten Miniatur-Laternen um meinen Spiegel, den roten herzförmigen Bettvorleger. Hier habe ich meine Zeit am liebsten verbracht, und meine Mutter unten war eine völlige Selbstverständlichkeit. Ihr Schlafzimmer riecht so frisch wie immer. Ich lege mich auf ihre bloße Matratze, drücke auf der Suche nach irgendeinem Hauch von ihr die Nase in ihr Kissen. Hier sind wir gelegen. Sie kitzelte mich oder rieb meine kalten Füße warm. Wir tranken Tee und aßen Schokolade. Oder schauten *Gossip Girl* auf Mamas neuem Fernseher am Fußende, einem übertrieben teuren Kasten, den sie plötzlich angeschafft hatte. Es ist wie in einem dieser Träume, wo man in sein altes Zuhause zurückkehrt, in die alte Schule, und dann stellt sich raus, dass das eigene Leben hier nie aufgehört hat. Niemand hat dich vermisst, und morgen hast du eine Klausur.

Ich öffne die Schublade des Nachtschränkchens auf Mamas Seite. Ein MacBook-Ladegerät, ein Vibrator und eine ganze Sammlung von Tablettenschachteln. Temazepam, Dormicum, Ritalin, etwas namens Finasterid und Clozapin. Ich google das letzte

Mittel. »Clozapin ist nicht nur wirksam gegen Psychosen, sondern kann auch Aggressivität/Suizidalität sowie den Gebrauch von Alkohol, Drogen und Zigaretten reduzieren.«

Danach Finasterid: »Hemmt die Wirkung von Testosteron auf die Prostata und auf die Haarfollikel in der Haut. Bei Problemen beim Wasserlassen, die durch eine vergrößerte Prostata verursacht werden. Bei Kahlköpfigkeit: Nach drei bis sechs Monaten kommt es zu neuem Haarwuchs an vorher kahlen Stellen.«

Ich müsste mich schwer irren, wenn das Mamas Tabletten sind. Sie hat vielleicht ab und zu eine Temazepam zum Schlafen genommen, aber sie bekam bestimmt keine Glatze. Ich kann mich auch nicht erinnern, diese ganzen Schachteln schon mal gesehen zu haben – dabei habe ich öfter in die Schublade geschaut, das letzte Mal mit Evi, um ihr zu zeigen, dass auch meine Mutter einen Vibrator hat.

Es sind Gods Tabletten. Natürlich, Mama hat sie ihm besorgt. Ich schnappe mir das Finasterid und stecke es ein. Dass die Polizei hier nicht nachgesehen hat!

22.

Warum ich fliege? Das frage ich mich selbst immer wieder zwischen aller Sehnsucht. In meinem Kopf kämpfen zwei Stimmen. »Du bietest dich auf dem Präsentierteller an«, sagt die eine. »Lass dich doch mal gehen«, sagt die andere. Die andere hat gesiegt. Ich nehme angeblich an einem Kongress teil. Ich musste fast nichts erklären. Kim glaubt mir aufs Wort, und die Kinder sind bei ihrem Vater, dem das sowieso am liebsten ist. Es fühlt sich an, als würde ich fremdgehen. Und genau das tue ich, nur dass ich mich selbst betrüge, wider besseres Wissen. Ich bin auf dem Weg zu einem Mann, der mal sanft und dann wieder der reinste Quälgeist ist, der sich plötzlich in Luft auflöst und mich gleichzeitig stalkt. Jemandem, der süchtig nach Konflikten ist, der dich streichelt und genau dann zuschlägt, wenn du dich hingibst.

Aber ich weiß das alles, rede ich mir ein. Es ist auch faszinierend, ich bin so absorbiert, dass mir keine Zeit bleibt, mich über das Scheitern meiner Ehe und Familie aufzuregen. Und was schadet es? Ich gestatte mir dieses Abenteuer – solange ich sein Verhalten als das ansehe, was es ist: ein Spiel, um mich kleinzukriegen. Bin ich verliebt? Ja, ich fürchte schon. Ich steuere blind und ungebremst auf eine Betonwand zu. Aber egal. Ich gehe nach London, ich werde umwerfenden Sex haben und in die Augen eines Mannes sehen, der mich verschlingen will. Ich will das erleben. Er ist ein Rätsel, ein

Geheimnis, das ich entschlüsseln will. Ich will wissen, wie sein Kopf funktioniert.

Als ich ins Flugzeug steige und mich in die erste Reihe setze, auf den Platz, den er für mich gebucht hat (»Für mein Bohnenstängelchen ist nur Sitzplatz 1A gut genug«), fühle ich mich als unerschrockene Geliebte, als die Frau, die eingeflogen wird, das teure Callgirl, das alle Fäden in der Hand hält.

Ob er auch so viel über mich nachdenkt? Ich glaube nicht. Er ist ein Mann, der durch die Welt gondelt und Frauen einfliegt, wenn ihm alles zu langweilig wird. Ich bin nur eine von vielen, daraus hat er kein Geheimnis gemacht. God ist ein Mann ohne Bindungen mit einem unstillbaren Drang nach Bestätigung. Eine Frau allein kann da nie genug sein.

Er steht nicht am London City Airport. Was hatte ich mir denn vorgestellt? God, am Ausgang mit einem Luftballon nach mir winkend? Ich, in seine Arme rennend? Vielleicht. Ich soll, laut meiner Mutter, zu viel Fantasie haben. Ich lächle meine Enttäuschung weg, als ich einen Mann im Anzug mit einem Schild entdecke, auf dem mein Name steht. Wir geben uns die Hand, und ich folge ihm zu dem schwarzen Hackney. Plötzlich überkommt mich ein Unbehagen, das ich schon seit Tagen wegdrücken will. Was zum Teufel mache ich hier? Ich lasse mich einbestellen wie eine Hure; ich lüge meine eigenen Kinder an. Wenn nun einem von ihnen etwas passiert? Oder mir? Dabei habe ich ihnen versprochen, immer für sie da zu sein, immer in erster Linie an sie zu denken; es anders zu machen als ihr Papa, der uns alle getäuscht und betrogen hat. Und was tue ich stattdessen? Für einen Schwanz!

Während der ganzen Fahrt durch London starre ich blicklos und die Anspannung wegatmend aus dem Fenster. Der Regen macht die Stadt so grau und drückend wie mein Schuldgefühl. Der Fahrer weist mich fachkundig auf die Sehenswürdigkeiten hin, Big Ben, Tower Bridge, Buckingham Palace, Hyde Park und die Schaufenster von Harrods. Obwohl ich in den richtigen Momenten mit Yes, No und Thank you antworte, zieht alles, was er sagt, ungehört an mir vorbei. Ich könnte genauso gut durch Den Helder fahren.

»Well, here we are, Miss!«, sagt er. Er biegt links ab und hält vor einem imposanten Treppenaufgang, über dem eine blaue Markise schwebt. »Welcome to The Ritz.« Ein Mann im Frack öffnet die Tür an meiner Seite.

»Welcome, Jet«, sagt er, und ich erkenne seine Stimme. Er macht eine Verbeugung und nimmt seinen Zylinder vor mir ab.

»O mein Gott«, lache ich. Ich schlage überrascht die Hände vor den Mund, und er hebt mich hoch, und dann lachen wir zusammen mit dem Fahrer und den anderen Portiers lauthals los. Plötzlich ist alles gut.

»Bohnenstängelchen!«, wiehert er. »Komm, gib mir den Koffer.«

Im Zimmer wirft er mich gleich auf das Doppelbett, das ein roter Samtüberwurf bedeckt. Er zieht mir Schuhe, Socken und Hose aus und drückt seine Nase in meinen Schritt.

»Parfümiert«, sagt er. »Und so schön glatt.« Sein Finger fährt am Rand meines schwarzen Spitzenslips entlang. Mein Körper ist mit jeder Faser bereit für den Sex, der nun gleich folgen wird, aber ich bin es nicht. Wir haben uns fast zwei Monate nicht gesehen und kaum ein Wort miteinander gewechselt.

»Warte«, sage ich und richte mich auf. Er sieht mich an, den Kopf immer noch in meinem Schoß. Ich streiche ihm übers Haar. Die schüttere Stelle am Scheitel ist verschwunden.

»Hallo«, sagt er.

»Hallo«, sage ich.

»Da bist du also.«

»Ja.«

»Dreh dich mal um.« Er bemerkt die fehlende Nähe zwischen uns gar nicht.

»Wollen wir nicht erst in Ruhe reden?«

»Dafür haben wir noch das ganze Wochenende.«

»Für das hier auch.«

»Komm schon, sei nicht so langweilig. Dreh dich um. Du bist so schön. Dieser Hintern. Und dieses geile Höschen. Bitte! Ich will ein Foto machen.«

Möchte jemand langweilig sein? Ich nicht. Ich tue, was er von mir verlangt, und es erregt mich. Auf allen vieren knie ich auf dem Bett, mit hochgerecktem Hintern und noch in meiner weißen Longbluse. »Nicht das Gesicht.«

»Keine Sorge, da kommt nur dein wunderbarer Hintern drauf. Dann hab ich noch was von dir, wenn du wieder gehst.«

Seine Finger schieben den Schritt meines Höschens zur Seite. Es ist geil. Und unvernünftig. Ich senke den Kopf und lasse mein Haar über mein Gesicht fallen. Ich spüre seine Zunge. Fotografiert er immer noch? Seine Zunge wandert langsam zu meiner Klitoris, wo sie mit sanft kreisenden Bewegungen verweilt. Jetzt bin ich an dem Punkt, wo ich alles vergesse, wo ich nichts als eine Möse bin.

Bis er plötzlich aufhört. »So. Das war, was ich einen kleinen Vorgeschmack nenne!«

Ich ziehe den roten Plaid über mich. So ungeniert, wie ich eben noch zu sein glaubte, so nackt bin ich jetzt.

»Dieser Überwurf, weißt du, wie schmutzig der ist? Wie viele Leute darauf schon gebumst haben? Und was glaubst du, wie oft sie den waschen? Absolut nie, nehm ich an.« Er geht ins Badezimmer.

Ich trete den Plaid weg und krieche unter das knisternde weiße Laken. Das Zimmer ist fast so groß und hoch wie mein ganzes Haus. An den Fenstern hängen schwere, mit einer Goldkordel zugebundene Vorhänge. Dem Kingsize-Bett gegenüber ein großer offener Kamin und über mir weiß-goldener Behang mit gestickten Krönchen.

Die Toilettenspülung wird betätigt, die Dusche aufgedreht. Das Was-mache-ich-hier-Gefühl steigt wieder in mir auf. Um nicht darauf achten zu müssen, beschließe ich, meinen Koffer auszupacken. Ich schlüpfe in einen der viel zu großen Bademäntel, um mir etwas aus den Kristallkaraffen auf dem Biedermeiertisch einzuschenken, und gebe zwei Eiswürfel hinzu. Ich kann nicht glauben, dass ich hier bin. Dass ich das tue.

Im Kleiderschrank ist ein Fach freigehalten. Seine Kleidung ist ordentlich gebügelt und gefaltet, als ob er schon seit Wochen hier wohnt. Der Mann lebt anscheinend in Hotels. Oder nicht? Ich weiß nichts über ihn. Er könnte verheiratet sein und Kinder haben. Ich weiß nicht einmal, ob ich das alles wissen möchte. Vielleicht bleibe ich selber auch lieber in dieser Blase, die alles verfremdet und in der absolut nichts selbstverständlich ist.

Am liebsten möchte ich, dass er zu Ende bringt, was er eben noch so gierig angefangen hat. Er duscht lächerlich lang. Sein Telefon und sein Terminkalender liegen auf dem Nachttisch neben dem Bett.

»Hast du reingeschaut?«, ist das Erste, was er mich fragt. Er steht mit nassen Haaren in der Tür und trägt den gleichen weit geschnittenen Bademantel wie ich.

»Nein«, sage ich kichernd. »Das würde ich nicht wagen.«

»Sei ehrlich.«

»Nein, natürlich nicht. Ich habe meine Kleider in den Schrank gelegt. Und mir einen Whiskey eingeschenkt. Willst du auch?«

»Du würdest es nie zugeben.«

»Ich würde es nie tun.«

»Natürlich würdest du. Aber du traust dich nicht.«

Mir wird plötzlich heiß. »Möchtest du? Whiskey?«

»Ich habe aufgehört zu trinken.«

Es ist ein ganz anderer Mann aus der Dusche gekommen.

»Wollen wir ein bisschen schlafen?«, fragt er und geht ohne weiteres Wort an mir vorbei zum Bett.

Im Schlaf legt er den Arm und ein Bein über mich. Durch den Spalt im Vorhang sehe ich, dass es draußen dämmert. Ich war noch nie in London, und auf der Autofahrt hierher habe ich aus Nervosität kaum etwas davon wahrgenommen. Ich will hinaus auf die Straße, die Stadt erkunden. Aber wenn ich versuche, mich von ihm wegzudrehen, umklammert er mich fester. Als ich etwas von ihm wegrutschen will, rollt er sich auf mich. Er beißt mich sanft in den Nacken. »Bohnenstängelchen«, sagt er mit vom Schlaf heiserer Stimme. Er langt nach unten, greift nach seinem Schwanz und führt ihn mit einer Bewegung in mich ein. Er vögelt mich schnell und hart. Als er gekommen ist, sagt er: »Du kommst auch noch dran, keine Sorge.«

Dann klopft es an der Tür. »Da sind sie ja!« Er macht die Lichter an, wirft den Bademantel um und läuft zur Tür. Die beiden Kellner, die ihm ins Zimmer folgen, schieben jeder einen Servicetisch voller Silberschüsseln vor sich her. »Überraschung! Alles für dich, Schatz.«

Die Tische werden vor dem Bett abgestellt. Der eine Kellner entkorkt den Champagner, der andere lässt God die Rechnung unterschreiben. Als sie wieder gegangen sind, tanzt er ausgelassen wie ein Kind um die Tische. »Sieh dir das an, Bohnenstängelchen, ein Festessen! Alles für dich.«

Ich heuchle Freude und Überraschung.

»Komm, das essen wir alles im Bett.« Er hebt die silbernen Abdeckschalen von den Tellern und enthüllt zwei riesige Cheeseburger mit Pommes. Ich breche in Lachen aus, diesmal aufrichtig. Er ist ein Kind, ein kleiner Junge.

Wir essen und trinken im Bett. Der Cheeseburger ist himmlisch, der Champagner ebenfalls.

God bleibt weiter beim Wasser.

Er erkundigt sich nach meinem Ex-Ehemann, danach, was schiefgelaufen ist zwischen uns. Ich erzähle ihm, dass Peter sich in eine andere verliebt und beschlossen hat, mit ihr zusammenzuziehen.

»Das tut weh.«

»Ja.«

»Ich würde verrückt werden.«

»Am Anfang wurde ich auch verrückt.«

»Echt? Was ist passiert?«

»Ich bin einmal auf ihn losgegangen. Bin ihm mit den Fingernägeln an die Kehle. Das war, als er mir endlich sagte, was er monatelang abgestritten hatte, nämlich dass er in sie verliebt war.«

»Schön.«

»Was ist daran bitte schön?«

»Dass auch Psychologinnen ab und zu verrückt spielen. Und bist du schon mal fremdgegangen? Als du noch mit ihm zusammen warst?«

»Nein«, sage ich. Ich weiß nicht, warum ich ihn anlüge.

»Nie? Nicht ein einziges Mal? Nicht der kleinste Fehltritt?«

»Doch, ja, vielleicht, in einer Kneipe, als ich betrunken war. Aber da war es mit Peter genau genommen schon aus.«

»Und was ist der Unterschied zwischen ›aus‹ und ›genau genommen aus‹?«

»Er wollte mehr Abstand, fand, dass wir die Dinge überstürzten. Er wollte ein Wochenende für sich. Du darfst nicht vergessen, das war noch während unseres Studiums, lange vor der Hochzeit.«

»Aha. Also bedeutet ›genau genommen aus‹ eigentlich ›nicht aus, aber etwas mehr Abstand‹. Und da wirfst du dich gleich einem anderen an den Hals?«

Ich unterdrücke das Bedürfnis, mich zu verteidigen.

»Wenn du es so sehen möchtest, ja.«

»Gut zu wissen.«

»Wie läuft es eigentlich mit deinem Studium?« Ich habe keine Lust mehr, über mich selbst zu reden, schon gar nicht über diesen Lebensabschnitt.

»Das muss gerade warten. Zu viel zu tun geschäftlich.«

Ich lege meinen Kopf in seinen Schoß, erleichtert, dass unsere Körper wieder vertrauter miteinander werden.

»Hältst du mich für gestört?«, fragt er nach einer langen Pause.

»So gut kenne ich dich noch nicht.«

»Das ist eine Kackantwort.«

»Als Psychologe sagst du nie, dass jemand gestört ist.«

»Aber als Mensch. Als Frau.«

»Als Frau finde ich dich ungreifbar.«

Ich traue mich nicht, das Wort »unausgeglichen« zu gebrauchen.

»Warum?«

»Weil du das eine Mal ganz intensiv bist und alles tust, um mich zu erobern, und im nächsten Moment bist du abwesend und desinteressiert. Du hast gut zwei Monate nichts von dir hören lassen. Ich dachte, du hättest mich schon vergessen.«

»Ich wollte dich vergessen.«

»Warum?«

»Weil ich mich nicht binden will. Das bringt Ärger.«

»Die Frage ist, ob diese Entscheidung bei dir liegt.«

»Natürlich! Wenn du etwas für jemanden empfindest, kannst du dich darauf einlassen oder weglaufen.«

»Außer es ist so stark, dass du nicht mehr weglaufen kannst.«

»Ich laufe weg, bevor es so weit kommen kann.«

»Und warum bin ich dann jetzt hier?«

»Um etwas zu testen.«

»Und was testest du?«

»Ob du eine Affäre bist oder mehr. Oder weniger.«

»Und wenn ich mich als mehr erweise, machst du dich aus dem Staub.«

»Wahrscheinlich. Bei weniger übrigens auch.«

»Und habe ich auch noch ein Wörtchen mitzureden?«

»Fest steht, du bist völlig verrückt nach mir.«

»Also bin ich hier quasi auf Probe?«

Er lacht und füllt mein Glas nach; gemeinsam lachen wir mich aus. Das Ganze ist ungesund, und am Ende wird es mir das Herz zerreißen. Doch ich bleibe trotzdem. Ich liege da, sonne mich in der Nähe unserer Körper und rede mir ein, es sei doch ein Klacks für mich – nur den Augenblick zu genießen und die hässlichen Ränder auszublenden.

In zwei Tagen bin ich wieder zu Hause.

Wir küssen uns. Er stöhnt. Der Alkohol hat meinen ganzen Widerstand lahmgelegt. Er streichelt meine Brüste. Wir essen den Salat und das Obst. Wir spielen uns auf Spotify unsere Lieblingssongs vor.

»Vielleicht existiere ich gar nicht«, sagt er.

»Du meinst, du existierst nur in meiner Fantasie?«

»Genau.«

»Für einen Fantasiemann bist du manchmal ziemlich kompliziert«, kichere ich.

»Vielleicht bist du für dich selbst ziemlich kompliziert.«

»Existiere ich denn auch nur in deiner Fantasie?«

»Natürlich, Bohnenstängelchen.« Er leckt meine Wange.

Wir lieben uns, jetzt mit einem Orgasmus auch für mich. Danach gehe ich ins Bad. Seine Tablettensammlung ist seit dem letzten Mal noch größer geworden. Ich beschließe, die Etiketten kein zweites Mal zu lesen. Ich will ein angenehmes Wochenende ohne Zweifel und Bedenken, ohne in allem den Beweis zu sehen, dass es ihm nicht um mich geht, sondern um meine Naivität. Als ich zurückgehe, ist es im Zimmer stockdunkel, und ich höre ihn schnarchen. Ich kuschle mich an seinen warmen Körper und schlafe ein.

Es ist noch dunkel, als ich aufwache. Einen Augenblick weiß ich nicht, wo ich bin. Es fühlt sich an, als wären meine Kinder Lichtjahre entfernt. Ich drehe mich um. Godfried starrt auf sein Telefon. Ich frage, ob etwas ist.

»Wieso?«

»Weil du nachts auf dein iPhone schaust.«

Er klappt es zu und legt den Kopf zwischen meine Brüste.

»Mir war langweilig.«

Ich streichle sein strubbeliges Haar.

»Jetlag«, murmelt er. »Immer müde, immer wach.«

»Das klingt furchtbar.«

»Sollen wir ausgehen?«

»Jetzt?«

»Ja! Ich weiß einen ganz guten Club. Hier in der Nähe. Komm, wir schnappen frische Luft!«

»Ich weiß nicht, ist das …«

»Komm schon, sei nicht so langweilig!

Im Tramp, wo laut God Rihanna kürzlich ihren Geburtstag gefeiert hat, ist es voll und dunkel. Wir werden an einen Tisch für zwei Personen geführt, wo man God eine beleuchtete Weinkarte reicht. Ich weiß nicht, wo ich zuerst hinschauen soll. Überall schöne, junge Menschen, strotzend vor Selbstvertrauen und wie dafür gemacht, unter diesen riesigen Kristallkronleuchtern zu tanzen.

»Das ist alles Teil des Arrangements, Schatz«, sagt God, und es scheint, als wäre er gewachsen. Seine Schultern in dem schwarzen Maßanzug sind straffer, sein Lächeln breiter. Neben ihm und neben all diesen gertenschlanken Mädchen in Pailettenkleidern, die von der Beleuchtung violett angestrahlt werden, fühle ich mich wie eine Landpomeranze.

»Aber nein«, sagt God, »du musst mal aufhören, dir das einzureden. Du bist so ein scharfes Ding. Und schlau! So etwas findet man nicht alle Tage.« Dann küsst er mich und steckt mir seine lange Zunge in den Mund, und ich kann nicht anders, als über seine Schulter zu schauen, ob jemand zu uns sieht.

»Keine Sorge, kein Mensch achtet auf uns. Es ist so verrückt, dass wir immer glauben, alle anderen würden dauernd auf unsere Fehler

starren, dabei sind alle nur mit sich beschäftigt. Du kannst wirklich weit gehen, es schert sich niemand darum. Schau!«

Er knöpft seine Hose auf und lässt seinen Penis heraushängen. Ich laufe sofort feuerrot an. »Tu das weg«, sage ich, »bitte.« Hinter ihm sehe ich unsere Bedienung, die mit einer Flasche in einem Weinkühler auf uns zugeht.

»Siehst du? Jetzt hast du dich für mich geschämt, aber für alle anderen um uns herum existieren wir gar nicht. Niemand hat meinen Schwanz gesehen, und kein Mensch hat dich gehört. Wir können eine Schau abziehen, sind aber trotzdem niemand. Und deshalb können wir machen, was wir wollen, wir sind frei.«

Die Bedienung öffnet den Weißwein an unserem Tisch.

»Ein Montrachet für mein Mädchen.« Er muss fast schreien, um den wummernden Hip-Hop zu übertönen.

Ich sehe ihm zu, wie er mit der Bedienung flirtet, seine Geldbörse hervorholt und ihr ein üppiges Trinkgeld gibt. Warum hat dieser Mann so ein Imponierbedürfnis? Spielen wir uns gegenseitig eine seltsame Komödie vor, in der wir mehr aus uns machen, als wir sind?

»Ich kann nicht die ganze Flasche allein austrinken«, sage ich.

Er grinst.

»In Clubs wie diesem gibt man sich nicht mit Gläsern ab, Schatz.«

Er nimmt einen Schluck von seinem Perrier. Selbst nicht zu trinken und mich betrunken zu machen, gehört anscheinend zu seinem Vorrat an Quälereien und Prüfungen.

Wir tanzen, anfangs eng umschlungen, später einander gegenüber. Das habe ich jahrelang nicht mehr gemacht, warum eigentlich nicht? Bevor ich Peter kennenlernte, tat ich nichts lieber als tanzen. Nacht für Nacht zog ich durch die Clubs.

»Für ein Bohnenstängelchen tanzt du nicht schlecht«, sagt er.

Ich recke die Arme in die Luft, und plötzlich erinnere ich mich, dass mein Aussehen nie wirklich wichtig war, es war eher meine Art, mich zu bewegen. Ich lasse die Hüften kreisen, wackle mit dem Hintern, es kann sein, dass ich übertreibe, aber ich will, dass er sieht, dass ich nicht nur für ihn existiere. Andere Männer passen sich meinem Rhythmus an.

»Siehst du«, rufe ich ihm zu, »dass andere mich sehen? Dass es mich auch in echt gibt?« Ich lege die Arme um seinen Hals, aber er schiebt mich weg, um die Tanzfläche zu verlassen.

»Wo gehst du hin?«

»Pissen.«

Ich warte an unserem Tisch auf ihn. Es dauert ewig. Ich nehme noch ein Glas Wein und dann noch eins. Es ist mir peinlich, so allein an diesem Tisch. Ob auf der Toilette etwas passiert ist? Ich bahne mir den Weg dorthin und warte an die Holzvertäfelung gelehnt im Gang. Keine Spur von God. Jemand bietet mir eine Cola an. Ich lehne lächelnd ab und gehe zurück zur Tanzfläche. Auch hier ist er nicht. Als ich wieder an unseren Tisch zurückkehre, räumt die Bedienung gerade unsere Gläser ab.

»He just left«, sagt sie. »Don't worry, he paid.«

Draußen schaue ich auf mein iPhone. Keine Nachricht. Was habe ich falsch gemacht? Ich überdenke jeden meiner Schritte, seit wir den Club betreten haben. Was habe ich gesagt, was er? Ist das hier ein Spiel, ein Witz, habe ich etwas falsch gehört oder nicht richtig verstanden? Vielleicht ist er krank? War etwas in seinem Getränk, hat er jemanden gesehen, dem er nicht begegnen wollte? Aber dann hätte er doch auf mich gewartet oder mir eine Nachricht hinterlassen? Mir eine WhatsApp geschickt? Mich angerufen? Ich drücke auf seine Nummer, aber er nimmt nicht ab. Es fängt an zu schütten. Der Portier gibt mir einen Schirm.

Im Zimmer ist es dunkel. Ich denke an die Abende, als ich noch mit Peter zusammen war. Die Verwirrung, die Angst, die Zweifel. Die Stresshormone, die meinen Körper überfluteten. ›Es ist nichts, Jet, es ist alles nur in deinem Kopf.‹ Du weißt, dass du nichts falsch gemacht hast, aber fühlst sich trotzdem schlecht.

»Es tut mir leid«, sage ich. Es geht von selbst. Ich sage bei allem, es tut mir leid.

Ich höre, wie er sich im Bett umdreht. Ich sollte natürlich meinen Koffer packen und gehen. Aber ich bin auch wütend.

»Kannst du mir sagen, wieso du plötzlich weg warst?«

»Las mich nur erst schlafen«, murmelt er.

»Nein«, sage ich. »Du kannst mir das nicht antun. Ich muss wissen, was da schiefgelaufen ist.«

»Nichts, Bohnenstängelchen. Vergiss es.«

Ich schalte die Lichter ein.

»Nicht!«

»Ich komme für dich hierher. Du bestimmst überhaupt alles in dieser …«

»Wolltest du sagen Beziehung?«

»Nein. Nur dass du die Regeln aufstellst. Ist schon okay, meinetwegen. Aber du kannst mich nicht einfach stehen lassen. Da ziehe ich meine Grenze.«

God richtet sich auf, um nach dem Glas zu greifen, das neben ihm auf dem Nachttisch steht, und nimmt einen Schluck. Dann steigt er aus dem Bett und stellt sich splitternackt vor mich hin. Er verströmt einen muffigen Geruch.

»Kann ich dir vertrauen? Das frage ich mich.«

Er zeigt mit dem Finger auf mich.

»Du trittst so unschuldig auf. Ach, so eine einsame, gekränkte Frau. Du tust eine Weile, als wärst du unglaublich dankbar und froh über alles. Aber in Wahrheit …«

»In Wahrheit was?«

»Wackelst du für den erstbesten Kerl mit dem Arsch.«

»Das ist der Grund? Bist du deswegen weggelaufen?«

Ich breche in hilfloses Gelächter aus.

»Na klar, lach nur! Ich denke, wir sind hier fertig. Auf so was habe ich keine Lust. Ich bitte um ein anderes Zimmer.«

»Na, jetzt stellst du dich aber an!«

»Denkst du. Wie fändest du es, wenn ich vor deinen Augen andere Frauen anmache?«

»Ich habe niemanden angemacht!«

»Du wolltest mir etwas beweisen. Dass du auch anderen Männern gefällst.« Dann fängt er an zu schreien. »Fein! Geh mit ihnen!«

Ich erstarre, mein Mund wird trocken. Wer ist dieser Mann? Was muss ihm passiert sein, dass er so geworden ist?

»Es war nicht meine Absicht, dich zu verletzen«, sage ich sanft. Ich gieße mir einen Schnaps ein.

»Weißt du, Bohnenstange, du trinkst echt zu viel.«

»Du kannst mich mal.« Aber recht hat er schon.

»Weißt du, ich gebe dir alles, für meine Verhältnisse. Aber dafür brauche ich hundertprozentiges, nein, tausendprozentiges Vertrauen. Ich dachte, ich hätte in dir so jemanden gefunden. Das war offenbar ein Irrtum. Ich will damit nicht sagen, dass du ein schlechter Mensch bist, nur eben nicht ganz verlässlich. Ist nicht ungewöhnlich, die meisten Menschen sind das nicht. Ich wahrscheinlich auch nicht. Aber ich brauche das in einer Beziehung. Tausend Prozent, nicht mehr und nicht weniger.«

Jetzt redet er plötzlich von einer Beziehung.

»Bist du verrückt nach mir, Jet?«

Meine Beine fühlen sich bleischwer an. Ich mustere ihn, das zerzauste Haar, die blasse Haut, die vollen Lippen und seltsamen Augen, die jetzt pechschwarz wirken.

»Besser nicht«, sage ich.

»Was?«

»Ich sollte besser nicht verrückt nach dir sein.«

»Das heißt, du bist es. Warum?«

Ich weiß es nicht. Ich habe keine Erklärung. Ich bin wie eingefroren. Bestimmt prusten wir beide gleich los: »Reingefallen!«

»Ich kenne dich nicht«, sage ich. »Und du tust alles, damit das so bleibt.«

»Aber genau das gefällt dir doch. Das Geheimnisvolle, Rätselhafte.«

Ich schüttle den Kopf.

»Weißt du, warum ich verrückt nach dir bin? Es ist dein Köpfchen. So schlau ist es. Aber was soll ich mit dir anfangen? Denn du bist sogar so schlau, dass du mich nach Lust und Laune manipulierst. Und das kannst du nicht machen, nicht mit mir. Weil ich das ganz schlecht aushalte.«

Ich habe ihn zu jemandem gemacht, der er nicht ist, aber das hat er auch mit mir gemacht.

»Bist du je fremdgegangen, Jet? Und diesmal keine Lügen.«

Ich bin wie am Boden festgenagelt.

»Zweimal«, sage ich. »Einmal am Anfang, mit einem guten Freund während eines Wochenendausflugs. Und einmal gegen Ende, mit einem Kollegen.«

»Hast du es ihm gesagt?«

»Nein.«

»Warum nicht?«

»Das erste Mal war keine große Sache, und ich wollte ihm nicht wehtun; das zweite Mal aus Rache. Er betrog mich. Ich fühlte mich schrecklich verlassen und weinte mich eines Abends bei diesem Kollegen aus, was in Sex endete. Am nächsten Tag erzählte Peter mir, dass er in eine andere verliebt sei und sich deshalb von mir trenne. Da habe ich beschlossen, dass meine Knutscherei mit Jan genau genommen kein Fremdgehen war und Peter folglich nichts anging.«

»Und dieser Jan ist immer noch dein Kollege?«

»Ja.«

»Darum hast du mich darüber angelogen.«

»Nein. Ich war der Meinung, dass dich das nichts angeht.«

»Das tut es aber. Er ist deine andere Option.«

»Unsinn. Jan hat eine sehr nette Freundin.«

»Also war es ein doppelter Betrug. Genau genommen.«

»Es war ein Fehler und ist ja auch bei dem einen Mal geblieben.«

»Es ist nicht der Moment, um mich wieder anzulügen!«

Wie bin ich in dieses lächerliche Gespräch geraten?

»Das hat alles nichts mit dir zu tun, Godfried, wir kannten uns doch damals noch gar nicht. Du tust, als hätte ich dich betrogen.«

»Das hast du doch auch. Indem du gelogen hast.«

»Bestimmte Dinge nicht erzählen ist nicht dasselbe wie lügen.«

»Liebe beginnt bei völliger Transparenz.«

»Da bin ich anderer Meinung als du.«

»Wo beginnt denn Liebe deiner Meinung nach?«

»Damit, dass wir liebevoll miteinander umgehen und das Beste füreinander wollen.«

God kichert.

»Okay, okay. War es liebevoll, was du gemacht hast?«

Ich sehe, dass er eine Erektion hat. Er genießt diese Szene. Wenn du ein Spiel satt hast, hör auf, es zu spielen, sage ich meinen Klienten immer. Und wenn du das nicht kannst, frag dich nach dem Grund. Vielleicht fühlst du dich ja eigentlich gut dabei. Vielleicht ist es vertrautes Gelände für dich: das Kämpfen um Macht.

Mir geht die Energie aus.

»Siehst du? Darauf hast du keine Antwort.«

»Ich glaube, wir sollten hiermit aufhören. Es ist halb sechs. Lass uns schlafen.«

Ich gehe auf meine Bettseite und ziehe mich mit dem Rücken zu ihm aus. Meinen BH und meinen Slip behalte ich an.

»Willst du immer noch, dass ich mir ein anderes Zimmer nehme?«

»Du wolltest das!«

»Weil du wütend bist.« Er dreht den Sachverhalt um.

»Wie auch immer. Ich will schlafen.«

Er schlüpft neben mir ins Bett. Als ich das Licht ausgeschaltet habe, streicht er mit dem Finger über meinen Rücken.

»Bohnenstängelchen«, flüstert er.

Ich schweige und kneife die Augen zu. Er rutscht langsam näher an mich heran. Ich habe ein ziemlich großes Problem, geht es mir durch den Kopf. Er küsst meinen Hals, meine Schultern, streichelt meinen Bauch. Ich werde feucht. Will ich Sex? Ich weiß es nicht. Mein Körper sagt Ja, mein Kopf Nein.

Dieser Mann zeigt alle Zeichen einer Persönlichkeitsstörung.

›Steht er für deinen Vater?‹, frage ich mich. ›Ist dies deine Chance, deinen Vater zu retten?‹

Wir lieben uns langsam, die Erschöpfung bewirkt, dass ich mich nur noch unter Tränen hingeben kann.

»Siehst du, wie liebevoll wir miteinander umgehen können?«, flüstert er. »Es ist einfach, weil ich so verrückt nach dir bin.«

»Und weil du Angst hast«, sage ich.

»Totale Panik«, sagt er.

Am nächsten Morgen lassen wir uns Hand in Hand von der Masse mitziehen. Ich betrachte Schaufenster, die roten Doppeldeckerbusse, den quirligen Verkehr, aber ich sehe nichts. Die Hand in meiner Hand ist wie eine Handschelle. Ein Gefühl, das ich nicht kenne, als wäre ich krank oder eine Sklavin. Ich will ihn bedingungslos, aber gleichzeitig möchte ich so schnell wie möglich weglaufen. Es wäre das Vernünftigste.

»Wie viele Männer hattest du?«, fragt er beim Kaffee. Er hört nicht auf, nie. Wir sitzen draußen, weil ich rauchen möchte. Ich rau-

che schon zwei Jahre nicht mehr, aber jetzt, in dieser nebelverhangenen Stadt, gibt es mir Halt. Es ist wie ein Teil von mir.

»Ich habe nie wirklich gezählt«, antworte ich.

»Natürlich hast du, jeder macht das. Außer, man kommt mit dem Zählen nicht mehr nach.«

Er sucht Reibung. Die Intimität, die sich heute Nacht endlich zwischen uns eingestellt hat, muss zerstört werden. Er faltet die Hände vor dem Mund und schließt die Augen.

»Drei gab es auf jeden Fall. Deinen Mann Peter, deinen Kollegen Jan und diesen ziemlich guten Freund. Wie hieß er doch gleich?«

»Ich mach da nicht mit, Godfried.«

»Wieso nicht? Normale Liebespaare erzählen sich solche Sachen.«

»Wir sind kein normales Liebespaar. Wir kennen uns kaum. Außerdem bittest du mich die ganze Zeit um völlige Offenheit, aber fang doch selber mal an.«

Ich zittere. Vor Kälte, vor Müdigkeit und vor Enttäuschung.

»Ich habe ehrlich gesagt aufgehört zu zählen. Aber sicher über hundert. Das passiert, wenn man viel reist.«

»Warum reist du so viel?«

»Ich bin im Handel tätig. Ich kaufe in China und Japan Sachen ein und verkaufe sie in anderen Ländern weiter. Ich habe einen Online-Handel. Websy. Der übliche Schrott. Meine Jaderoller verkaufen sich wie verrückt.«

Ich weiß nicht mehr, ob er mir hiervon schon erzählt hat.

»Du kannst googeln.«

»Ich glaube dir.«

»He, Bohnenstängelchen, grübelst du etwa?«

Ich nicke.

»Du hältst mich für einen Sonderling.«

»Ja.«

»Bin ich auch. Aber ich bin verrückt nach dir, nach allem an dir. Nach unserem Sex. Das ist doch nicht nichts, oder?«

»Nein.«

»Schau mal auf dein Telefon.«

Er hat mit eine WhatsApp mit einem Video geschickt. Ich öffne es und sehe mich selbst beziehungsweise meinen Hintern in grauenhafter Beleuchtung, mein auf ein Kissen gedrücktes und rot angelaufenes Gesicht, meine Vagina, seine Finger, sein Glied.

»Hübsch, nicht wahr? Für wenn du wieder weg bist. Ein Andenken.«

23.

Heute ist der Tag. Ein schöner, klarer, aber kalter Tag. Ich bin die ganze Nacht wach gelegen, neben Luuk, der ebenfalls nicht schlafen konnte. Er sagte: »Jetzt, wo Mama tot ist, sind wir alle ein bisschen tot«, und es stimmt. Papa hat sich in einen völlig anderen Mann verwandelt, seit er mit Laura zusammen ist, das heißt, eigentlich ist unser Vater, wie wir ihn kannten, auch verschwunden. Wir sind Waisen. »Wir haben einander«, sagte ich zu Luuk, und danach habe ich die ganze Nacht die bleierne Verpflichtung gespürt, immer für ihn da zu sein. Das heißt, dass der Plan, God zu treffen, lächerlich ist. Ich muss einen Erwachsenen einbeziehen. Ich muss mit den Tabletten und allem, was ich weiß, zu Jochem.

»Ich bin so nervös«, sagt Luuk und drückt mir sein nach Stroh riechendes Strubbelhaar ins Gesicht.

Ich umarme ihn. Ich glaube, Mama hätte es lieber, dass nicht Laura, sondern ich seine neue Mutter bin. »Alles wird gut, Luukie. Du musst dir bei allem denken: Es geht von selbst vorbei. Das mach ich auch. Was auch passiert, es geht vorbei.«

Das Kleid, das ich von Mama bekommen habe, hängt in meinem Schrank. Dunkellila Samt mit goldenen Schmetterlingen und einem Spitzen-Stehkragen. Reichlich kitschig. Inzwischen glaube ich, dass sie es in London gekauft hat. Ich wollte es nie anziehen, weil ich mir darin so affig vorkomme. Heute Nachmittag bei ihrer Beerdigung trage ich es.

Unten springt Wammes japsend vor Begeisterung an mir hoch. Wäre ich nur ein Hund. Immer grundlos froh. In der Küche steht Laura, die beide Hände um einen Becher gelegt hat. Sie sieht aus, als hätte sie die ganze Nacht geheult. Ich überlege, wie seltsam es ist, dass alles Mögliche weitergeht, wenn das Schlimmste passiert ist, was passieren kann. Heute Nachmittag begraben wir Mamas Leiche, und trotzdem streitet Laura wie jeden Tag mit Papa, und ich mache Frühstück, und Luuk spielt Videospiele, und Papa verschwindet unter der Dusche. Als ob das alles die geringste Bedeutung hätte.

»Na, Liesie«, sagt Laura. »Gut geschlafen?«

Sie klingt erkältet.

»Nicht wirklich.«

»Luuk hat wohl bei dir geschlafen?«

»Ja.«

Ich hole zwei Schüsseln, stelle sie auf der Kücheninsel ab und gieße Milch hinein.

»Möchtest du auch Tee?«

»Okay.«

Laura hält einen Becher unter den Wasserkocher. Ihr Kinn zittert. »Mit Ingwer?«

Ich zucke die Achseln.

»Was ist los?«, frage ich.

Ihr Kinn zittert. In meinen Augen ist jeder, der über fünfundzwanzig ist, alt, aber heute sieht sie aus wie ein Kind mit ihrem Make-up-losen blassen Gesicht und dem langweiligen Scrunchie-Pferdeschwanz.

»Ich dringe nicht mehr zu deinem Vater durch«, sagt sie mit brechender Stimme.

»Wer tut das schon«, sage ich.

»Er ist fix und fertig.« Sie klammert sich an die Naturstein-Arbeitsplatte, als könnte sie jeden Moment abrutschen und stürzen. »Er behandelt mich, als hätte ich deine Mutter ermordet.«

»Vielleicht stimmt das ja auch.« Ich kann es nicht lassen, ich muss ihr wehtun. Ich will, dass sie sich jeden Tag klarmacht, was sie ausgelöst hat. Eine ganze Familie wurde zerstört, nur weil sie ihn unbedingt haben wollte.

»O Gott«, sagt sie und schrumpft in sich zusammen. Ich sehe, wie sie die Fingernägel in ihre Handfläche presst. »Es tut mir so leid. Weißt du, wie schrecklich ich das alles finde? Und wie schwierig? Ich weiß nicht, was ich tun soll. Gehen? Ist es das, was du willst?«

Ganz ehrlich? Stimmt, das ist genau, was ich will. Dass jemand blutet.

»Was hast du dir denn vorgestellt?«, frage ich. »So eine Art glückliche moderne Familie, wo du dich einfach reinsetzt? Dachtest du echt, du könntest auf einem Trümmerhaufen eine neue Familie gründen?«

Mama lebt. In mir. Ihre Stimme. Alles, was sie Laura schon immer sagen wollte.

»Ich nicht«, sagt sie, »aber dein Vater dachte das. Er wollte mich und hat sich dafür verdammt ins Zeug gelegt. Er war verheiratet und hat euch angelogen, nicht ich. Er hat deine Mutter verlassen, nicht ich. Aber wer kriegt die ganze Schuld, den ganzen Hass? Wer muss sich im Büro schief anschauen lassen, wer muss sich bei jeder Feier, an jedem Geburtstag, überhaupt jedem Scheißtag des Jahres wieder neu beweisen? Ich. Und wieso? Weil ich mich in ihn verliebt habe. Wer muss irgendwie versuchen, eure Liebe zu gewinnen? Nicht er.«

»Er ist mein Vater. Ich kenne ihn schon mein ganzes Leben. Ich kannte ihn schon, als er noch in Mama verliebt war. Und egal, was er sagt, er hat sie geliebt. Und jetzt, wo sie ermordet wurde, erinnert er sich plötzlich wieder. Daran, wie sehr er sie geliebt hat.«

»Ermordet?«

»Ja.«

»Glaubst du das wirklich?«

»Ja.«

Papa kommt in seiner Jogginghose in die Küche. Er hat offenbar auch kein Auge zugetan. Seine Haare stehen nach allen Seiten ab, und sein normalerweise ordentlich gestutzter Bart ist ins Kraut geschossen.

»Ach, ihr seid hier«, sagt er. Die Spannung zwischen ihm und Laura ist mit Messern zu schneiden. Er macht sich einen doppelten Espresso und streicht mir im Vorbeigehen über den Rücken. »Liesie.« Und dann: »Ich gehe mit Wammes an die Luft. Bis gleich, die Damen.«

Sobald sich die Tür hinter ihm schließt, beginnt Laura wieder zu weinen.

»Ich geb mir solche Mühe«, schluchzt sie.

»Das solltest du vielleicht mal lassen«, sage ich. »Leute, die sich ständig Mühe geben, gehen den anderen schnell auf die Nerven.«

Ich nehme meinen Teebecher und stelle die Schalen mit Milch zusammen mit der Schachtel Schokopops auf das Tablett.

»Ich habe mit deiner Mutter gesprochen. Es ist nicht lange her, ungefähr zwei Wochen vor ihrem Verschwinden.«

Ich drehe mich um. Kim hatte mir schon davon erzählt.

»Es ging um Luuk in der Schule. Seine Lehrerin war besorgt, weil er sich so abkapselt. Er hat bei seiner Abschlussprüfung sehr schlecht abgeschnitten, obwohl er eigentlich alles konnte. Na jedenfalls, du weißt ja, dass deine Eltern nicht miteinander sprachen … und die Lehrerin hatte es deinem Vater gesagt, aber weigerte sich, es auch noch mit deiner Mutter zu besprechen. Sie fand, dass die beiden sich zusammenraufen sollten. Einer der

Gründe für Luuks Verhalten sei der ständige Streit zwischen seinen Eltern. Ich fand, dass sie recht hatte. Aber Peter war nicht bereit, deine Mutter deshalb anzusprechen. Also habe ich es getan.«

»Wie denn?«

»Ich bin zu euch nach Hause gefahren und habe geklingelt.«

»Und sie hat aufgemacht?«

»Ja, und sie hat mich hereingebeten, was mich überrascht hat. Sie war ganz freundlich, als sei sie eigentlich froh, dass jemand vorbeikommt. Wenn ich ehrlich bin, hat sie einen seltsamen Eindruck auf mich gemacht. Nervös, gehetzt. Sie ist auf mich zugestürzt, als würde sie sich fürchten. Und die Vorhänge waren zugezogen, am helllichten Tag.«

»Hast du das der Polizei erzählt? Oder Pap?«

»Ja, natürlich, sofort. ›Die ist am Durchdrehen‹, hat er geantwortet. Wir bekamen Streit, weil er meinte, es sei meine Aufgabe, ihr zu helfen. Das sah ich ehrlich gesagt anders. Ich hatte wirklich das Gefühl, dass sie Angst vor jemandem hatte. Ich fragte, wie es ihr ging, und sie sagte, sehr gut. Und dass sie einen Freund hätte, aber euch da nicht mit hineinziehen wollte. Sie sagte wörtlich: Ich bin nicht so der Typ, der mit dem neuen Partner gleich auf Familie macht. Dein Vater hat das alles nicht geglaubt, er sagte, sie würde öfter Sachen erfinden oder zumindest übertreiben. Aber seitdem frage ich mich, ob wir nicht etwas übersehen. Ich hatte ganz stark den Eindruck, als sei noch jemand im Haus. Vielleicht ihr Freund. Es war jedenfalls klar, dass er sie nicht gerade glücklich machte. Das habe ich übrigens auch der Polizei gesagt. Sie haben nichts gefunden, kein Haare, keine Fingerabdrücke, keine Telefondaten. Aber wenn du sagst, sie wurde ermordet, halte ich das nicht für abwegig. Sie könnte auch in den Selbstmord getrieben oder dazu gezwungen worden sein. Es war jemand im Haus, davon bin ich überzeugt, auch wenn ich es nicht beweisen kann und Peter sich weigert, mir zu glauben.«

»Streitet ihr deswegen die ganze Zeit?«

»Unser Streit dreht sich immer um das Gleiche: deine Mutter. Er ist wie eine hängen gebliebene Schallplatte, die immer das gleiche Lied spielt. Sogar jetzt, wo sie nicht mehr da ist.«

»Gerade jetzt«, sage ich. »Sie haben es nie geschafft, sich anständig zu trennen. Sie waren noch nicht fertig miteinander, nicht wirklich.«

Wir schweigen eine Weile. Ich versuche, nicht an die tote Mama zu denken, sondern an die lebende. Laura macht neuen Tee. Ich muss es in meinen Kopf kriegen, dass der Mensch, den ich bisher am meisten gehasst habe, der einzige ist, der mir glaubt. Aber ich traue ihr nicht. Das Ganze könnte Teil einer neuen Charme-Offensive sein. In meinem Kopf ertönt Mamas wütendes Lachen. »Ich bitte dich, Kind, lass dich doch von der nicht manipulieren!«

Laura scheint meine Gedanken gelesen zu haben. »Hey, ich kann verstehen, dass du mir nicht traust. Ich verstehe sogar, dass du niemandem traust. Deine Eltern haben einen ziemlichen Schlamassel angerichtet, und ich wurde euch einfach so aufgedrängt. Und ich weiß, ich will manche Dinge zu sehr. Als ich noch wirklich heftig in deinen Vater verknallt war, dachte ich, ich hätte endlos viel Liebe in mir, auch für seine Kinder. Aber heute ...« Sie seufzt. »Dein Vater sagt, deine Mutter hätte Sachen erfunden. Ich denke, das mache ich auch. Er ist nur eine Fantasie von mir. Und ebenso unsere Beziehung und ihre Stärke. Für mich war er ein starker, liebevoller, romantischer Held, der so tapfer war, sich für unsere Liebe zu entscheiden. Alles Unsinn. Ich war nur sein Auffangnetz, weil er nicht allein sein konnte.«

»Na, das läuft ja prima«, sage ich. »Ihr seid übrigens verpflichtet, etwas aus dem Ganzen zu machen. Diese elende Scheidung hat fünf Herzen gebrochen, wenn es nicht noch mehr waren. Lass das nicht umsonst gewesen sein, Laura!«

24.

Zu Hause schlafe ich fünfzehn Stunden durch. Als ich aufwache, weiß ich nicht, wohin mit mir selbst. Ich wollte weg von God, dem Gefühl, in Gefahr zu sein.

»Du musst es beenden«, schreit mein Verstand, »und zwar unmissverständlich.« Ich versuche, mich als Klientin zu sehen.

»Du bist verletzbar, das hat er ausgenutzt. Er hat schnell begriffen, wo deine Alarmknöpfe, die nicht verheilten Wunden liegen, und indem er sie gedrückt hat, konnte er sich in dir festsetzen. Schütz dich selbst! Du kannst ihn nicht retten, er wird sich nie ändern.«

Ich weiß.

Ich dusche und ziehe mich an. Danach gehe ich zu Kim, um Wammes abzuholen, und erfinde eine Ausrede, weshalb ich nicht zum Kaffee bleiben kann. Auf dem Rückweg lasse ich ihn an jedem Baum, jedem Laternenpfahl, jedem Grashalm schnüffeln. Ich bin nicht in meinem eigenen Kopf, sondern in dem von God; ich rede mit ihm, wiederhole immer die gleichen Sätze: »Ich kann dich nicht mehr sehen. Seit unserem Wochenende in London weiß ich, dass wir nicht zusammenpassen. Unsere Beziehung ist toxisch und kann nur in einem Haufen Kummer enden.« Deshalb muss es jetzt sein. Und nicht zu Hause oder in einem Hotelzimmer: Ein öffentlicher Ort soll es sein. Dieses Gefühl völliger Isolation, des Versagens, dieser Fluchtimpuls – ich will das nicht mehr, nie wieder. Liebe sollte wohltuend und fröhlich sein, ohne Spielchen und Prüfungen. Aber was rede ich? Liebe, so weit sind wir noch lange nicht.

Jemand hat an meiner Haustür einen großen Blumenstrauß in einem Kübel abgestellt. Ich muss nicht auf die Karte sehen, um zu wissen, von wem das kommt. Ich weiß, wie er vorgeht. Love Bombing ist nur eine der Taktiken, die Narzissten anwenden, um Bewunderung zu erzwingen. Auf dem Türvorleger liegt eine weitere Karte.

Liebstes und vor allem wunderschönes Bohnenstängelchen,
es hatte von allem etwas, unser kleines Wochenende in London. Im Nachhinein ist mir klar geworden, dass es wirklich nicht sehr nett von mir war, dich im Club so hängen zu lassen. Ich bin eben ein eifersüchtiger Idiot. Aber sieh es auch als Kompliment an, denn bei so manchen Frauen war ich nicht so. Einige haben sich sogar darüber beschwert, dass es mir wohl egal sei, wenn sie mit anderen flirteten. Und es war mir auch egal. Bis du mit deinem hübschen schlauen Köpfchen in mein Leben kamst. Lass es mich wiedergutmachen. Nächste Woche bin ich wieder in den Niederlanden, dann gehen wir essen. Du darfst entscheiden, wo.
Dein God

Ich habe mich für ein französisches Bistro in Fahrradentfernung entschieden. Beim Eintreten sehe ich ihn sofort, er sitzt an einem kleinen, von Kerzen erleuchteten Tisch. Es ist heiß hier drinnen, und ich habe einen steifen Rücken, und in meinem Kopf herrscht das reinste Chaos. Meine felsenfeste Überzeugung, dass ich das Ganze beenden sollte, beginnt zu bröckeln. Als ich heute Nachmittag die Kinder zu Peter gebracht hatte, tat sich danach wie immer der Abgrund des Selbstmitleids vor mir auf. Warum muss ich mir diese Freude verbieten, während Peter alles hat? Wenn ich nun versuche, das Ganze etwas weniger ernst anzugehen? Ich habe schon wieder vergessen, wie verzweifelt und wertlos ich mich auf dieser Terrasse in London fühlte, die Angst hat einem nervösen Verlangen Platz gemacht. Ich könnte doch unsere heutige Begegnung als zweite Chance betrachten. Ein ganzes Wochenende London war vielleicht etwas zu viel für zwei beschädigte Menschen, die sich kaum kennen. Das Bistro L'Escargot ist als Umgebung weniger einschüchternd.

Er sieht mich an, als wolle er mich fressen. Er strahlt mit seinen weißen Zähnen und sieht fast lächerlich gut aus in dem schwarzen Rollkragenpullover. Er steht auf und breitet die Arme aus.

»Da ist sie ja!«, ruft er laut. Einzelne Gäste blicken auf. Wir umarmen uns. Ich merke, wie ich in seinen Armen erstarre.

Er greift sofort nach meiner Hand.

»Hast du mich vermisst?«

Ich lächle unbehaglich.

»Ich dich jedenfalls schon.«

Er schenkt mir ein Glas Weißwein ein.

»Hör bitte zu, Bohnenstängelchen, bevor du etwas sagst. Ich bin ziemlich seltsam, das weiß ich. Ich war in London nicht nett zu dir. Und nun befürchte ich stark, dass du heute Abend nur gekommen bist, um mit mir Schluss zu machen. So, jetzt ist es raus. Wenn du das vorhast, mach es jetzt. Sofort. Dann gehe ich wieder. No hard feelings. Aber lass mich erst noch eines sagen. Was wir miteinander haben, das … knistert. Es ist Magie, so, als ob es sein müsste. Es hat wenig mit freiem Willen zu tun. Unsere Seelen verstehen sich anscheinend auf einer anderen Ebene als unsere Egos. Und ich persönlich fände es schade, wenn wir uns von unseren Ängsten leiten lassen würden, aber vielleicht denkst du ja anders darüber.«

»Bekomme ich vielleicht erst einen Schluck Wein?«, frage ich, worauf er schallend lacht.

»Was denkst du?«

»Ich habe in den letzten zwei Wochen ziemlich viel nachgedacht.«

»Erzähl.«

Der Ober stellt einen Korb mit Weißbrot und Knoblauchbutter auf den Tisch. Ich nehme eine Scheibe, streiche eine dicke Lage Butter darauf und reiche sie ihm.

»Also? Machst du Schluss?«

Ich sehe ihm in die Augen und kann es nicht. Wie trennt man sich von jemandem, in den man wahnsinnig verliebt ist? Und ist Verliebtheit nicht eine Art Psychose, mit den gleichen beängstigenden, lähmenden Gefühlen? Die Fragen, die mich in den vergangenen Wochen um den Schlaf gebracht haben, drängen sich wieder auf. Ich flüchte in meine Therapeutinnenrolle.

»Vielleicht sollten wir auf ein bestimmtes Etikett für das, was zwischen uns ist, verzichten«, sage ich. »Wir gefallen einander, schön. Verderben wir es nicht und machen es nicht so kompliziert. Warst du nicht übrigens derjenige, der nicht von einer ›Beziehung‹ sprechen wollte? Dann lassen wir das eben.«

»Und wie geht das dann?«

»Indem man ab und zu etwas Nettes zusammen unternimmt, so wie das heute Abend. Man geht zusammen essen oder ins Kino, schenkt einander Zeit und Aufmerksamkeit und baut so allmählich etwas auf. Wie sagen doch gleich die Promis dazu?«

»›Wir sind dabei herauszufinden, was wir füreinander empfinden.‹«

»Genau.«

»Mir gefällt das nicht. Mir gefallen tausend Prozent. Oder gar nichts.«

»Diese Annahme kannst du dann jetzt mal überprüfen. Vielleicht findest du heraus, dass es funktioniert. Und es muss doch nicht immer gleich so ernst und dramatisch werden?«

Er hebt sein Glas, und wir stoßen an.

»Auf unseren Fling«, sagt er.

»Unseren was?«

»Fling. Oder Quality Fling. Oder unsere Fast-Beziehung, wenn dir das lieber ist.«

»Fast was?«

»Fast-Beziehung. Hey, das stand in meinem Profil: Ich spiele Tinder auf Level 9. Ging mir am Anfang auch so.«

Wir essen und unterhalten uns. Diesmal ganz ruhig und nicht über Psychologie oder Willensfreiheit, sondern über ganz normale Dinge. Seine Arbeit, meine Arbeit, meine Kinder. Er sagt, er will unbedingt Kinder, worauf ich antworte, dass ich ganz sicher keine mehr will. Und dass es nicht ginge, selbst wenn ich wollte. Warum nicht, fragt er, und ich sage, dass ich zu alt bin und meine Eizellen vermutlich schon baufällig sind. Darauf er: Heutzutage geht alles. Fünfzigjährige gebären Kinder. Ich wende ein: Aber muss man das wollen? Und die Kinder? Wie ist das mit einem siebzigjährigen Elternteil, wenn dein eigenes Erwachsenenleben gerade erst anfängt?«

»Für Kinder ist es sogar gut, wenn ihr Vater oder ihre Mutter früh stirbt. Meine Eltern sind tot, schon ziemlich lang, und ich habe keine Sekunde darunter gelitten.«

Ich lächle. God und seine Lebensphilosophien.

»Hast du sie sehr geliebt?«

»Ehrlich gesagt, nein. Glaube ich jedenfalls. Mein Vater hat nie ein Wort gesagt, und meine Mutter war depressiv. Sie lag immer im Bett, daran erinnere ich mich.«

Ich denke daran, wie er in dem Londoner Zimmer zusammengerollt im Dunkeln lag.

»Hast du Geschwister?«

»Zum Glück nicht. Ich bin frei von allen Verpflichtungen. Habe keine Familie, keine Kinder. Kein Haus. Und keine Freundin, wie es aussieht.«

»Aber immerhin einen Quality Fling.«

»Stimmt! Den musst du auch erst mal finden.«

Mein Fahrrad lasse ich stehen und steige übermütig zu ihm ins Taxi.

»Ich habe eine Überraschung«, sagt er.

»Kommst du mit zu mir?«

»Nein.«

»Aber Wammes ist allein zu Hause.«

»Ein paar Stunden hält er schon durch.«

»Ich muss morgen zum Pilates ...«

»Dann sag's ab. Sei einfach ein bisschen verrückt.«

Nach einer langen, holprigen Fahrt halten wir an einer Absperrung.

»Hier können Sie uns rauslassen«, sagt God zu dem Taxifahrer. Er gibt ihm einen Fünfzig-Euro-Schein. »Stimmt so.«

Draußen ist es so finster, dass wir uns mit den Taschenlampen unserer iPhones orientieren müssen.

»Wo sind wir hier?«, frage ich.

»Wart's ab.«

Wir setzen uns in Bewegung. Als meine Augen sich an die Dunkelheit gewöhnt haben, sehe ich, dass wir uns auf dem Gelände einer Ferienhausanlage befinden. God fasst mich an der Hand und führt mich vorbei an weißen Wohnwagen, Bungalows, einem hässlichen Gebäude, auf dem REZEPTION steht, und einer Reihe von Kleingärten mit Lauben. Wir schweigen. Ich bin wütend auf mich selbst. Ich hatte mir geschworen, zu Hause zu schlafen, mich nicht wieder von ihm bezirzen zu lassen. Jetzt stolpere ich doch mitten in der Nacht hinter ihm her. Ich habe weder eine Ahnung, wo ich bin, noch, wohin wir unterwegs sind.

»Wie weit ist es noch?«, frage ich.

»Nicht weit«, sagt er. »Sei doch ein einziges Mal nicht so feige. Ich bring dich schon nicht um.«

Wo der Weg endet, halten wir an.

»Schau«, sagt God. Er leuchtet mit seiner Taschenlampe den x-ten Bungalow ab. »Das ist er.«

Er kramt in seiner Tasche und fischt einen Schlüssel heraus. »Unser Domizil.« Er kichert wie ein kleines Kind und öffnet die Tür. »Tritt ein, du Schöne!«

Er lässt die Schuhe draußen stehen. Ich steige aus meinen Pumps und gehe auf Nylonstrümpfen ins Innere. Der Linolboden kräuselt sich in den Ecken.

»Gehört der dir?«, frage ich.

»Seit heute Nachmittag. Nie wieder Hotels. Ein Ort für mich selbst. Ein Ort für uns.«

Ich folge ihm durch den engen Gang ins Wohnzimmer, das mit Luftballons geschmückt ist. Er war offenbar überzeugt, dass ich mitkommen würde. In der Ecke des Zimmers steht neben einem elektrischen Heizofen ein kleiner Koffer. Es ist brütend heiß hier. God zieht die Gardinen beiseite und schaltet das Außenlicht an. »Schau«, sagt er, aber ich weiß nicht, was ich außer Bäumen und Büschen sehen soll. »Keine ungebetenen Gäste, und ringsum nur Grün. Sogar Hirsche kommen hier anscheinend vorbei.«

Er nimmt mich in die Arme und fängt an, mich gierig zu küssen. »Was sagst du dazu?«, fragt er zwischen den Zungenküssen.

Ich schiebe ihn sanft von mir weg. »Es ist toll«, lüge ich.

»Wir richten ihn natürlich noch gemütlicher ein. Und einweihen müssen wir ihn auch.« Seine Hände gleiten unter mein Kleid. Mein Körper schlägt an, aber mein Kopf will weg. »Warum setzt du dich nicht aufs Sofa, dann hole ich uns was zu trinken.«

Er geht in die Küche und holt zwei Gläser aus den Laminatschränken. Dann öffnet er den Kühlschrank und nimmt eine Flasche heraus. Er summt vor sich hin. Ich habe ihn noch nie so fröhlich gesehen. Er entfernt das Drahtgestell, zieht den Korken heraus und dreht sich anschließend ruckartig um, wobei er die Flasche von sich wegrichtet. Der Champagner schießt heraus. Die Flasche schüttelnd, läuft er auf mich zu und bespritzt mich von oben bis unten. Ich erschrecke so heftig, dass ich aufschreie und ihm dabei voll ins Gesicht schlage. »Das ist doch … Scheiße«, rufe ich einmal und gleich noch mal und presse mir keuchend die Hand auf die Brust.

»Bist du irre?«, fragt er. Ich sehe, wie ein dunkler Schatten über sein Gesicht huscht. »Du willst mich schlagen? Mich? Schlagen?«

Der Champagner tropft von meinem Gesicht und brennt in den Augen. Verschwommen sehe ich, wie er die Hand hebt. Ich zucke zusammen und begreife schlagartig, wie weit ich von der bewohnten Welt entfernt bin. Niemand wird mich hören oder sehen. Ich spanne alle Muskeln an, um einen Hechtsprung gegen seine Beine zu machen, als ich die Hand auf mich niedergehen sehe, sie im Nacken spüre, diese gebieterische Hand, die mein Gesicht an seines presst, an seine weichen Lippen, seine Zunge, den fließenden Champagner und dann sein kehliges Lachen. Er hält mich fest und leckt mein Gesicht ab, lacht dröhnend: »Dieses Gesicht, du hättest es sehen sollen! Deine kleine Schnute! Du hattest Angst, hab ich recht? Du dachtest wirklich: Heilige Scheiße, der Kerl verdrischt mich.«

Ich kann nicht lachen. Ich winde mich aus seinem Griff und sage, dass daran nichts Lustiges ist. »Ach, komm schon, Bohnenstängelchen, ein bisschen Spontanität muss erlaubt sein.«

Er nimmt einen Schluck und hält mir die Flasche hin.

»Schade auch«, sage ich.

»Ich habe noch Tausende andere Flaschen, Bohnenstängelchen.«

Wir liegen nackt auf dem hellbraunen, wie die Innenseite von Gummistiefeln riechenden Ledersofa, in einer Pfütze aus Champagner und unser beider Körperflüssigkeiten. Der Sex, den wir gerade hatten, glich eher einer Schlägerei als einem Liebesakt. Das war weder mit Peter noch mit einem der anderen Männer so, mit denen ich je Sex hatte. Als wollten wir uns gegenseitig vernichten. Es ist beängs-

tigend, was geschieht, wenn unsere Körper aufeinandertreffen. Ich will ihn tiefer in mir, immer tiefer, und dass er mir wehtut. Ich tue es selbst, mit seiner Hand an meiner Kehle. Ich will, dass mir vor Atemnot schwindlig wird. Wenn er mich auf die Knie zwingt und meinen Kopf an den Haaren zurückzieht, um mir seinen Schwanz tief in den Mund zu stoßen, fühle ich mich lebendig. Ich öffne und entspanne mich. Gebe mich hin. Ein Körper, der Lust sucht. Weiter nichts.

Als ich ihn wenig später leise schnarchen höre, steige ich von ihm herunter und hole eine Decke aus dem Schlafzimmer. Hier ist alles staubig und klamm, und ich unterdrücke ein Niesen. God liegt zusammengerollt wie ein Embryo da. Ich breite die Decke über ihn und schleiche mich auf den Gang, mein Kleiderbündel unter dem Arm. Auf Schenkeln und Schultern habe ich tiefe Abdrücke von seinen Händen und Zähnen. Meine Scheide brennt, der After ebenso. Wurde ich vergewaltigt? Nein. Ich wollte es, ich wollte es härter. Aber jetzt habe ich keine Ahnung mehr, was ich will.

Draußen wird es hell. In der Ferne höre ich Vögel und die Autobahn. Ich irre durch die verlassene Anlage. Die Leute, denen ich begegne, müssen glauben, dass ich verrückt bin. Eine Obdachlose. Verwahrlost, so fühle ich mich. Genauso beschämt und schuldig wie das eine Mal, als ich mit Jan fremdgegangen war. Mit der gleichen Entschlossenheit. Das darf sich nie wiederholen. Schon während ich den Gedanken zu Ende denke, weiß ich, dass ich lüge.

Für mein Gefühl bin ich stundenlang gelaufen, bevor ich beim L'Escargot ankomme. Als ich mein Rad aufschließe, setzt schwacher Regen ein, aber ich bemerke ihn kaum. Meine Gedanken sind alle bei God und kreisen in Dauerschleife. Alle fünf Minuten denke ich, wie schön der Abend begonnen hat. Er hat einen guten Kern. Er hat sich solche Mühe gegeben. Er war fröhlich, interessiert, sogar zärtlich. Ist es vorstellbar, dass er, wenn wir uns irgendwann besser kennen, zärtlicher wird? Kann er sich ändern? Niemand kann das.

Komm schon, Jet, du bist Psychologin. Hör auf, dir alles schönzureden. Mach Schluss mit ihm! Mach Schluss! Mach Schluss!

Am Montag danach rede ich in der Praxis mit meinem Kollegen Jan.

Wir sitzen in der Küche, es ist nach siebzehn Uhr. God hat mir in den letzten vierundzwanzig Stunden siebzehn Nachrichten geschickt, darunter eine mit einem Video, auf dem er zu Bildern von uns beiden im Ritz onaniert. Ich erzähle Jan von einer Klientin von mir. Sie befinde sich in einer stark toxischen Beziehung.

»Das erinnert mich an eine meiner eigenen Klientinnen«, sagt Jan, der mit seinem alkoholfreien Bier auf dem Küchentresen sitzt. »Ist lange her. Ihr Ex-Ehemann hat sie jahrelang gestalkt. Das Gericht hatte schon ein Annäherungsverbot für ihre Straße und ein Kontaktverbot verhängt, aber er kam ungerührt immer wieder an ihr Haus. Schließlich konnte sie erwirken, dass die Polizei ihr Haus ein Wochenende lang überwachte. So würden sie ihn hoffentlich erwischen und festnehmen. Der Plan ging auch auf. Aber wie sich herausstellte, hatte sie selbst immer wieder die Hintertür offen gelassen. Für ihn! Manchmal hatten sie nur Sex, aber manchmal hat er sie geschlagen oder sie haben wüst gestritten. Dann rief sie wieder die Polizei. Sie hatte eine voll entwickelte Sucht nach diesem Kreislauf. Sie brauchte die Polizei, um der Sache ein Ende zu machen. Ich habe ihr damals geraten, in eine Klinik zu gehen. Um an ihrer Liebessucht zu arbeiten.«

»Liebessucht? Ist das nicht eine extreme Form des Selbsthasses? Eine Art Selbstverstümmelung? Ich glaube, meine Klientin bestraft sich unbewusst selbst …«

»Ich würde eher an ein übermäßiges Bedürfnis nach Zuneigung denken, eine Reaktion auf vorausgegangene Gefühle tiefer Verlassenheit. Also im Grunde eine pathologische Trennungsangst. Alles scheint besser, als allein zu bleiben. Die Abhängigkeit entsteht durch die Bemühungen des Partners um Wiedergutmachung. Diese winzi-

gen Fünkchen Liebe haben die gleiche Wirkung wie Crystal Meth. Sie sehnt sich immer mehr nach dem Zeug, aber dafür muss erst viel gelitten werden.«

»Aber was ich nicht verstehe, und das ärgert mich an meiner Klientin, ist die Doppelzüngigkeit. Sie kommt zu mir, um sich von diesem Mann zu befreien, sie will ihn loswerden, und im nächsten Moment öffnet sie ihm wieder Tür und Tor!«

Jan wirft mir einen überraschten Blick zu.

»Das ärgert dich?«

»Allerdings.«

»Woher diese persönliche Betroffenheit? Du weißt, es ist nicht gut, sich über Klienten aufzuregen.«

»Ich bin auch nur ein Mensch. Sie erzählt mir jede Woche die gleiche Geschichte.«

»Das tun sie doch alle, und dafür bist du ausgebildet, Schatz. Du weißt so gut wie ich, warum diese Frau das macht.«

»Sie sieht keinen Ausweg mehr.«

»Sie glaubt, sie verdient es nicht besser! Und dass alles besser sei, als allein zu sein. Weißt du noch, wie elend schwer es war, mit dem Rauchen aufzuhören?«

Ich erzähle ihm nicht, dass ich heimlich wieder angefangen habe.

»Es fängt mit dem Vorsatz an. Der Geruch ekelt dich, du verachtest dich dafür, du weißt, du wirst daran sterben, und aus Angst davor sehnst du dich wieder nach einer Zigarette. Du versprichst dir, morgen aufzuhören. Oder nächsten Monat. So schiebst du das Aufhören vor dir her, und gleichzeitig vertieft sich die Sucht. Das Rauchen wird zur Strafe, du rauchst, weil es dir irgendwann ein mutiges, rebellisches, erhabenes Gefühl gegeben hat. Dieses Gefühl willst du wiedererleben. Bei toxischen Beziehungen ist es nicht anders.«

»Könnte sie auch süchtig nach diesem Schmerz sein?«

»Wäre möglich. Oder nach der Unterwerfung, der Erniedrigung. Viele Menschen schämen sich dafür.«

»Das glaube ich bei ihr weniger. Es hat mit diesem Rausch zu tun … es ist wie eine Besessenheit. Als hätte er die Kontrolle über sie.«

»Manche Menschen ziehen aus Schmerz neue Kraft. Sie erfahren, dass sie etwas aushalten, dass sie nicht kapitulieren. Ein bisschen wie bei der Wim-Hof-Methode. Leiden für Liebe. Ist deine Klientin jemand, der glaubt, sich Liebe verdienen zu müssen? Sie nur wert zu sein, wenn sie eine Gegenleistung erbringt?«

Ich nehme mir ein Bier aus dem Kühlschrank. Jan streicht mir freundschaftlich über den Rücken. Vor etwa zwei Jahren hatten wir in dieser Küche sanften, unbeholfenen Sex. Wir waren betrunken, ich war unglücklich, und Jan gab mir Trost. Am nächsten Morgen kam er in mein Praxiszimmer, um zu fragen, ob ich noch darüber reden wollte. Ich verneinte, und also haben wir es nie getan. Es ist gut, wie es ist. Unsere Freundschaft und berufliche Beziehung hat nicht darunter gelitten.

»Wie schaffen manche Männer das, dass sie jemanden so unter ihre Fuchtel bringen?«, frage ich.

»Und manche Frauen, die sollte man nicht ausschließen«, sagt Jan. »Sie manipulieren, indem sie auf die Kindheitsschmerzen des anderen Bezug nehmen, auf die frühen Traumata. Sie nehmen sie beieinander wahr. Das geschieht oft unbewusst. Aber das weißt du ja alles selbst, du lässt mich hier Mansplainen. Warum fragst du?«

»Ich brauche ein Feedback.«

»Bist du sicher, dass du nicht zu persönlich betroffen bist?«

»Ich habe auch so meinen Kindheitsschmerz.«

»Ich weiß.« Jan lächelt. Seine Glatze glänzt unter der Neonleuchte. Hätte God nur sein Naturell, seine Ruhe, seine sanfte Vernunft. »Wie es sich anhört, ist es genau, was du schon dachtest. Eine toxische Beziehung zwischen einer Frau mit starker Trennungsangst und einem Mann mit narzisstischen Zügen. Ziemlich gefährliche Mischung.«

»Ja, so weit war ich auch. Und jetzt?«

»Nichts. Sie wird verlassen werden, oder sie verlässt ihn. Erst dann kannst du Schritte einleiten.«

»Aber es ist gefährlich, hast du gerade gesagt.«

»Das kannst du nicht ändern. Es sind zwei Erwachsene, die mit dem Feuer spielen. Du stehst daneben und siehst zu. Du kannst ihr tausendmal raten, auszusteigen: Sie wird es trotzdem nicht tun. Bis sie es tut.«

Ich nehme einen ordentlichen Schluck aus meiner Bierdose.

»Entschuldige, aber wir reden nicht zufällig über dich?«

»Ach Gott, nein«, lache ich. Ich weiß, dass er mir glaubt. Wir haben einander noch nie angelogen.

»Aber pass auf, dass du dich nicht zu sehr identifizierst. Du kannst sie jederzeit an mich weiterverweisen.«

Ich stoße mit meinem Bier an seines an.

»Der fragliche Mann schickt ihr explizite sexuelle Fotos und Videos.«

»Von sich selbst?«

»Und von ihnen beiden. Zusammen.«

»Hat er ihre Zustimmung, solche Aufnahmen zu machen?«

»Sie sagt, dass es sie beim Sex durchaus erregt, aber wenn sie sie später über WhatsApp empfängt, fühlt sie sich eingeschüchtert.«

»Natürlich. Es ist auch als Einschüchterung gemeint. Damit sagt er ihr: Du gehörst mir, vergiss das bloß nicht.«

»Aber Sexting ist doch heutzutage etwas ganz Normales? Das machen viele.«

»Wenn deine Klientin sich dabei unwohl fühlt, ist es für sie eben nicht normal.«

»Ich verstehe nicht, woher dieses Bedürfnis mancher Männer kommt, ihren Freundinnen Schwanzbilder zu schicken.«

Jan grinst mich mit seinen braunen Hundeaugen an und fragt, ob ich auch schon mal so ein Bild bekommen habe.

»Ehm, ja, irgendwann mal. Hast du schon mal eins verschickt?«

»Ja. Irgendwann mal.«

Ich frage nicht nach.

»Manchmal ist es ähnlich wie bei den klassischen Exhibitionisten. Männer zwingen Frauen, auf ihren Penis zu schauen. Das ist eine Machtdemonstration, eine extreme Art, die Frau aus der Fassung zu bringen. Aber oft ist es eine Zwangshandlung, die aus unterdrückter Wut gegen Frauen hervorgeht. Für solche Männer bedeutet Sex Macht, und ich nehme an, dass deine Klientin sich sehr ohnmächtig fühlt. Deshalb hat er sie gewählt.«

»So etwas dachte ich mir auch. Aber es gelingt mir nicht, sie wieder aufzubauen.«

Ich kippe den letzten, lauwarmen Schluck Bier hinunter. In meiner Handtasche läutet mein Telefon. Vor vier Wochen sehnte ich mich noch verzweifelt nach diesem besonderen Klingelton, den ich für God festgelegt hatte. Jetzt verschafft er mir jedes Mal eine Gänsehaut.

Als ich im Auto sitze, klappe ich das iPhone auf. Er hat dreimal angerufen und zwei Nachrichten geschickt.

»Wieso gehst du nicht ans Telefon?«

»Hübscher Kerl, dieser Kollege von dir. Wenn das nicht im Bett endet!«

Ich lasse den Motor an und fahre zu Peters Wohnung. Normalerweise warte ich immer draußen, bis Lies und Luuk mit ihren Rucksäcken aus der Tür kommen. Ich wollte nie einen Fuß in diese Wohnung setzen, wo er mit dieser Schnepfe Papa-Mama spielt. Aber jetzt traue ich mich nicht mehr, hier allein herumzustehen.

An diesem Abend liegen Lies und ich in unseren Flanellpyjamas in meinem Bett. Zwischen uns ein Tablett mit zwei Jumbobechern Tee und einer Toblerone. Wir schauen The Voice of Holland. *Ich versuche, mich zu entspannen, mein Telefon ist ausgeschaltet. Sie schiebt ihre kalten Füße unter meine Beine. Während wir auf den Bildschirm starren, wo Anouk einer Kandidatin den Kopf wäscht, fragt Lies plötzlich: »Woher weiß man, ob man verliebt ist?«*

Ihre Frage bringt mich wieder auf die Erde und raus aus meinen Gedanken. »Ach, du«, sage ich und streichle ihre Wange. »In wen denn?«

»Darum geht es nicht, Mam. Antworte einfach.«

»Tja, das weiß man, wenn man die ganze Zeit an diese Person denken muss. Und wenn man Schmetterlinge im Bauch bekommt, wenn man ihn sieht.«

»Oder sie«, sagt Lies.

»Ist es ein Mädchen?«

»Nein.«

»Wenn du verliebt bist, isst und schläfst du nicht mehr und wärst am liebsten die ganze Zeit bei dieser Person.«

»Also ich esse und schlafe bestens. Aber ich muss schon an ihn denken. Ich finde ihn nur manchmal megadumm. Und ich hab Angst, dass er mich total bescheuert findet. Aber neulich haben wir uns also geküsst, auf der Party von Evi.«

Ich stelle das Tablett auf die Seite, um sie näher zu mir zu ziehen. Sie legt ihren warmen Kopf an meine Brust, und ich streichle ihr Haar. Ein dicker Kloß steigt mir in den Hals. Ich war so mit God beschäftigt, dass ich nichts gesehen habe: meine wunderbare Tochter, die zusehends erwachsen wird; die mir so fehlt, wenn sie bei ihrem Vater ist; die meistens so kämpferisch ist, aber heute Abend plötzlich ihr Herz öffnet. Sie schlingt die Arme um mich.

»Warum kann ich nicht immer hier sein, Mam? Wieso müssen Luuk und ich eure Scheidung ausbaden? Ständig ist irgendwas. Die letzten Tage hatte ich eine Blasenentzündung. Was soll ich da mit dieser Laura? Oder mit Pap? Und auch, nachdem ich ihn geküsst hatte. Da will ich zu dir!«

»Es ist nun mal so abgesprochen, Schatz.«

»Nicht mit mir.«

»Aber Papa gibt sich doch Mühe?«

»Überhaupt nicht! Und tu nicht so, du hasst ihn.«

»Ich hasse ihn nicht.«

»Außerdem darf ich selber entscheiden. Ich bin fünfzehn.«

Ich weine innerlich. Über das Scheitern von allem. Wir sind alle miteinander nette, ordentliche, vernünftige Menschen und haben trotzdem alles vergeigt. Und jetzt ist Lies verliebt, aber statt eines großartigen Wunders ist es etwas, was ihr eine Riesenangst macht. Das ist unsere Schuld.

»Und frag jetzt bloß nicht: ›Hast du schon mit Papa darüber geredet.« Sie imitiert meine Stimme, hoch und affektiert. »Denn warum muss ich mit Papa reden? Wieso muss ich die schwierigen Sachen mit ihm besprechen? Dafür hat man doch Eltern, oder nicht?«

Man stelle sich vor, ich brächte plötzlich God mit nach Hause, in dieses emotionale Chaos. Es ist unmöglich. Und ich will es auch wirklich nicht, so sehr ich es hasse, allein zu sein. Ich muss damit aufhören. Ich muss für meine Kinder da sein.

25.

Unten geht die Klingel. Oma ist da, und Lauras Eltern und Kim. Luuk kommt in mein Zimmer, er trägt den Anzug, den er zusammen mit Papa gekauft hat. Es zerreißt mir das Herz, aber das tut zurzeit so vieles.

»Du siehst echt klasse aus, Luuk«, sage ich.

Er betrachtet sich in dem großen Spiegel an meiner Schranktür. »Findest du?«

»Mama hätte es gefallen, dich so zu sehen.«

»Ja, oder?«

Ich steige in das Samtkleid mit den goldenen Schmetterlingen.

»Komisch, ich gewöhn mich schon dran«, sagt Luuk. Er hat aufgesprungene Lippen, darum schmiere ich ihm den Eight Hour Lip Balm drauf, den ich mal von Mama geklaut habe.

»An was?«

»Dass Mam … dass sie nicht mehr da ist.«

»Daran gewöhnt man sich nie, Luuk. Es scheint nur manchmal kurz weg zu sein, wie jetzt. Aber wart's ab, heute Abend ist es wieder da.«

»Was?«

»Dass du sie vermisst. Dieses Gefühl, dass dir die Beine amputiert wurden.«

»Ich bin auch ganz schön wütend auf sie.«

»Ja.«

»Meine Lehrerin hat mir gesagt, Mamas Schmerz war so groß, dass sie sogar vergessen hat, dass sie für uns weiterleben muss. Aber dann frag ich mich, welcher Schmerz denn?«

»Mama hat nichts wehgetan, und sie wollte total gern für uns weiterleben. Du darfst diesen ganzen Idioten nicht glauben, Luukie.«

»Es hat ihr aber wehgetan zu sterben. Das tut doch weh!«

Ich ziehe ihn nah an mich heran. Ich bin jetzt seine Mutter.

»Da hast du recht. Aber jetzt tut ihr nichts mehr weh.«

Die Autos fahren vor. Große schwarze Limousinen. Mamas Sarg ist in der ersten. Auf der Straße sind lauter Leute, die zu uns herüberschauen. Es fängt an zu regnen, und die schwarzen Herren, wie Luuk sie nennt, begleiten uns mit ihren Schirmen zum Wagen.

Die Erwachsenen tragen alle Sonnenbrillen, was ich fast schon lächerlich affig finde. Sie streiten.

»Peter, du sitzt mit den Kindern im Wagen«, sagt Oma pampig. »Ohne Laura.«

Laura scheint in ihrem einfachen schwarzen Kleid keine zwölf Kilo zu wiegen.

»Laura fährt mit ihren eigenen Eltern. Was machen diese Leute überhaupt hier? Wieso gehören die zur Familie?«

Oma gehen die Nerven durch.

»Ist schon gut, Peter, deine Schwiegermutter hat recht.« Laura schiebt ihn zu unserem Wagen. Sie fragt sich wahrscheinlich selbst, was sie hier macht und in was sie da hineingeraten ist. Innerlich grinse ich hämisch. Mama hat es doch noch geschafft, sie auseinanderzubringen.

Papa setzt sich neben den Fahrer, er hält den Oberkörper so gerade, als hätte er einen Kleiderbügel verschluckt. »Tja, also«, sagt er und danach nichts mehr. Das macht er öfter: einen Satz anfangen, aber nach den ersten beiden Wörtern nicht mehr wissen, was er genau sagen wollte. Oma setzt sich zu uns nach hinten. Sie zittert so heftig, dass ich es durch den Sitz spüren kann.

»Wo ist Kim?«, fragt sie Papa.

»Im anderen Wagen.«

»Muss die Ärmste wirklich mit diesen Leuten fahren?« In der Frage verbirgt sich ihre ganze Wut.

»Pass mal auf, Tineke«, sagt Papa, ohne sich umzudrehen. »Heute geht es um Jet. Nicht um dich und nicht um Dinge, die dir nicht gefallen. Lass uns bitte den Anstand wahren.«

»Komm du mir nicht mit Anstand!«

Mam würde sich am Boden kugeln vor Lachen.

Wir fahren im Schleichtempo durch die kalten, stillen Straßen von Süd-Amsterdam. Radfahrer lassen uns die Vorfahrt, einzelne Fußgänger ziehen ihre Hüte oder Mützen, Autos schließen sich uns an. Gefühlsmäßig sitze ich in einem fahrbaren Kino, wo ich mir mein eigenes Leben anschaue. Das hier ist nicht real. Ich kann nicht mal traurig sein, dabei wäre genau jetzt der richtige Moment dafür. Luuk weint die ganze Fahrt über. Und er stinkt.

»Ist dir schlecht?«, frage ich.

Er schüttelt den Kopf. Zum Glück habe ich noch einen von Wammes' Kackbeuteln in der Manteltasche, den ich ihm gerade noch rechtzeitig geben kann. Er übergibt sich leise in den Beutel. Oma streichelt seinen Nacken, während ich ihm den Rücken reibe.

Auf dem Friedhof warten eine Menge Leute mit ernsten Gesichtern auf unsere Ankunft. Wir steigen schweigend aus. Die schwarzen Herren heben Mamas Sarg aus dem Auto und stellen ihn auf eine Art fahrbares Bettgestell. Gleich darauf kriegen wir alle ein

Blumengesteck in die Hand gedrückt und betreten hinter dem Sarg die Aula. Ich wusste gar nicht, dass Mama so viele Leute kannte. Sie selber auch nicht, glaube ich.

Ich suche die Menge nach vertrauten Gesichtern ab. Oma hält mich und Luuk an der Hand. Wir setzen uns in die erste Reihe. Auf dem Podium steht ein Foto von Mama in Lebensgröße, aufgenommen während des Katastrophenurlaubs, als Pap und Mam noch dachten, sie könnten trotz der Scheidung weiter gemeinsam in Urlaub fahren. Es wurde noch vor dem Moment gemacht, als Pap beschloss, ihr von seiner neuen Freundin zu erzählen. Sie lacht, und ihre fröhlichen Augen über den nackten, braun gebrannten Schultern sehen uns an. Es ist die Mam von früher, als sie noch Hoffnung hatte. Jetzt erkenne ich, und damals habe ich es auch erkannt, wie überzeugt sie war, dass sie Pap zurückerobern konnte. Wie viel Mühe sie sich gab, die Hübscheste, Netteste und Lustigste zu sein. In ihrem Blick liegt gleichzeitig Hoffnung und Verzweiflung. Ich denke, dass Pap dieses Bild deshalb ausgesucht hat, weil er das Gleiche sieht wie ich. Er hat es vergessen, aber irgendwo liebt er sie noch.

Es ist totenstill. Nur hin und wieder flüstert oder schnieft jemand. Luuk sitzt neben mir, den Blick auf seine Schuhe gesenkt. Oma nimmt eine Packung Taschentücher aus ihrer Handtasche. Sie bietet mir fürsorglich eines an, aber ich spüre, dass ich nicht weinen werde.

Papa tritt hinter das Rednerpult und zieht mit zitternden Händen ein Blatt aus seiner Jackentasche. Als er zu sprechen beginnt, versagt das Mikrofon. Ein lautes Pfeifen schrillt durch den Saal. Einer der schwarzen Herren eilt aufs Podium und macht sich hektisch an der Verkabelung zu schaffen.

»Liebe Freunde, liebe Angehörige von Jet. Liebe, liebe Jet. Ich weiß, dass dir mit meinem Gerede nicht gedient ist. Wir haben uns die letzten Jahre beide wie Kampfhähne benommen. Seit deinem Tod werfe ich das besonders mir selbst Tag und Nacht vor.«

»O Gott, er wird doch jetzt nicht über sich sprechen?«, flüstert Oma.

»Du warst eine großartige Frau. Eine wunderbare Mutter. Und für sehr viele Menschen eine fantastische Therapeutin. Du hast anderen geholfen, obwohl du selber Hilfe gebraucht hättest. Doch darüber wolltest du nicht reden. Du wolltest dir nicht helfen lassen, hast die Unterstützung deiner Familie und Freunde abgelehnt. Zu spät wurde mir klar, dass deine Vorwürfe gegen mich in Wirklichkeit Hilferufe waren. Ich habe dich im Stich gelassen, und muss versuchen, mit dieser Schuld ins Reine zu kommen. Unsere lieben Kinder …« Seine Stimme überschlägt sich. Er wischt sich die Augen.

»Dieser Mann«, seufzt Oma.

»Hör auf«, flüstere ich.

»Unsere lieben Kinder werden dich schrecklich vermissen, liebe Jet. Und ich ebenfalls. Aber ich verspreche dir, ganz für sie da zu sein. So wie du es warst. Uneingeschränkt, geduldig. Sie werden für mich immer an erster Stelle stehen.«

Danach scheint es, als hätte er einen ganzen Absatz seiner Rede übersprungen.

»Ich möchte nun gerne Lies das Wort übergeben, unserer Tochter.«

Als ich am Rednerpult stehe, wird mir einen Augenblick schwarz vor Augen. Mein Herz schlägt schnell, und mein Kiefer zittert so sehr, dass ich fürchte, kein Wort herauszubringen. Aber dann, plötzlich, werde ich ruhig.

»Mam«, sage ich.

Alle schluchzen im Chor.

»Luuk und ich schaffen es nicht ohne dich. Wenn jemand das

wusste, dann du. Du hast Fehler gemacht, aber das war, weil du so unglücklich warst, als Papa uns verließ. Du musstest dich selbst neu erfinden, dir ein Leben allein aufbauen. Und gerade als es schien, als wäre dir das gelungen, endete es. Jeder hier glaubt, du hättest dir das Leben genommen. ›So wie Opa‹. Ich glaube das nicht.«

Es wird geflüstert, gehüstelt, Leute rutschen auf ihren Stühlen hin und her.

»Du warst vor allem anderen unsere Mutter und hättest uns nie freiwillig verlassen. Ich glaube, dass jemand deinen Tod auf dem Gewissen hat. Manche hier finden sich mit dem Gedanken ab, du hättest dasselbe getan wie dein Vater, aber ich nicht. Und ich verspreche dir, dass ich die Wahrheit herausfinden werde.« Ich tue, als spräche ich zu Gott.

»Liebste Mam, ich liebe dich. Ich vermisse dich. Ich brauche dich. Und Luuk genauso. Ich hoffe, dass du jetzt Frieden hast. Du brauchst dir keine Sorgen zu machen. Luuk und ich schaffen das. Wir spielen jetzt ein Lied, das du jeden Tag in der Küche gesungen hast. Ich fand es schmalzig, aber du bekamst immer Tränen in die Augen. Heute weinen wir mit dir. Hab dich lieb, Mam.«

Komisch, dass ich immer noch nicht weine, nicht mal als sich bei dem Song *Rollercoaster* um mich herum alle in Tränen auflösen. Oma wiegt sich hin und her, sie hält Luuk an ihre Brust gedrückt und hat den Arm um meine Schulter gelegt. Papa ist fast grau im Gesicht, Laura schlottert vor sich hin. Ich sehe, wie Papa ihre Hand sucht und wie sie ihm ausweicht. Der ganze Saal scheint zu flimmern wie eine Luftspiegelung. Ich presse die Fäuste auf meine Blase. Sie brennt wieder.

In dem Raum, der »Trauercafé« heißt, aber in Wirklichkeit ein ungemütliches Kabuff mit hässlichen Wolkenbildern an den Wänden ist, herrscht bei unserem Eintreten bedrücktes Murmeln, das sofort verstummt. Alle folgen uns mit ernsten, ängstlichen, mitfühlenden Blicken, während wir zu einer Art Bühne geführt werden, auf der eine Stuhlreihe für uns bereitsteht; daneben ein Tisch mit Kuchen und belegten Brötchen.

»Wie gut, dass Kim das alles organisiert hat«, flüstert Oma völlig überflüssigerweise. Wen zum Teufel interessiert das jetzt?

Wir stellen uns nebeneinander in einer Reihe auf. Es ist meine erste Beerdigung, also habe ich keine Ahnung, wie das abläuft. »Jetzt geben uns gleich all diese Leute die Hand«, sagt Laura zu Luuk, der sich sofort auf die Brötchen stürzt. »Das heißt Kondolieren.«

Ein Mann fragt, ob wir Kaffee möchten. Luuk will eine Cola und ich Tee, um meine aufkommende Blasenentzündung wegzutrinken. Ich habe ein Stechen in der Seite, und meine Füße schmerzen in den engen Ausgehschuhen. Hunger habe ich ebenfalls, aber das gehört sich nicht, wenn man seine Mutter begräbt. Noch bevor die Getränke serviert werden, baut sich Mamas Nachbarin vor uns auf. Sie ist so der Typ, der Warteschlangen ignoriert; sie wartet nicht, bis sie an der Reihe ist, sondern tut völlig ungeniert, was ihr gerade einfällt.

»Ach, Kind, herzliches Beileid, ja?«, sagt sie schniefend. Sie hört gar nicht mehr auf, mir feucht die Hand schütteln, bis sie mich plötzlich umarmen will und mir ihre stinkende Achsel ins Gesicht drückt. Zu Oma sagt sie, wie schrecklich sie das alles findet, und so scheußlich für die Kinder, ach. Danach folgt mit schlaffem Händedruck ihr schüchterner Ehemann. Er kondoliert uns mit niedergeschlagenen Augen, als wäre Trauer ansteckend. Hinter ihm bildet sich eine endlose Menschenkette, in der Mehrheit wildfremde Leute, aber auch Lehrerinnen aus der Schule, Mitschülerinnen mit ihrem Vater oder ihrer Mutter, frühere Freunde von Mam, Kollegen von Pap, Omas Bridgefreundinnen, Großtanten und -onkel, die ich nie zuvor gesehen habe, Leute, die Mama vom Spazierengehen im Park kannte oder mit denen sie gemeinsam Sport gemacht hat, ihre Klientinnen und Ex-Klientinnen. Ich scanne jedes einzelne Gesicht. Ob ihre Tinder-Matches auch gekommen sind? Jochem ist jedenfalls da. Er gratuliert mir zu meiner Rede. »Lass uns diese Woche noch mal miteinander reden«, sagt er. »Denn ich sehe ja, dass du mir dem Ergebnis unserer Ermittlung nicht zufrieden bist. Dann gehen wir alles noch mal Schritt für Schritt durch.«

Ich sage, dass ich das eine gute Idee finde. Ich finde ihn immer noch sehr gut aussehend. Vielleicht gebe ich ihm Mams Textdokument. Falls ich so weit bin, es loszulassen.

Der Nächste ist Jan, der Kollege von Mam, mit dem sie also auch Sex gehabt hat. Das zu wissen gibt mir ein Gefühl von Macht. Ich sehe uns zu, wie wir einander die Leute mechanisch weiterreichen; Luuk ist allerdings schon ausgestiegen und spielt auf seinem Handy herum. Wir spüren manchmal Hände, ohne ein Gesicht zu sehen, wir lächeln und nicken, wir weichen Blicken aus, die Schmerz sehen wollen, wir lassen zu, dass Fremde uns anfassen, wir trösten sie und tun, als würden auch wir durch sie getröstet.

Dann ist da eine große, ungewöhnlich weiche Hand mit einem goldenen Siegelring. Ich hebe die Augen, denn diese Weichheit weckt eine Erinnerung in mir. Hände, die nicht arbeiten. Vor mir steht ein Mann mit getrimmtem Bart und schwarzer Baseballkappe.

»Bitte nehmen Sie das ab!«, höre ich Oma sagen. »Es ist äußerst ungehörig, mit einer Kopfbedeckung zu kondolieren!«

Er lächelt: blendend weiße Zähne. Er setzt die Kappe ab: dunkelblondes, halblanges Haar. Wir sehen uns an.

»Mein aufrichtiges Beileid. Und wie recht Sie haben«, sagt er. Er duftet nach teurem Eau de Toilette.

»Wer sind Sie?«, frage ich. Aber ich weiß es schon.

»Fred«, antwortet er.

»Woher kennen Sie meine Tochter«, fragt Oma. Sie klingt schutzlos. Als spürte sie es auch, unbewusst.

»Ich bin ein ehemaliger Klient Ihrer Tochter.«

»Aha.«

Ich muss etwas sagen, aber weiß nicht, was. Ich weiß auch nicht sicher, ob er es ist.

»Fanden Sie meine Mutter gut?«, frage ich. Er ist fast schon weitergegangen, als er sich umdreht.

»Deine Mutter war fantastisch, echt Champions League. Darauf könnt ihr alle sehr stolz sein.«

Dann rücken weitere Leute nach, mit neuen Namen und neuen Trostworten. Oma sieht zu mir herüber.

»Was zappelst du denn so? Alles in Ordnung mit dir?«, flüstert sie.

»Ich muss nur ganz dringend«, sage ich. Das ist nicht gelogen. Meine Blase brennt wie Feuer. Ich sehe gerade noch, wie er die Kappe im Gedränge wieder aufsetzt.

»Dann geh ruhig, Schatz. Hast du wieder Schmerzen?«

Ich nicke.

»Ach, verflixt! Soll ich mitkommen?«

»Bitte, Oma! Ich komm klar.«

Es ist gar nicht leicht, ihn zwischen all den schwarz gekleideten Leuten zu finden. Wahrscheinlich ist er gleich wieder gegangen. Was zum Teufel hat er hier verloren? Will er genießen, was er angerichtet hat? Ich quetsche mich durch die Menge, ihren aufmunternden Berührungen ausweichend. Wer hat eigentlich mal entschieden, dass man Angehörige von Verstorbenen einfach anfassen darf?

Ich renne hinaus ins Freie, wo die Raucher stehen, auf der Schwelle des Todes. Ich spüre, wie ein kleiner Schwall Urin in meinen Slip läuft. Mees steht mit ein paar Klassenkameraden bei einem großen Blumentrog. Er hebt die Hand, aber ich kann jetzt nicht stehen bleiben. An der anderen Seite des Gebäudes trifft ein neuer Trauerzug ein, anscheinend ist das hier eine Art Bestattungsfabrik. Ich höre Leute murmeln: »Das ist ihre Tochter.« Aber ich renne weiter, vorbei an den Rädern im Fahrradständer, über den weißen Kiesweg, ich habe keine Ahnung, wohin. Der Parkplatz. Meine Lunge sticht, und mein Schritt glüht und pocht. Als ich beim Haupteingang des Friedhofs bin, sehe ich Autos und viele Aus- oder Einsteigende, aber keinen Mann mit Kappe. Keuchend bleibe ich stehen. Ich habe ihn verloren.

In einem sandigen Graben hinter den Pappeln, die den Parkplatz gegen die Straße abschirmen, gehe ich in die Hocke und mache unter Schmerzen Pipi. Danach ziehe ich meinen Slip und die Strumpfhose wieder hoch und bringe das Kleid wieder in Ordnung. Während ich zwischen den Autos auf dem Parkplatz zurückgehe, zittere ich leicht vor Kälte. Meine Blase tut jetzt höllisch weh, am Ende kriege ich noch Fieber. Ich gehe in ruhigem Tempo und rede mir zu, wie Mam es machen würde: Du musst auf dich selbst achten; trink ein paar große Gläser Wasser; Oma hat bestimmt Paracetamol in der Handtasche. Und dann gehst du heute Abend noch in die Ambulanz. Es wird alles gut. Dieser Mann eben, das war wahrscheinlich gar nicht er. Und selbst wenn, was würdest du ihm sagen? Du bist ihm in keiner Weise gewachsen; er ist gefährlich. Geh mit dem Dokument zur Polizei, tu mir den Gefallen. Es dauert schon zu lange. Kümmere du dich um deinen Bruder, bitte. Er darf nicht noch jemanden verlieren.

Ein schwarzer Audi rollt langsam vorbei und hält ein paar Meter die Straße runter. Die Beifahrertür öffnet sich. Einen Moment lang denke ich, dass es die Polizei ist, weil die immer schwarze Audis fährt, jedenfalls im Fernsehen.

Ich gehe näher an das Auto heran und beuge mich vor, um zu schauen, wer hinterm Lenkrad sitzt.

»Steig ein«, sagt God.

26.

Er fährt schnell. Am Straßenrand ziehen hohe Bäume vorbei und Häuserreihen, bis die Landschaft grün wird mit einzelnen Bauernhöfen.

»Du bist also die Tochter«, sagt er.

»Sie sind also der Mörder«, sage ich.

»Na, na, nicht so voreilig!«, sagt er.

Ich betrachte ihn. Er ist nicht so groß, wie ich ihn mir vorgestellt hatte. Sein Bart fängt schon an, grau zu werden.

»Warum nehmen Sie mich mit?«, frage ich.

Er kichert. Durch Mamas Geschichte ist es, als würde ich ihn schon kennen. Sein Lachen, seine Pseudo-Taffheit.

»Du bist eingestiegen.«

»Wohin fahren wir?«

»Nirgendwohin. Wir reden ein bisschen.«

»Werden Sie mich auch ermorden?«

Er lacht laut auf und wirft mir einen Blick zu. Jetzt verstehe ich, was Mama mit »Augen wie glühende Kohlen« meinte.

»Das dachte ich mir schon, als du deine Ansprache gehalten hast: Die Kleine hat viel Fantasie. Genau wie ihre Mutter.«

»Mama hat mir alles über Sie erzählt.«

»Das bezweifle ich. Sie hat sich nämlich verdammt angestrengt, um dich und deinen Bruder von mir fernzuhalten.«

»An dem Abend, als sie mit Ihnen mitgegangen ist.«

In seinem Auto herrscht Chaos. Überall liegen McDonald's-Tüten, leere Plastikbecher und halb leere Wasserflaschen. Sein Gesicht zuckt die ganze Zeit vor Anspannung.

»Weißt du, was mir eine wirklich gute Idee scheint …«

»Was?«

»Dass wir einfach ehrlich zueinander sind.«

»Okay, machen wir: Warum nehmen Sie mich mit, und was ist mit meiner Mutter passiert?«

Er umklammert das Steuer fester und gibt noch mehr Gas. War es bei Mama genauso?

Ich müsste Angst haben, aber so ist es nicht. Ich bin erleichtert, dass das Rätsel fast gelöst ist.

God schweigt. Ich sehe, wie es in seinem Kopf arbeitet. Er wäre fast davongekommen. Stattdessen hat er jetzt mich am Hals. Hat er mich nur aus einer Laune einsteigen lassen? Er scheint keinen Plan zu haben, was er mit mir anfangen soll.

Er biegt nach rechts in einen holprigen Sandweg ein, ohne die Geschwindigkeit zu vermindern.

»Es ist schon auffällig, wie schnell Sie fahren«, sage ich.

»Wir sind gleich da«, sagt er. Sein iPhone läutet. Er stellt es auf Lautsprecher. Aus den Boxen tönt eine Frau in einer völlig unverständlichen Sprache. God antwortet in der gleichen Sprache. Ich könnte jetzt um Hilfe rufen, aber traue mich nicht.

»Das war Peking«, sagt er, als das Gespräch beendet ist.

Er scheint stolz zu sein, weil er zeigen konnte, dass er Chinesisch spricht.

»Da fliege ich nächste Woche hin.«

»Werden Sie mich auch ermorden?«, wiederhole ich meine Frage.

Er wirft mir einen verstörten Blick zu. »Ich habe deine Mutter nicht getötet«, sagt er.

Wir halten auf einem brachliegenden Gelände an einem Kanal, umgeben von hohen Bäumen und dichten Sträuchern. Es hat leicht zu regnen begonnen. God greift hinter sich nach einer Wasserflasche; er fragt, ob ich auch möchte. Ich nicke. Wasser ist das, was ich jetzt brauche. Und ich muss wieder pinkeln. Aber ich darf ihn nicht aus den Augen lassen. Er bringt seinen Sitz in eine bequeme Position und legt die Füße auf das Armaturenbrett. Dann starrt er vor sich hin, während er aus der Innentasche seiner Lederjacke ein Päckchen Zigaretten fischt. »Keine Sorge«, sagt er, »ich bin trockener Raucher.«

Wir schweigen lange, als müssten wir uns beide erst über unsere Strategie klar werden. Einen Weg zurück gibt es nicht mehr. Er hat mich mehr oder weniger entführt, doch ich bin freiwillig und aus eigenem Antrieb eingestiegen. Wie kommen wir hier beide wieder raus, wie kriegen wir beide, was wir brauchen? Ich stelle mir vor, dass er Vergebung sucht, obwohl ich es natürlich besser weiß: Er hat nämlich keine andere Wahl, als mich aus dem Weg zu räumen.

Und was will ich? Ich will das letzte Stück von Mamas Geschichte. Weil ich nicht will, dass Mama so in Erinnerung bleibt: als bipolar gestörte Frau, die ihre Kinder im Stich gelassen hat.

»Pass mal auf«, sagt er plötzlich. »Ich war wirklich völlig verrückt nach deiner Mutter. Und das bin ich nicht schnell. Ich sage immer: Ich habe viele Frauen, aber wer hat mich? Tja, also, deine Mutter hatte mich, das kannst du mir glauben!«

Ich trinke aus meiner Wasserflasche. Versuche, den Beckenboden zu entspannen. Der Schmerz steigt höher. Meine Stirn glüht, während der ganze restliche Körper kalt ist.

»Warum gerade meine Mutter? Von all den angeblich Hunderten Frauen? Warum ausgerechnet Mam, die Kinder hatte und schon so viel Kummer erlebt hat?«

»Unterschätz bitte deine Mutter nicht!«

Er stützt den Kopf in die Hände.

»Ich dachte, wenn ich mich nun mal mit schlauen Frauen treffe, Psychologinnen, Psychiaterinnen, Anwältinnen. Wenn ich von ihnen lerne und das Gelernte gleichzeitig ausprobieren kann, testen kann.«

»Hä? Wieso das denn?«

»Es ging um meinen Plan. Ich will lernen, Menschen zu verstehen. Ich will wissen, wie das hier funktioniert.« Er tippt sich an den Hinterkopf.

»Ich liebe es«, sagt er. »Das Gehirn, wie es arbeitet, wie man es beeinflussen kann. Ich lese alles darüber. Ich studiere sogar Psychologie, denn mich fasziniert die Frage, ob wir einen freien Willen haben oder nicht. Was bestimmt, wie wir handeln? Wie zügeln wir diesen unentwegten Gedankenstrom? Ist unser Verhalten erlernt oder genetisch festgelegt? Solche Sachen. So bin ich auf deine Mutter gestoßen, auf einer Dating-Seite. Sie sah schlau aus. Und nett. Und sie war Psychologin. Unser erstes Treffen, das war wie eine Art ... Explosion. Als könnten wir gegenseitig unsere Gedanken lesen. Ich wusste gleich, das ist meine Frau. Und dass das für immer sein würde. Aber war ich bereit dafür? Und kam ich damit klar? Denn sie war besonders. Hübsch, und hatte überhaupt niemanden nötig; war sehr viel intelligenter als ich. Wie sollte ich damit umgehen?«

»Ich finde es sehr spannend, was Sie erzählen«, sage ich. »Ich muss nur ganz dringend pinkeln, geht das?«

»Tu, was du nicht lassen kannst, Rotznase. Du bist ein freier Mensch. Ich habe dich nicht als Geisel genommen, kapiert?«

Ich steige aus, um mir einen Platz zu suchen, wo ich ungestört die Strumpfhose runterziehen kann. Links zwischen den Bäumen gibt es eine Art Wellblechschuppen. Ich gehe um ihn herum. Es ist totenstill; der Regen hat aufgehört. Niemand wird uns hier finden, der Gedanke durchfährt mich blitzartig. Ich schiebe mein Kleid hoch und hocke mich hin. Der Schmerz ist heftig, aber auch vertraut. Mein Blick folgt dem Kanal. In der Ferne, auf der anderen Seite des weitläufigen Geländes, erkenne ich Häuser. Ich müsste nur durch den Kanal waten oder schlimmstensfalls schwimmen und am anderen Ufer losrennen. Fliehen. Es wäre das Vernünftigste.

»Mach's, bitte«, sagt Mam in meinem Kopf. Ich ziehe meinen Slip und die Strumpfhose wieder hoch. Ich habe Blut gepinkelt. Warum bin ich mit diesem elenden Leiden geschlagen, das immer alles verdirbt?

Während ich mein Kleid zurechtziehe, höre ich hinter mir ein Schnaufen. Er atmet laut, als hätte er Sport gemacht.

»Da gegenüber bei den Häusern, da ist es passiert.«

»Haben Sie mich beobachtet?«

»Hattest du vor abzuhauen?«

Jetzt keuche ich auch, aber vor Angst und Schmerz.

»Haben Sie sie da drüben ermordet?«

»Ich habe sie nicht umgebracht! Sie hat gelebt, als ich ging.«

Er schaut mich an, als hätte ich ihm einen Tritt in die Magengrube verpasst. Ich finde das großartig. Seine gequälte Miene. Dass er sich fragt: Woher weiß die das alles?

»Ja, und danach haben Sie sehr sorgfältig Ihre Spuren beseitigt! Und ihren Computer und ihr Telefon bereinigt!«

»Hey, Klugscheißerin, dann glaub mir eben nicht! Geh nach Hause. Ich hab nichts bereinigt und niemanden ermordet, nada. Tschüss. Mir reicht's!« God macht kehrt und geht zum Auto zurück. Er steigt ein und lässt den Motor an. Depp! Der fährt jetzt doch nicht wirklich weg. Ich zeige ihm den Mittelfinger.

Er fährt an. Langsam. Hoffend, dass ich ihm nachrenne, was ich selbstverständlich nicht tue. Erst als er ganz außer Sicht ist, kommen mir zum ersten Mal Zweifel. Er lässt mich hier zurück, und ich habe ihn gehen lassen mit meiner idiotischen Taffheit. Nicht mal sein Nummernschild hab ich mir gemerkt. Ich weiß nicht, wo ich bin und in welche Richtung ich gehen soll. Bis ich irgendwo eine Wache finde, wo ich Anzeige gegen ihn erstatten kann, hat er sich natürlich längst abgesetzt, mit seinem China. Den Gedanken, dass er vielleicht die Wahrheit sagt, schiebe ich weg. Ich hauche in meine Hände, die inzwischen zu Eisklötzen erstarrt sind. Als ich losgehen will, höre ich ein Auto.

Na klar, der Penner ist einfach umgekehrt. Und das mit quietschenden Reifen. Er fährt so schnell, dass das Auto fast vom Boden abhebt. Obwohl der Weg sich verengt, gibt er weiter Gas. Erst nach einigen Sekunden wird mir klar, dass er genau auf mich zufährt. Ich springe zur Seite und weiche ein paar Schritte zurück, bis ich am sumpfigen Kanalufer einsinke. Meine Beine werden vom Matsch eingesaugt. Ich versuche mit beiden Händen, meine Füße zu befreien, aber dadurch sinke ich nur noch tiefer ein. Das Auto hat eine Vollbremsung hingelegt; ich höre, wie die Autotür geöffnet und zugeschlagen wird. Todesangst überfällt mich, denn meine Beine stecken völlig fest. Ich höre ihn lauthals loslachen, diesen Sadisten!

»Du hättest dich sehen sollen.« Er brüllt vor Lachen. Seine Stimme ist hoch und schrill. »Du dachtest im Ernst …«

Er geht auf mich zu. Inzwischen bin ich am Heulen. Er geht in die Knie und streckt mir die Hand hin.

»Na mach, Kleine, halt dich fest!«

Ich habe keine Wahl.

Er zieht an, bis ich in der Gegend meiner Füße zwei schwache Plops spüre und er mich wie einen großen Fisch aufs Trockene zerrt.

»So wirst du krank«, murmelt er. Ich sitze schlotternd im Gras. Meine Schuhe sind im Morast zurückgeblieben. Er geht zum Auto, öffnet den Kofferraum und kommt mit einem nach Männerschweiß riechenden Handtuch und einem schwarzen Jogginganzug zurück.

»Nimm den zum Anziehen.«

Hinter dem Schuppen ziehe ich mich um. Wenn ich daran denke, dass ich gerade seine dreckigen Sportsachen anziehe, muss ich würgen. Ich höre ihn heftig an der Schuppentür zerren.

»Sieh mal an«, murmelt er.

Im Schuppen gibt es zwei Hocker und einen kleinen Holzofen. An den Wänden hängen verschiedene Angeln und ein großes Netz. God wirft zwei Holzscheite in den Kamin und entfacht mit Zündhölzern und zusammengeknülltem Zeitungspapier ein Feuer. »Ich will nach Hause«, sage ich.

»Du musst dich erst aufwärmen«, sagt er.

»Mein Vater sucht mich bestimmt schon.«

»Ja, ganz sicher.«

Ich halte meine Hände und Füße ans Feuer. Rechts von mir hängt ein Hammer an der Wand, daneben ein Beil. Im Kopf wiederhole ich den Bewegungsablauf: aufspringen, zwei Schritte, Hammer aus der Halterung nehmen, ausholen. Das Wasser, das God mir gegeben hat, rühre ich nicht mehr an. Er tut jetzt nur so nett, um mich durcheinanderzubringen.

»Okay. Können wir jetzt mal ohne dramatisches Getue reden?«

Ich nicke.

»Ich will dich nicht umbringen.«

»Sie haben es gerade versucht.«

»Das war nur Spaß. Wenn ich dich loswerden wollte, hätte ich dich ganz leicht ertrinken lassen können. Glaubst du, ich bin verrückt oder so?«

»Ja, das glaube ich tatsächlich.«

»Halt einfach mal kurz den Mund, ja?« Er presst die Hände an die Schläfen. »Weißt du, dass mir diese Nacht nicht mehr aus dem Kopf geht? Und wie beschissen ich mich fühle?«

»Sie fühlen sich beschissen? Sie? O Mann, Sie sind echt ein Narzisst.«

»Sei ruhig! Ich will dir was erzählen, und ich will, dass du mir zuhörst. Und am Ende kannst du deine Meinung sagen.«

»Darf ich vorher eine Frage stellen?«

»Okay, leg los.«

»Warum erzählen Sie mir das alles? Warum …«

»Eine Frage, Kleine.«

Er schließt die Augen. Aufspringen, zwei Schritte, Hammer aus der Halterung, ausholen. Ihn nicht verfehlen! In meinem Schritt tobt ein Großbrand.

»Das Kleid, das du da trägst, das hat deine Mutter in London für dich gekauft. Sie hat es mir gezeigt, und dabei hat sie so gestrahlt … Sie hat dich sehr geliebt, das sah ich an ihrem Blick. Und ich gebe ehrlich zu, ich verspürte sogar eine leichte Eifersucht. Mir wurde klar, dass sie nie so strahlen würde, wenn sie jemandem von mir erzählte, egal wie verrückt wir aufeinander waren. Sie würde nie so bedingungslos verrückt nach mir sein, wie sie es nach dir war. Und deinem Bruder natürlich. Nein, sag nichts.«

Er legt mir die Hand auf den Mund. Ich möchte sagen, dass es echt krank ist, auf die Liebe einer Mutter zu ihren Kindern eifersüchtig zu sein.

»Wir hatten etwas gemeinsam, deine Mutter und ich. Wir sind beide verletzt worden. Ihr Vater hat sich umgebracht, meine Mutter war schwer depressiv. Das haben wir aneinander wahrgenommen, sofort. Es heißt, jeder Mensch, der deinen Weg kreuzt, kann dich etwas lehren, du musst es nur zulassen. Ich wusste gleich, dass wir einander viel lehren konnten. Wir verstanden uns intuitiv. Wir konnten uns gegenseitig weiterhelfen.«

»Sie wollten von ihr gerettet werden.«

Er steckt sich die Finger in die Ohren.

»Wenn wir miteinander geschlafen haben, war es wie eine Art Kampf, bei dem wir uns direkt auf die Verletzungen des anderen stürzten. Es hat mir Angst gemacht, und deiner Mutter auch. Ich wollte sie ganz für mich allein. Aber sie hatte dich, deinen Bruder, euren Vater, Jan. Es stand einfach immer jemand zwischen uns. Und sie wollte niemandem von uns erzählen. Ich hatte nicht gewusst, dass das geht, dass man so verrückt nach einem anderen Menschen werden kann, so besessen. Ich musste sie haben, ich dachte: Wie komme ich in ihren Kopf, wie besitze ich sie ganz?«

Ich habe das Gefühl, einem Selbstgespräch zu lauschen.

»Und dann hat sie Schluss gemacht«, sage ich, um ihn wieder ein bisschen auf Kurs zu bringen.

»Sie machte andauernd Schluss. Ich auch. Es wurde für uns beide zu einem Mittel, um den anderen zu manipulieren. Ich nahm das überhaupt nicht ernst. Das Einzige, was ich ernst nahm, war das Gemauschel mit diesem Jan, ihrem Kollegen. Das ergab überhaupt keinen Sinn. Sie hatte mich deshalb angelogen. Also habe ich angefangen, ihr nachzustellen.«

»Ihnen ist schon klar, dass das echt ziemlich krank ist?«

God schüttelt den Kopf, er hat die Augen wieder geschlossen. »Es ist krank, wenn so etwas nötig ist. Das ist genau, was Lügen mit dir machen.«

Mama wird mir vielleicht hin und wieder etwas verschwiegen oder sogar eine schonende Lüge erzählt haben, aber sie war keine Lügnerin. Das Ganze ist nur in seinem Kopf, eine Wahnvorstellung, und es macht mir große Angst, wie felsenfest er daran glaubt.

»Das letzte Mal, als wir uns trafen und sie zum x-ten Mal Schluss machte, war es anders. Die Art, wie sie es sagte. Wie sie sich weigerte, mich richtig anzusehen. Und wenn sie mich doch ansah, merkte ich es an ihrem Blick. Auf einmal verhielt sie sich mir gegenüber wieder wie eine Fremde. Du verstehst noch nicht, wie heftig und seltsam das ist. Wenn du im einen Moment glaubst, du seist mit jemandem völlig verschmolzen, und im nächsten wirst du verstoßen. Das hat mich ziemlich aus der Bahn geworfen.«

Trotz der Hitze, die das Feuer ausstrahlt, ist mir eiskalt.

»Wenn sie mich angenommen hätte, wie ich bin, wenn sie sich mehr geöffnet hätte …«

»Ach, dann lag es also alles an ihr.«

»Sie wirkt ganz locker, aber das ist sie gar nicht.«

»He, Mann, Sie reden hier über meine Mutter. Die Sie umgebracht haben. Den besten und schönsten Menschen, den es gab. Sie hatte mehr Anstand und Liebe im kleinen Finger als Sie im ganzen Leib.«

»Du kennst mich nicht und sie offenbar auch nicht besonders gut.«

»Ich verstehe nicht, wieso Sie mir einreden wollen, dass meine Mutter nichts getaugt hat. Sie ist tot. Aber Sie leben! Sagen Sie einfach, was passiert ist, ohne so zu tun, als wäre das alles eigentlich ihre eigene Schuld und Sie das arme Opfer.«

Er dreht sich um. Seine Augen sind blutunterlaufen. Ein Schauder durchläuft mich von oben bis unten. Seine Lippen werden zu schmalen Strichen.

»Halt einfach mal die Klappe. Echt! Ich habe es nur gut mit deiner Mutter gemeint, verdammt nochmal! Was ich alles für sie getan habe! London! Das Ritz! Die teuersten Hotels, Champagner; Tische reservieren, den Bungalow da drüben besorgen, damit wir öfter zusammen sein können! Ich hätte auch nach China gehen können, da gibt es schließlich genug Bräute, die dergleichen Dinge zu schätzen wissen.«

»Den Bungalow haben Sie unter Mams Namen angemeldet.«

»Das musste sein. Wegen der Steuer. Ist eine lange, uninteressante Geschichte. Ich lebe offiziell im Ausland, da würde ich mir mutwillig Ärger einholen, wenn ich hier ein Haus miete. Aber ich habe es ihr zurückbezahlt, cash.«

»Sie haben ihr die ganze Zeit nachspioniert, nicht erst am Ende.«

»Nachspioniert, nachspioniert … Wer tut das heute nicht, bei den neuen Möglichkeiten, die die sozialen Medien bieten. Es war eher eine Art Spiel. Und ich war verliebt, da macht man auch mal dumme Sachen; man will den anderen ganz besitzen, über jeden Schritt Bescheid wissen. Aber sag mal, woher weißt du das alles?«

»Mam hat alles aufgeschrieben. Von Anfang an. Ich weiß alles. Ich hab mir sogar eure schmutzigen Videos angesehen.«

God steht auf, um die Tür des Schuppens weiter zu öffnen.

»Mein bester Freund übrigens auch«, fahre ich fort. »Das heißt, egal was Sie mit mir machen, er weiß von Ihrer Existenz und kann beweisen, dass Sie bei Mam waren in dieser letzten Nacht. Falls mir etwas zustößt, geht er damit zur Polizei.«

Er stampft mit dem Fuß auf.

»Das hättet ihr doch längst getan, wenn das wahr wäre.«

»Ich hätte es längst tun sollen.«

»Es beweist gar nichts. Außer, dass deine Mutter ziemlich auf mich abgefahren ist.«

Ich springe auf, mache zwei Schritte, reiße den Hammer aus der Halterung. Ich hole aus, aber mein Arm bleibt über mir hängen, festgehalten von seiner Hand. Die andere hat mich an der Kehle gepackt. Er bringt mich mit seinem Bein zu Fall, doch da ist der Kamin. Ich spüre die Hitze an der unteren Hüfte, mein Kleid wird versengt. Ich lasse den Hammer los, und er klemmt mich zwischen sich und die Wand. Ich strample und trete ihn ans Schienbein.

»Hörst du auf? Wenn du Ruhe gibst, lass ich dich los, sonst nicht.«

Ich nicke, den Blick auf den Hammer gerichtet, der jetzt zwischen den beiden Hockern am Boden liegt. God tritt ihn weg, in Richtung eines Bergs alter Kleider neben der Tür.

»Du spinnst wohl völlig! Herrgott noch mal. Du bist wirklich wie deine Mutter.«

»Bringen Sie mich nach Hause, bitte«, keuche ich. Ich spüre, wie sein Griff sich lockert.

»Kann ich dich wirklich loslassen? Benimmst du dich?«

»Ja, aber lassen Sie los.«

»Okay. Hinsetzen und Klappe halten.«

Er setzt mich auf den Hocker. Es ist nass zwischen meinen Beinen. Ich habe mich angepinkelt.

»Bevor ich dich nach Hause bringe, musst du mir eine Sache versprechen.«

»Was auch immer es ist, ich verspreche es.«

Es bleibt beängstigend still. God sagt zwar ständig, ich könnte gehen, doch es fühlt sich anders an. Er ist unberechenbar, so als könnte er jeden Moment explodieren. Die Erleichterung, die ich vorhin im Auto empfand, weil ich ihn gefunden hatte und die Wahrheit nun endlich ans Licht käme, ist Reue und Todesangst gewichen. Mama hätte das hier nicht gewollt. Ich muss bei Luuk bleiben, ich muss mein Leben zu Ende leben.

»Nein. Nicht ›was auch immer es ist‹. Ich will, dass du mir glaubst. Dass ich deine Mutter wirklich nicht getötet habe. Ich weiß, alles deutet auf mich, ich war als Letzter bei ihr, aber ich habe sie lebend zurückgelassen. Mit meinem iPhone. Sie konnte sich ein Taxi bestellen oder jemanden anrufen, dich zum Beispiel. Wurde ein iPhone gefunden?«

»Nein.«

»Siehst du? Das iPhone ist der Beweis!«

»Da war kein iPhone. Und wenn die Polizei Ihr iPhone gefunden hätte, wäre es erst recht ein Beweis gegen Sie gewesen.

Aber einen Brief hat sie hinterlassen. Das ist ein ziemliches Rätsel. Die Polizei hält ihn für einen Abschiedsbrief, aber ich nicht, ich ...«

»Den Brief hat sie auf mein Kissen gelegt. Wir hatten uns hingelegt. Ich dachte, sie hätte mir etwas in den Drink getan, also habe ich ihn nicht getrunken. Ich wusste, dass sie abhauen würde, während ich schlief. Dann hätte ich sie nie wiedergesehen. Ich hätte es nicht ausgehalten, nicht auf diese Art.«

»Was haben Sie gemacht?«, frage ich.

»Nichts«, sagt er.

»Sie sagten, wir dürfen nicht lügen«, sage ich. »Ich kann Ihnen nicht glauben, wenn Sie über manche Dinge nicht die Wahrheit sagen.«

»Sie ist im Badezimmer ausgerutscht.«

»Nachdem Sie sie gestoßen haben.«

»Ja.«

Er starrt auf seine Fingernägel.

»Es war kein echter Stoß, jedenfalls kein fester. Ich wollte nur nicht, dass sie geht. Nicht auf diese heimliche Weise. Ich habe versucht, sie festzuhalten, dabei ist sie ausgerutscht und peng, mit dem Kopf aufs Waschbecken. Das hat mich zu Tode erschreckt. Ich wollte ihr aufhelfen, aber ich durfte sie nicht anfassen, nicht mal, als sie am Boden lag. Obwohl sie brechen musste. Verrückt, oder?«

»Warum haben Sie sie in die Wanne gelegt?«

»Ich habe mich schlafen gelegt. Ich dachte, scheiß drauf, wenn du nichts mehr mit mir zu tun haben willst, hau doch ab. Aber ein paar Stunden später lag sie immer noch so da, und ich war inzwischen nicht mehr wütend. Da habe ich sie in die Wanne gelegt. Mir ist klar, dass das schwer nachvollziehbar ist, diese Dynamik zwischen uns. Und in diesem Moment habe ich auch eingesehen, dass es besser war, wenn wir getrennte Wege gingen. Aber so lief das jedes Mal. Sobald einer von uns sich davonmachen wollte, ist ihm der andere wie ein Idiot nachgelaufen.«

»Ich muss zum Arzt«, sage ich.

»Warum?«

»Ich bekomme Fieber.«

Er fühlt meine Stirn.

»Du bist eiskalt.«

»Können Sie mich bitte zu einem Arzt bringen?«

Mein Kreuz pocht vor Schmerzen.

»Glaubst du mir jetzt?«, fragt er.

»Ja«, sage ich, um es schneller hinter mich zu bringen.

»Okay, hör zu, ich habe ihr zwei Oxycodon gegeben.«

»Warum?«

»Weißt du, wie oft ich darüber nachdenke? Ob das etwas mit ihrem Tod zu tun haben könnte? Was habe ich mir dabei gedacht?«

Ich kann es nicht ausstehen, wie aufrichtig er klingt.

»Ich glaube, dass ich trotzdem nicht wollte, dass sie ging, dass es vorbei war. Ich dachte, ich muss dafür sorgen, dass sie sich beruhigt. Weißt du, wir haben uns wirklich geliebt, aber es war, als befände sich jeder auf seiner eigenen Umlaufbahn. Darum war ein harter Neustart nötig. Damals dachte ich das zumindest. Beide raus aus unseren Komfortzonen und unsere Dämonen vertreiben. Ich wollte gehen und bleiben, sie streicheln und mit ihr kämpfen, sie beschützen und besitzen, und sie wollte … ich weiß es nicht. Ich denke, sie wollte ihren Ex. Deinen Vater. Was sie mir bedeutete, bedeutete er für sie.«

God drängt sich in meinen Kopf und streut dort seine giftige Saat.

»Deine Mutter ist völlig durchgedreht, auf einmal, als ich sie gerade ruhig hatte. Scheiße, das war echt krank. Sie hat einen Stuhl durch die Scheibe geworfen und ist nackt nach draußen gerannt, richtig unheimlich. Da dachte ich, mir reicht's, ich bin weg.

Ich habe ihr ein Telefon dagelassen, das sie benutzen konnte. Das war's. Total wahnsinnig, echt.«

Ich stehe auf und lehne mich gegen die Wellblechwand.

Er tritt hinter mich.

»Geht's?«

Ich bücke mich, packe den Hammer, drehe mich um und schwinge ihn durch die Luft. Ich treffe ihn zu tief. Er stürzt sich auf mich und zerrt mich nach draußen, wo es jetzt in Strömen gießt.

»Du spinnst wohl völlig, Kleine«, schreit er keuchend.

Er stößt mich zu Boden, aber ich rolle mich unter ihm weg. Mit einer wilden Bewegung hole ich ein zweites Mal mit dem Hammer aus. Er kann dem Schlag ausweichen und packt mich am Arm. Der Hammer fällt mir aus der Hand.

Er hockt sich auf meinen Oberkörper, mit den Knien auf meinen Armen, sodass ich mich nicht mehr bewegen kann.

»Diese Angriffslust hast du von deiner Mutter«, sagt er keuchend. Sein Gewicht drückt auf meine Rippen. Ich bin völlig durchweicht, sehe den dunkelgrauen Himmel, das Gras, sein wütendes Gesicht. So von unten hat er einen fleischigen Kopf. Ich versuche, ihn von mir runterzuschieben, aber vergeblich. Meine Knie hämmern gegen seinen Rücken. Als ich schreien will, drückt er mir den Mund zu. »Ich habe bei deiner Mutter versagt. In dieser Nacht. Ich habe ihr diese Tabletten nur gegeben, weil sie so hysterisch wurde. Genau wie du jetzt.«

Ich versuche ihn in die Finger zu beißen, aber er ist stark.

»Das ist die Wahrheit. Ich habe es aus Panik getan. Bist du jetzt ruhig?«

Ich drehe den Kopf. Seine Hand ist vor meiner Nase, und ich bekomme kaum Luft.

»Du kannst das nicht verstehen, Mädchen, denn du hast noch keine große Liebe gekannt. Beruhige dich!«

Es gelingt mir, mich mit dem linken Arm unter seinem Knie

hervorzuwinden. Ich darf hier nicht sterben. Ich denke an Luuk, Papa, Oma. Sie kämen nie darüber hinweg.

»Ich erkläre es dir jetzt, also hör mir zu! Das alles tut mir leid, ich liege deshalb jede Nacht wach! Ich habe alles falsch gemacht, aber ich habe sie nicht getötet!«

Ich taste in der feuchten Erde und im Gras, bis ich etwas Glattes spüre. Es ist warm. Holz.

»Wer dann?«, schreie ich.

Sein Griff erlahmt.

»Es war jemand anderes. Aber meine ganzen Sachen lagen noch dort, auch mein iPhone. Darum hatte ich Angst, zurückzugehen. Nun sieh mich doch mal an!«

Ich sehe ihm in die Augen. Er will Vergebung, Vergebung von der Tochter der Frau, die er umgebracht hat.

»Als ich hörte, dass ihre Leiche gefunden worden war, dachte ich, das ist das Ende. Sie finden meine Sachen, mein Telefon, unsere Fotos, einfach alles. Ich bin am Arsch. Aber dann geschah nichts, und darum bin ich ganz sicher. Ich glaube nicht, dass sie Selbstmord begangen hat. Das wollte ich dir sagen. Aber ich habe es nicht getan. Hörst du mir zu?«

»Nicht lügen«, sage ich und hebe den Arm. Ich sehe dem Hammer zu. Wie er durch die Luft zischt. Wie er seine Schläfe trifft. Wie das Blut herausspritzt. Wie seine Augen sich zusammenkneifen. Wie sich sein Mund öffnet und wieder schließt. Wie sich seine Wangen bewegen. Wie ich noch einmal zuschlage, und noch einmal. Ich bin wie ein Tier, das überleben will. Ich spüre nichts, nicht einmal Wut. Er oder ich, nur darum geht es. Ich schlage weiter zu, bis sein schwerer Körper auf mir liegt und sich nichts mehr bewegt.

Ich gehe. Es dauert ewig, bis ich ein Auto anhalten kann. Die Fahrerin gibt mir ihr Handy. Ich rufe die einzige Nummer an, die ich auswendig weiß. Papa weint vor Glück.

Ich stolpere, falle hin und stehe wieder auf. Ich muss weiter, weg von hier, weg von God. Erst als ich am Ufer eines Kanals angelangt bin und ausrutsche, fällt mir auf, dass er mir nicht gefolgt ist. Ich verstecke mich hinter einem Baum und lausche. Doch es kommt niemand. Einen Moment lang bin ich enttäuscht. Er hat mich gehen lassen. Ich habe mich in ein perverses, nacktes Geschöpf verwandelt. Meine Nacktheit wird mir erst jetzt bewusst, da auch die Scham einsetzt. Zur Hölle, murmle ich vor mich hin. Und was nun? Ist das wieder einer seiner kranken Späße? Wartet er im Haus auf mich und lacht sich ins Fäustchen?

Du bist wirklich durcheinander, Bohnenstängelchen. Seine Stimme ist überall.

Ich denke an meine Kinder, die zu Hause allein sind. Daran, dass sie bald aufwachen werden und ich nicht da bin.

Es ist kalt, und ich zittere so heftig, dass meine Zähne laut klappern. Sorg gut für dich selbst, sonst sorgt sich keiner. Zieh klare Grenzen, das hilft auch den anderen. Angst ist unterdrückte Wut. Du fürchtest dich nicht vor anderen, sondern vor dem, wozu du imstande bist. Die ganzen therapeutischen Bullshit-Empfehlungen, die ich täglich ausspreche, purzeln ungeordnet durch meinen Kopf. Wenn du nicht mehr weißt, was du machen sollst, setz dich auf einen Stuhl und rede mit dir, als wärst du deine beste Freundin. Okay, Jet, sag's mir. Was soll ich nur tun?

Geh zurück. Sieh nach, ob in einem der anderen Bungalows jemand ist.

Ja, aber ich bin nackt! Die werden mich für verrückt halten.

Na und? Und ehrlich gesagt, du bist ja auch verrückt. Du hast es so weit kommen lassen, trotz allem, was du darüber weißt. Aber du bist am Tiefpunkt angekommen. Es kann also von jetzt an nur noch aufwärts gehen.

Ich bin vor Angst wie erstarrt.

Komm schon, du musst dich aufrichten. Schritt für Schritt.

Ich stehe. Die eine Hand halte ich vor meine Brüste, die andere vor meine Scham.

Schau, du kannst direkt durch die Bäume hindurch am Feld entlanggehen.

Und wenn er mir irgendwo auflauert?

Glaubst du das? Oder hoffst du es? Dass er dich auf Rosen bettet und sich ganz süß entschuldigt?

Ich schüttle den Kopf und schleppe mich hinter das Gebüsch.

Du weißt, dass du die Polizei anrufen musst, oder?

Ich will, dass es vorbei ist. Ich werde gar niemanden anrufen.

Doch, das wirst du. Du wirst ihn anzeigen. Er hat dir Schmerzen zugefügt. Dir Betäubungsmittel gegeben. Dich vergewaltigt.

Ist das nicht ein bisschen übertrieben?

Er hat dich zerstört.

Ich ihn auch.

Sieh dich an.

Du verstehst das nicht.

Doch, das tue ich.

Er hat mich nicht vergewaltigt. Ich wollte es.

Endlich erreiche ich die Parkanlage. Das erste Haus, das ich sehe, wirkt verlassen. Auf dem Plastikgartentisch liegt ein schimmliges Tischtuch.

Na los, wickel dich darin ein!

Stunden scheinen zu vergehen, während ich von meinem Standort hinter der Thujenhecke zu unserem Bungalow hinüberstarre.

Ich glaube, er ist nicht mehr da.

Woher weißt du das so genau?

Es fühlt sich verlassen an.

Aber du hoffst, dass er noch irgendwo steckt, nicht wahr?

Nein, tue ich nicht. Nur meine kranke Hälfte tut es.

Ich schleiche durch die Gärten, bewaffnet mit einer rostigen Har-

ke, in die ich fast hineingetreten wäre, und gelange zu der Terrassentür, deren Glaswand ich zertrümmert habe. Im Wohnzimmer ist niemand. Ein Mantel liegt noch da, sein Schal und meine ganzen Kleider. Auf dem Tisch die halbvollen Weingläser. Vorsichtig trete ich ein, mit meinen bloßen Füßen die Glasscherben vermeidend.

»Hallo?«

Tu das nicht. Sei still und lausche!

Einen Moment lang denke ich, dass ich ihn atmen höre.

Es ist nur in deinem Kopf.

Ich sehe im Schlafzimmer nach. Im Bad. Alles ist unverändert, so wie es heute Morgen war. Er hatte es genauso eilig wie ich, von hier wegzukommen.

Oder er kommt zurück.

Na los, weiter. Du ziehst dich jetzt an und gehst nach draußen. Ich öffne alle Türen, mache den Weg frei, damit ich hinauskann. Meine Kleider liegen neben dem Bett.

Nicht duschen, Jet, anziehen!

Auf einmal taucht wieder alles vor mir auf, was gestern Nacht passiert ist. Er hat mich in der Badewanne mit einem Lappen gesäubert. Sein Körper auf meinem. Die Verzweiflung und Wut in seinen Augen.

Ich lege die Harke weg und lasse mich aufs Bett fallen. Ich glaube nicht, dass ich mich je so einsam gefühlt habe.

He, Dumpfbacke, bleib bei mir. Wir sollten schleunigst verschwinden.

Ich sehe sein iPhone auf dem Nachtkästchen liegen. Es hängt am Ladegerät.

Alles klar, er kommt also zurück.

Geh!

Ich greife nach dem iPhone. Er hat die Sperre deaktiviert. Ist das eine Falle? Beobachtet er mich? Ich lege das Telefon wieder zurück. Er ist überall. Ich will weglaufen, aber meine Knie geben nach.

Du wirst nicht sterben! Los, aufstehen. Komm mit!

Es geht nicht. Meine Beine sind schlaff wie gekochte Spaghetti. Ich ziehe mich an der Bettkante hoch, greife erneut nach dem iPhone und wähle die einzige Nummer, die ich auswendig weiß.

»Hilf mir«, sage ich. »Haus 29.«

»Scheiße, Jet!«

Er zerrt mich am Arm durch das Zimmer und aufs Bett. »Was ist hier los? Hast du irgendwas genommen?«

Ich schüttle den Kopf.

Er schlägt mich ins Gesicht. Ich schaue in die Augen, die mir so vertraut sind. Vor langer Zeit haben sie mich anders angesehen. Er verabscheut mich.

»Also schön, erzähl. Was ist passiert? Brauchst du einen Krankenwagen? Wieso rufst du gerade mich an? Dafür gibt's die 112, Herrgott noch mal! Oder ist das wieder so ein Ruf nach Aufmerksamkeit?«

»Wo sind die Kinder?«

»Bei dir?«

»Aber ich hatte dich gebeten, sie abzuholen!«

»Nein, du hast mich um nichts dergleichen gebeten. Aber gut, die liegen natürlich noch in ihren Betten. Oder hast du sie … Jet?«

Er legt seine Hand um meinen Kiefer und drückt zu. »Sag schon!« Miststück. Ich bin nicht sicher, ob er das Wort tatsächlich vor sich hingemurmelt hat. Aber gedacht hat er es definitiv.

»Jet! Hörst du mir zu? Ich mache jetzt Kaffee, und du bringst dich wieder in Ordnung. Dir fehlt nichts. Danach erzählst du mir, was passiert ist.«

Ich hasse seine Angewohnheit, andere herumzukommandieren, aber ich weiß, dass er das Richtige tut. Wir haben ein gemeinsames Interesse.

Ich tue, was er gesagt hat. Ich dusche, ich putze meine Zähne, ich höre auf, zu zittern, panisch zu sein. Ich gewinne die Kontrolle über mich zurück.

Du hättest ihn da nicht mit hineinziehen dürfen, Jet. Nicht ihn! Was hast du dir gedacht? Dass es zur romantischen Versöhnung kommt? Warum zeigst du den Männern immer deine hilflose Seite? Weil sie dich so gerne retten?

Ich trockne mich ab, ziehe mich an, beruhige mich. Heute ist ein Wendepunkt. Ich werde nicht mit ihm streiten.

»Danke«, ist das Erste, was ich sage. Er reicht mir einen Becher Kaffee.

»Ich rufe Laura an und bitte sie, die Kinder abzuholen.«

»Nein«, sage ich. »Bring mich einfach direkt nach Hause. Oder lass mich die Kinder anrufen.«

Der Kaffee ist lächerlich stark.

»Du glaubst doch nicht, dass ich sie bei jemandem in deinem Zustand lasse?«

Er lacht verächtlich. Ich nehme noch einen Schluck.

»Als ob du das nie getan hättest!«

Er tat es jeden Dienstagabend, während ich in meiner Praxis Gruppentherapiestunden gab. Er ließ die Kinder allein zu Hause, um diese Hure zu ficken.

»Das war ja wohl anders!«

Richtig, er ließ ihnen eine Nachricht da: Papa ist bei den Nachbarn, ruft mich an, wenn etwas ist. Einmal hatte Lies eine Blasenentzündung und rief ihn an. Als Belohnung für ihr Schweigen bekam sie ein iPhone.

»Wie bist du überhaupt hier gelandet? Ein Mann, hab ich recht? Und, habt ihr euch schön gefetzt?«

»Können wir gehen, bevor er zurückkommt?«

»Du hast doch nicht etwa Angst vor ihm?«

»Doch.«

»Und so jemanden lässt du in dein Leben? Als Mutter?«

»Bitte, Peter, das ist jetzt nicht der Moment …«

»Hier liegt überall Glas. Was hat er mit dir gemacht? Oder du mit ihm? Am Ende liegt noch irgendwo eine Leiche. Ich möchte an nichts mitschuldig sein.«

Ich hasse ihn, wenn er so ist. Diesen Tonfall der Empörung, den er nicht mehr ablegt.

»Bist du wieder depressiv?«

»Nein.«

Er tigert durch den Raum, genießt seine Rolle des verantwortungsbewussten Vaters.

»Ich muss das melden.«

»Können wir nicht ein einziges Mal nett miteinander umgehen? Irgendwo muss sie doch noch sein, unsere Liebe? Oder wenigstens Freundschaft? Kannst du nicht einfach sagen: Ach, liebe Jet, wie schrecklich für dich! Komm, ich bring dich nach Hause, wir finden eine Lösung. Ich helfe dir.«

»Das hast du gedacht, als du mich angerufen hast?«

»Ich weiß nur eine Nummer auswendig. Immer noch deine.«

»Und du findest das nicht hundserbärmlich? Dass du die Nummern unserer Kinder nicht im Kopf hast?«

»Es schien mir nur keine gute Idee, sie zu beunruhigen.«

Mir ist schwindlig.

»Hast du etwas in den Kaffee getan?«

»Natürlich nicht!«

Plötzlich schreit er. »Mein Gott! Wie paranoid bist du eigentlich!«

Seine Tasse zischt an meinem Ohr vorbei.

»Es reicht mir jetzt«, sagt er und fängt an, hektisch auf sein Telefon zu tippen.

»Nicht«, rufe ich. Ich werfe mich auf ihn und versuche, ihm das iPhone aus der Hand zu reißen.

»Du bist doch verrückt, du Miststück.«

Wir halten uns gegenseitig am Handgelenk fest und umkreisen uns. Ich rutsche auf dem Glas aus.

»Halt die Kinder da raus!«, kreische ich. Er ist jetzt hinter mir, ich hänge in seinen Armen. »Du bist wertlos«, presst er hervor. Ich trete in die Luft, suche mit meinen Absätzen sein Schienbein, seine Knie, seinen Schritt. Wir haben öfter miteinander gekämpft. Eigentlich haben wir nie etwas anderes getan. Im Kopf höre ich God sagen: Das ist genau, was du immer tust. Um Macht kämpfen.

Lass einfach los, lass dich führen.

Peter schleift mich auf den Gang hinaus. Ich höre ihn fluchen und schlage nach Luft schnappend um mich. Durch mein Gestrampel ist die Badezimmertür aufgeflogen. Er zwingt mich auf die Knie.

»Hörst du auf?«

Ergib dich.

»Nein!«

Er packt mich an den Haaren. Als ich ihn beißen will, reißt sein Pullover.

»Jet! Hör auf!«

»Hör du auf! Lass mich los!«

Für einen Augenblick lockert sich sein Griff, und ich kann mich umdrehen und das Knie hochziehen. Ich treffe ihn voll in den Bauch. Dann sehe ich nur noch seine Hände auf meinem Gesicht. Ich stürze rücklings in die Wanne, die noch halbvoll ist. Er drückt, ich spüre seine Finger um meine Ohren, meinen Kiefer, auf meinem Scheitel. Er drückt, drückt immer weiter, und ich glaube, ich höre ihn weinen.

Erst jetzt kann ich es.

Loslassen.

EPILOG

»Was ich oft träume«, sage ich zu Mees, während wir über den Strand spazieren, »ist, dass ich Mama in einer belebten Straße begegne und wir beide schrecklich weinen müssen, weil plötzlich klar wird, dass sie noch die ganze Zeit in unserem alten Haus gelebt hat. ›Ihr habt mich vergessen‹, schluchzt sie, und ich versuche sie zu überzeugen, dass das gar nicht stimmt, aber es kommt kein Laut über meine Lippen.« Mees legt seinen mageren Arm um meine Schulter. Es ist drückend heiß, obwohl die Sonne fast untergegangen ist. Ich weiß schon jetzt, dass ich nie mehr ohne ihn sein möchte. Dabei habe ich jeden Tag Angst, dass er plötzlich Schluss macht. So nett bin ich nämlich gar nicht. Ich rede zu viel über meine Mutter, und ich habe immer noch die ganze Zeit Blasenentzündung. Mees weiß nie, was er sagen soll, wenn ich darauf zu sprechen komme. Er fragt dann immer nur: »Redest du auch mit deiner Therapeutin darüber?«

Ja, natürlich. Alle zwei Wochen dienstags von vier bis halb sechs. Ich habe eine EMDR-Therapie gemacht. Die hat mir insofern viel gebracht, als ich nicht mehr ganz so ängstlich bin. Die Träume über God und das ganze Blut, das aus seinem Kopf spritzt, sind viel seltener geworden. Geholfen hat auch, dass er von der Polizei, nachdem sie Mamas Geschichte gelesen und die Bilder gesehen hat, tatsächlich als Mörder eingestuft wurde, obwohl seine

Sachen, die er nach eigenen Angaben in unserem Haus zurückgelassen hatte, nie gefunden wurden. »Dieser Mann wusste genau, was er tat, denn er hat seine Spuren sehr gründlich beseitigt. Er muss dies nachträglich mithilfe eines professionellen Hackers gemacht haben. Wir haben keine Kamerabilder, keine Standortdaten seines Telefons.«

Ich wurde als Heldin gefeiert.

Alle Zeitungen haben über meine Tat berichtet, und alle Talkshows wollten mich als Gast einladen. Sogar eine Dokumentation wollte jemand über mich drehen. Ich habe alles abgelehnt, weil ich mich nicht als Heldin fühle. Ich habe nur getan, was ich tun musste, um zu überleben. Aber ist das auch wahr? Das frage ich mich. Hätte er mich wirklich umgebracht? Hat er Mama getötet? Dass er es geleugnet hat, verfolgt mich bis heute. Er muss es wohl getan haben. Oder, wenn nicht, wenn sie es – gewollt oder ungewollt – selbst getan hat, dann hat er sie dazu angestiftet. Er hat sie zermürbt, bedrängt und in den Wahnsinn getrieben. God setzt sich einfach im Kopf fest, um mit teuflischem Vergnügen deine Welt aus den Angeln zu heben. Das ist ihm auch bei mir gelungen, in den wenigen Stunden, in denen ich ihn erlebt habe. Er ist vielleicht tot, aber er ist nicht verstummt.

Wir setzen uns in den Sand. Mees hat eine von seinen Eltern geklaute Flasche Rosé mitgebracht. Er packt zwei Gläser aus seinem Rucksack, die er sorgfältig in ein Geschirrtuch gewickelt hat, damit sie nicht brechen. Er ist perfekt, mit perfekten Eltern und perfekten Manieren. Das macht ihn zwar auch ein bisschen langweilig. Aber was soll's, ich kann etwas Langeweile ganz gut gebrauchen. Wir sind heute offiziell ein halbes Jahr zusammen; er hat mich ein paar Wochen nach dem »Drama«, wie ich es selbst nenne, gefragt.

»Und wie läuft's sonst zu Hause?«, fragt Mees, während er die Flasche öffnet und uns einschenkt. Wir sind nicht allein, der

Strand ist übersät mit Menschen, die den Sonnenuntergang sehen wollen. Ich ziehe mein Handy heraus, um ein Selfie von uns zu machen. Ich bin stolz auf unsere feste Beziehung, sie gibt mir ein erwachsenes, geborgenes Gefühl. Um den Hals trage ich eine Kette mit seinem Namen. Es ist wunderbar, zu jemandem zu gehören.

»Besser«, sage ich. »Jetzt, wo Laura ausgezogen ist.«

Das war vor zwei Wochen. Pap hat sich seit Mamas Tod verändert, und damit ist Laura nicht zurechtgekommen. Sein Wandel vom geschiedenen Mann, der sie auf Festivals begleitete und plötzlich Aperol Spritz trank, zum trauernden, depressiven, alleinerziehenden Vater war natürlich nicht einfach für sie.

»Fandst du sie denn wirklich so schlimm?«

»Ehrlich gesagt hatte ich sie am Ende sogar ganz gern. Darum ist es gut, dass sie auseinander sind, auch für sie. Sie verdient jemand Besseren. Jetzt kann sie mit einem netten jungen Mann eigene Kinder machen.«

»Aber für deinen Vater ist es schon traurig.«

»Ja.«

Pap ist völlig zusammengebrochen. Er geistert nachts durchs Haus und geht tagsüber stundenlang mit dem Hund spazieren. Im Büro hat er sich krankgemeldet, wegen Überarbeitung. Manchmal steht er mitten in der Nacht neben meinem Bett und starrt mich an. Ich tue dann so, als würde ich schlafen. Luuk hat mir gesagt, dass er das auch bei ihm macht.

»Aber sonst ist er superlieb zu uns. Wir dürfen so ziemlich alles, und er kocht, was wir wollen. Manchmal umarmt er uns einfach so. Er schaut mit uns *The Voice* und besorgt vorher massenhaft Süßigkeiten und Chips. Und wir haben ihn so weit, dass wir in Mamas Haus umziehen.«

»Geil! Dann wohnst du wieder ganz in der Nähe.«

»Er sagte: Ich glaube, das ist genau die Strafe, die ich verdiene. Ich fand das schon etwas seltsam. Ihm ist, glaube ich, erst durch

Mamas Tod klar geworden, was er alles falsch gemacht hat und dass sie ihm eigentlich sehr fehlt. Was er meint, ist also: Er wird in ihrem Haus leben und jeden Tag an sie erinnert werden. Aber genau das wollen Luuk und ich. Alles, was von Mam noch übrig ist, ist dort.«

Der Rosé schmeckt ein bisschen sauer, aber wir trinken unbeirrt weiter. Ich liebe dieses betäubte Gefühl. Dann scheint alles in den Hintergrund zu rücken. Wir küssen uns, was zum Glück viel besser klappt als am Anfang. Unsere Körper kennen sich mittlerweile ganz gut.

»Wir machen das später alles ganz anders«, flüstert Mees mit der Nase in meinem Haar.

»Aber hallo!«, sage ich. Ich bin froh, dass er glaubt, dass es ein Später gibt. Ja, Mam, ich weiß selbst, dass die Chance dafür gering ist. Aber lass mich einfach eine Zeit lang glauben, dass sie besteht.